KB153683

걸레정신
과
CEO

걸레정신
과
CEO

손명원 지음

차례

삶의 제5계절에 서서 돌아보다

아이가, 청년이 나의 이야기들을 읽으면서 만일
자신이 같은 환경에 놓여 있다면 어떤 길을 갔을까?
그 물음에 답하면서 자신의 선택을 그려보기 바라는 마음이다.

연습 과정이 없는 챔피언은 없다

나는 '걸레정신'을 실천한 사람이었나? 나는 그 주인을 위하여 무엇을 했나? 가훈이 '걸레정신'인데, 걸레의 의미는 무엇이고, 나는 그 가훈대로 살아왔나? 걸레정신의 그 걸레처럼….

인간의 삶은 끝없는 선택의 연속이다. 단 하나, 나에게 선택권이 없었던 것은 이 세상에 태어난 일이다. 그 뒤부터 나의 선택은 의식적·무의식적으로 계속 이어졌다.

엊그제 구글의 달력에 나의 생일 9월 5일을 입력하다가 하나의 질문 앞에서 잠시 멈칫했다. 생일을 앞으로 몇 번 더 입력할 것이냐는 질문이었다.

'반복하시겠습니까?'

'예.'

반복하려면 몇 번을 더 반복할 것인지 선택하라고 했다. 1년에 한 번씩 맞는 생일을 몇 번 더 반복할 것인지 적어 넣으라는 것이다. 할아버지는 49번, 아버지는 72번, 나는 생일을 벌써 80번 지났다. 그러면 앞으로 10년 정도를 더해 10번이라고 적을까? 오래 사는 일이 중요한 것이 아니고, 그만큼의 햇수를 어떻게 살아가느냐가 중요할 테지만….

걸레정신을 바탕으로 할아버지 손정도 목사는 당신의 삶을 우리나라의 독립운동에 바치셨다. 할아버지의 걸레정신은 목회 때마다 설교를 통해 전해졌다.

"하나님 사랑이 나라 사랑이고, 나라 사랑이 민족 사랑입니다."

민족 사랑, 즉 이웃 사랑을 위해 목숨까지 아끼지 않은 할아버지다. 할아버지는 목회자로서 사랑의 계명을 걸레정신에 입각해서 실천하신 분이다.

아버지 손원일 제독은 해방과 더불어 대한민국 해군을 창설하셨다. 그때 아버지는 해군의 정신을 '국가와 민족을 위하여 이 몸을 삼가 바치나이다'라고 내세웠다. 이 해군 정신도 마침내 '이웃을 목숨 바쳐 사랑하라'는 사랑의 계명에 뿌리를 둔 것이 아니었나 하는 생각이 든다.

나는 무엇을 했던가? 그것도 걸레정신을 바탕으로 오늘까지 무엇을 했나 하고 스스로 묻지 않을 수 없다. 나 자신이 걸레정신을 어떻게 실천했는지에 관해서는 곁에서 함께 일한 사람들을 비롯한 주위의 평가가 정확할 수 있겠다. 이 책에 실린 여러 이야기는 내가 걸레정신을 반드시 실천에 옮기겠다는 생각을 가지고 행동한 것들은 아니다.

아인슈타인은 "참교육이란 학교에서 배운 것을 다 잊어버리고도 마음에 남은 것"이라고 말했다. 그가 정의한 참교육은 긴 세월이 흘러간 뒤에도 그때, 그 시간, 그 환경에서 자신의 선택과 결과들이 생생하게 기억으로 남은 것을 뜻한다고 생각된다.

이제 나이가 80이 넘은 자리에 서 있다. 70년 전, 50년 전, 10년 전에 일어났던 일들이 기억의 사랑방에서 반짝이는 눈으로 나를 쳐다보고 있다. 나는 이 추억들, 마음속 깊이 수놓인 것들을 전하려고 한다. 아이가, 청년이, 나의 이야기들을 읽으면서 만일 자신이 그 같은 환경에 놓인다면 어떤 길을 택할까? 그렇게 묻고 답하면서 자신의 선택을 한번 그려보기 바라는 마음이다.

연습 과정이 없는 챔피언은 없다. 훈련만이 진정한 프로를 만든다. 독자가 자신이 원하는 바로 그 사람이 되기 위해서는 책을 통한 삶의 연습도 필요하다. 이 책의 이야기들이 독자들의 삶에 케이스 스터디로 쓰여서 자기 삶의 연습 도구로 사용된다면, 이 책을 쓰는 나의 결단은 옳은 선택이 될 것이다.

봄 · 여름 · 가을 · 겨울, 그리고 제5계절

우리 삶에는 5계절이 있다. 자연의 계절은 봄·여름·가을·겨울 4계절이 있지만, 인생에는 그 다음의 한 계절이 더 있다. 다섯 번째 계절, 그것은 바로 '나만의 계절'이다. 나의 지난 발자국들을 돌아보면서 삶의 5계절을 이렇게 나누어보았다.

제1계절 — 봄

태어나서 남의 도움을 받으며 살아가는 계절이다. 그 속에서 앞으로 사회가 요구하게 되는 생존경쟁을 준비하는 시기다. 유년시절을 거쳐 초등학교·중학교·고등학교·대학교 등에서 가르침을 받으며 다가올 미래를 위한 지식과 지혜를 쌓아나가게 된다.

제2계절 — 여름

생존경쟁에 대한 준비를 마치고 사회에 던져지는 계절이다. 가정과 학교에서 배운 것과 또 스스로 체험한 것을 바탕으로 사회생활에 부딪치는 시기다. 훗날 자기 삶에 내려질 심판은 이 계절의 행동에 따른 결과로 이루어질 수 있다. 특히 학창 시절에 운동과 시합을 통해 배우는 원칙과 진리가 사회생활에 큰 역할을 하게 된다.

제3·4계절 — 가을·겨울

사회 초년생에서 출발해 고참 또는 중견 경험자로서 리더 역할을 하는 계절이다. 지도자로서의 책임과 의무를 동시에 짊어지고 가는 시기이기에 어느만큼의 무게를 느낄 수 있다. 푸른 잎들이 서서히 황금빛으로 변하고, 곧 마른 잎으로 떨어지는 시간이 다가온다.

제5계절 — 나만의 계절

인생의 마지막 계절이다. 지난 계절들을 사회와 함께했다면 이제는 자신과 함께하는 시기다. 내가 진정으로 하고 싶은 것이 무엇인지, 이루어내고 싶은 것이 무엇인지, 오로지 자기만의 의지에 따라 그 빈 공간을 채울 수 있는 소중한 시간이다. 미리 노년의 삶을 준비하지 못한 사람에게는 후회의 계절이 될 수도 있다.

위와 같은 삶의 계절에 따라 이 책을 4부로 구성했다. '제1계절—봄'은 소년 시절의 체험과 미국에서 보낸 학창 시절의 이야기, '제2계절—여름'은 대학을 마치고 미국 사회에 나와 겪은 일들을 담았다. 직장 생활을 하다가 '손컨설팅컴퍼니(SCC)'를 설립해 경영한 시기의 이야기로 이어진다. '제3·4계절—가을·겨울'은 한국에서 아버지와 함께 보낸 마지막 3일, 이후 귀국해 새로운 시작에서부터 몇몇 기업의 CEO로 지낸 이야기 등을 담았다. 그리고 '제5계절—나만의 시간'은 지나온 날들을 돌아보면서 우리가 지켜내야 하는 건강과 우리가 풀어내야 하는 행복방정식 등에 대해 생각해보았다.

몇 번 더 나누시겠습니까?

이제 한국은 더 이상 고요한 아침의 나라가 아니다. 세계인이 우리의 노래를 따라 부르고 우리의 춤을 따라 추며 우리의 드라마에 열광한다. 기업들도 이미 국제화된 지 오래다. 1954년 대한민국은 UN에 등록된 140개 국가 가운데 139위로, 세계에서 가장 못사는 나라였다. 그러나 불과 60여 년 만에 대한민국은 세계 10위 안에 드는 나라로 바뀌었다. 참으로 놀라운 변신이다. 그 모두가 변화와 도전을 두려워하지 않고 기꺼이 새로운 기술과 문화를 익혀나갔던 이 땅의 젊은이들이 있었기에 가능했던 일이 아닐까 싶다.

오늘 우리는 갈림길에 서 있다. 눈부신 성장 뒤에 남겨진 그늘이 잠시 시야를 흔드는 것이라 여긴다. 앞만 바라보며 달려온 이가 가쁜 숨을 고르는 순간이라 믿는다. 역사는 미래의 거울이라고 한다. 오늘에 쓰이고 있는 역사가 보다 찬란한 내일을 이룩할 수 있어야 한다. 만의 하나 과거의 잘못을 되풀이하게 된다면 우리는 다시 조공의 나라, 식민의 나라, 꼴찌의 나라로 추락하지 않는다는 보장이 어디 있겠는가? 지금 이 자리에서 지난날을 찬찬히 돌아보면서 스스로의 정체성을 단단히 한다면 우리는 환하게 빛나는 건강한 미래를 맞이할 것이다.

스티븐 코비는 〈성공하는 사람들의 7가지 습관〉에서 두 번째 습관으로 '끝을 생각하며 시작하라(Begin with end in mind.)'고 말했다. 우리의 삶에도 고스란히 적용되는 말인 듯하다. 어떤 일을 선택하기 전, 어떤 일을 실천하기 전에 먼저 그 끝을 생각해본다면 훨씬 신중하고 진지하게 행동할 수 있을 것이기 때문이다.

나는 인생의 다섯 번째 계절에서 뜻밖의 질문을 받았다.

'몇 번 더 반복하시겠습니까?'

이 물음이 나에게는 이렇게 들렸다.

'몇 번 더 나누시겠습니까?'

끝은 나눔이다. 삶의 5계절을 통해 체험하고 깨닫게 된 것들을 독자 여러분과 함께 나누고 싶다. 그것이 도움을 필요로 하는 이에게 작은 보탬이라도 될 수 있다면 더없는 기쁨이 될 것이다.

이 책을 쓸 수 있도록 격려해준 가까운 분들, 그리고 소방관 역할에 정신없던 내 곁에서 사랑스러운 숙희와 정희를 예쁘게 키워준 아내에게 이 말을 전하고 싶다.

"고맙네."

제1계절 봄

1. 준비된 자만이 남을 도울 수 있다
2. 금메달은 출전한 자에게만 주어진다
3. "말을 세 손가락으로 타도록 하세요"
4. 매트 위의 동반자는 오직 실력뿐
5. 청춘처럼 가슴 설레게 하는 겨울 연인
6. 독립의 씨앗을 심어주는 지혜로운 부모
7. 떠날 때 건너온 다리를 불태우지 마라

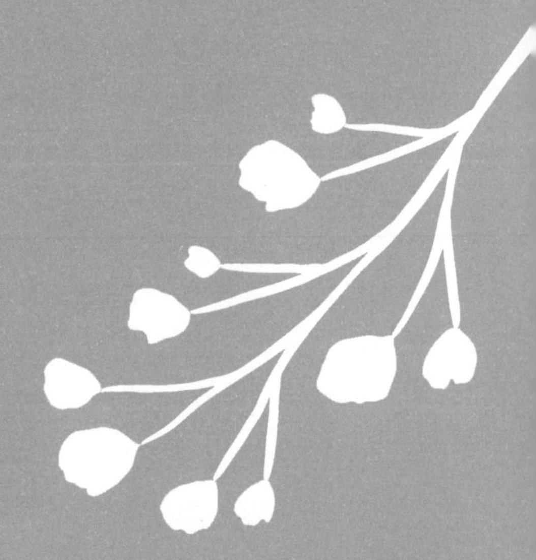

1

준비된 자만이 남을 도울 수 있다

누구나 너무도 짧은 생과 사의 경계선을 맞닥뜨리게 된다.
마음이 아니라 능력이 있어야 서로를 도울 수 있다.
준비된 자는 삶의 모든 자리에서 그 빛을 발하고야 만다.

전쟁 중의 진해, 그리고 아홉 살 친구의 죽음

6·25전쟁이 일어난 직후 서울발 마지막 기차를 타고 도착한 곳은 경상남도 진해였다. 당시 초대 해군 참모총장이던 아버지는 미국과 협상해 헐값에 사들인 대한민국의 첫 전투함인 백두산호를 먼저 한국으로 보내고 나머지 3척의 전투함을 이끌고 태평양을 건너는 중이었다.

우리 가족은 해군이 마련해준 공관에서 지냈다. 각지에서 모여든 피난민들은 어떻게든 삶의 터전을 다시 꾸리려 애썼고, 나와 같은 어린아이들은 참혹한 전쟁 속에서도 그저 장난기 가득한 개구쟁이들이기만 했다. 당시 아홉 살이던 나는 아이들과 어울려서 자치기며 제기차기며 시간 가는 줄 모르고 놀았다.

때로는 우거진 숲을 헤치면서 뱀을 잡으러 다니기도 했다. 누런빛의 커다란 구렁이보다는 작지만 색깔이 현란한 독사 살모사가 아이들에게 인기가 더 높았다. 잡은 뱀을 나무 꼬챙이에 감아 마당에서 일하고 있는 아주머니들에게 슬그머니 내밀면 혼비백산하며 야단을 치곤 했다. 아이들은 혼이 날 줄 뻔히 알면서도 깜짝 놀라는 모습을 무척이나 재미있어 했다.

그렇게 철없이 뛰놀던 전쟁 통의 어느 날이었다. 해군 통제부 기지 안의 해변에 아이들이 모였다. 그중 가장 큰 형이 수십 미터 떨어진 곳에 정박해 있는 배까지 헤엄쳐 가보자고 제안했다. 그때까지 수영이라고는 배운 적도 없는 아이들이었다. 저만치 떠 있는 배는 무척 가까워 보였고, 우리는 모두 쉽게 헤엄쳐 갈 수 있을 것 같았다.

누가 먼저랄 것도 없이 무작정 바닷물에 뛰어들었다. 우리는 저마다 개헤엄으로 배가 있는 곳을 향해 갔다. 그런데 이상하게도 해변에서는 가깝게만 보이던 배가 헤엄쳐 갈수록 점점 멀어지기만 했다. 나는 안간힘을 다해 간신히 배와 연결된 닻줄에 다다랐다. 그 사이 기운이 모두 빠져버리고 말았다. 닻줄만 잡으면 힘이 되살아날 거라 생각했지만, 한 번 빠진 기운은 좀처럼 회복되지 않았다.

나는 정신을 가다듬고 왔던 곳으로 돌아가기 위해 물속에 몸을 던졌다. 하지만 돌아가는 길은 올 때보다 더 멀었다. 이제는 기운이 완전히 빠져버려 당장 땅을 딛지 않으면 정말 죽을 것만 같았다. 나는 마지막 힘을 다해 손바닥으로 물을 끌어당겼다. 그 순간 발끝이 바닥에 닿는 느낌이었다. 나는 까치발로 물속에 서서 턱을 치켜들고는 거친 숨을 몰아쉬며 얕은 곳으로 올라왔다. 그리고는 뒤따라오던 친구들을 보려고 돌아섰다.

그때 한 친구의 모습이 눈에 들어왔다. 나와의 거리는 3미터 정도였다. 그 아이 역시 기력이 다해 보였다. 나를 마주보고 있던 친구는 내가 물속에서 일어서는 것을 보고는 따라 일어서려 했다. 그러나 그의 발은 땅에 닿지 않았다. 순간 아이의 모습이 물밑으로 사라졌다. 나는 겁에 질려 어서 친구의 몸이 떠오르기를 기다렸다. 잠시 뒤 친구의 머리가 수면 위로 올라왔지만, 눈만 보이고는 이내 가라앉았다. 그리고 또 한 번 떠올랐으나 이전과 같이 눈만 얼핏 보였다. 친구의 모습은 곧 사라졌고, 그 이후로는 다시 떠오르지 않았다.

사람이 물에 빠져 가라앉기 시작하면 숨을 쉬지 못하는 상태가 되어 몸을 더 격렬하게 움직인다. 두 번은 수면 위로 올라올 수 있지만, 세 번째는 올라오지 못하게 된다. 그 친구도 나도 똑같은 처지였다. 둘 다 기진맥진한 상태였지만, 나는 발이 땅에 닿았고 그는 닿지 않았다. 단지 그 차이였다.

물속으로 사라진 친구를 보고 해변의 아이들이 도와달라고 소리쳤다. 근처에 있던 해군 한 분이 달려와 곧장 바다에 뛰어들었다. 잠시 뒤 해군 아저씨가 친구를 물속에서 데리고 나왔으나 이미 숨이 멎은 뒤였다. 나는 해군 아저씨의 뒤를 따랐다. 친구의 몸이 모래밭에 뉘어졌을 때, 그의 몸에서 변이 흘러나온 것을 보았다. 어린 시절, 나는 친구의 죽음을 몇 걸음밖에 안 되는 가까운 곳에서 지켜보아야만 했다. 나는 그 아이를 위해 할 수 있는 일이 아무것도 없었다. 그와 나, 죽음과 삶의 거리는 불과 3미터밖에 되지 않았다.

폭풍경보 속의 끔찍한 파도타기

그것이 바다 수영과의 첫 만남이었다. 그 일은 아홉 살 소년의 트라우마가 되어 물을 피하게 될 수도 있을 터였다. 하지만 나는 오히려

어린 시절의 가족 사진. 힘을 기르고 준비가 된 사람만이 누군가에게 도움의 손을 내밀 수 있음을 수영으로 깨달았다. (뒷줄 아버지 손원일, 어머니 홍은혜, 아래 누나 손영자, 할머니 박신일, 동생 손동원, 손명원)

나는 물과 가까워졌다.

해군 가족인 우리는 늘 바닷가 근처에 살았다. 수영할 기회가 자연스럽게 많았고, 자라면서 실력도 조금씩 늘어갔다. 진해에서 부산으로 이사 가면서 여름이면 송도를 비롯한 여러 해수욕장에서 수영을 즐기고는 했다.

어느 날, 가깝게 지내던 해군 아저씨와 주말에 파도타기를 하기로 약속하고는 어서 그날이 오기만을 손꼽아 기다렸다. 그런데 해군 아저씨는 정작 약속한 날이 되자 바다에 나가지 않는 것이 좋겠다고 했다. 폭풍경보가 내려져서 파도가 심하기 때문에 위험하다는 것이었다. 실망감이 이만저만이 아니었다. 그렇게 기다렸는데 이렇게 포기할 수 없다면서 잠깐이라도 좋으니 나가보자고 졸랐다.

나의 성화에 못 이겨 결국 함께 바닷가로 갔으나 아무도 없었다.

으르렁거리며 밀려왔다 쓸려가는 거대한 파도만 눈에 가득 들어왔다. 이제 중학생이 되었다고, 겁을 내기는커녕 저 큰 파도를 타면 한참을 달릴 수 있겠구나 생각하면서 오히려 흥분했다.

나는 신이 나서 물에 뛰어들었다. 얼마 지나지 않아 엄청나게 큰 파도가 눈앞에 펼쳐졌다. 여느 때처럼 막 휘어지는 파도에 올라타고는 그 위에 몸을 맡겼다. 파도는 나를 높은 곳으로 밀어올렸다. 해변 쪽으로 몸을 틀었다. 높은 파도 위에서 해변을 보는데 평소와는 달리 밑에 물은 없고 그저 허연 맨땅만 보이는 것이 아닌가? 다음 순간 파도가 나를 바닥에다 내동댕이치려 했다. 그대로 떨어져버리면 어떡하나 싶어 눈을 질끈 감았다. 다행히 그 자리를 메운 널따란 물거품이 떨어지는 나를 받아주었지만, 나의 몸을 마구 돌려대는 것이었다. 이미 팔다리는 내 것이 아니었다. 하늘과 땅이 번갈아 보이면서 물속에서 데굴데굴 굴렀다. 이것이 끝인가 생각하는 순간 발이 땅에 스치는 것을 느꼈다. 쓸려 나가는 파도는 나를 계속 끌어당겼으나 나는 필사적으로 모래밭에 발을 박았다. 파도의 힘이 줄어드는 찰나에 쏜살같이 물 밖으로 뛰쳐나왔다.

죽음의 문턱까지 다녀오고 나니 정신이 번쩍 들었다. 나는 또 한 번 삶과 죽음 사이에 놓여 있었던 것이다. 만만하게 여기던 파도의 엄청난 힘을 그때 비로소 체득했다. 그 이후 나는 절대로 바람 부는 바닷가에서는 수영을 하지 않겠다고 다짐했다.

준비된 자는 사람의 목숨도 구할 수 있다

미국 워싱턴 DC에 있는 가톨릭대학교 3학년에 다니면서 아르바이트를 할 때였다. 부모님은 자식들에게 18세가 지나면 독립해서 스스로의 삶을 개척해나가도록 가르쳤다. 나는 호텔에서 벨보이로 일하면서 손님들의 가방을 옮겨주거나 식당에서 접시를 닦으며 용돈을 벌어 썼다.

그 무렵 대학 체육관에서 여름방학 동안 라이프가드(인명구조원)를 모집한다는 광고를 보게 되었다. 호텔 벨보이나 식당 접시 닦이보다 좀 더 쉽게 돈을 벌 수 있지 않을까 싶어 지원하기로 작정하고는 담당자를 찾아갔다. 그는 나에게 자격증이 있느냐고 물었다. 그 일을 하기 위해서는 적십자사에서 발행하는 라이프가드 자격증이 있어야 한다고 했다. 어떻게 하면 그 자격증을 딸 수 있는지 물었더니 7일 동안 교육을 받은 뒤 시험에 통과하면 된다고 했다.

나는 다음날 곧바로 적십자사에 라이프가드 자격증 등록 신청을 했다. 교육은 여름방학이 시작하는 날부터 실시되었다. 거기에서 나는 비로소 물에 빠진 사람을 구하는 방법을 배울 수 있었다. 물에 빠진 사람이 급박한 상황에서 무엇이라도 붙잡으려고 버둥거릴 때 안전하게 구조해내는 훈련이었다. 당황해서 허우적대는 사람 앞에서 침착하게 물밑으로 들어가 그의 허리를 잡아 돌리고는 등 뒤로 올라와서 팔목으로 턱을 받친다. 그 다음 한 손으로 겨드랑이를 끼고 엉덩이로 등을 떠받쳐 물에 빠진 사람이 하늘을 보면서 물위로 뜨게 하는 것이다.

7일간의 교육이 끝나고 시험을 치르는 날이 왔다. 내가 조금 늦게 도착했더니 이미 구조 파트너가 다 정해져 있었다. 배가 불룩하고 몹시 뚱뚱한 남자 혼자 남아 있었다. 무거워서 물에 잘 뜰 것 같지 않았던지 모두 그를 피한 것 같았다.

"야! 이거 잘못 걸렸네."

우리 둘은 웃으면서 서로 인사를 나누었다.

시험관이 호루라기를 불었다. 요구조자가 먼저 물속에 들어가 소리치며 물에 빠진 시늉을 하면 응시자가 구조해야 한다. 내 차례가 되어 덩치가 큰 파트너가 먼저 물에 빠졌고, 나는 곧장 물속으로 뛰어들었다. 그의 앞으로 다가가 물 밑으로 들어가서는 허리를 잡고 돌렸다. 예상 밖으로 쉽게 몸이 돌아갔다. 배운 대로 팔목으로 그의 턱을 받친 뒤 나의 옆구리를 그의 등에 살짝 갖다대었는데 육중한 몸이 금방 떠올랐다. 부력이 커서 어쩌면 마른 사람보다 더 잘 뜰 수 있는지도 모른다는 생각이 들었다. 그런 사실을 다른 사람들은 미처 몰랐을 거라고 혼자 슬며시 미소 지었다.

나는 파트너를 가볍게 구조해내고는 수영장 한켠의 심사대 앞으로 갔다.

"Good!"

시험관이 합격의 표시로 흰 깃발을 번쩍 들어 보였다.

나는 라이프가드 자격증을 딴 뒤 곧바로 가톨릭대학 체육관 수영장에서 안전요원으로 일했다.

하루는 모녀가 같이 수영장에 왔다. 아이는 여섯 살쯤 되어 보였다. 엄마는 딸아이가 꼭 수영을 할 수 있도록 도와달라고 나에게 특별히 부탁했다. 하지만 아이는 엄마 뒤에 숨기만 했다. 물이 무서웠던지 가까이 오려고도 하지 않았다.

엄마는 나에게 아이를 맡기고는 자리를 떴다. 나는 먼저 아이에게 물에 대한 공포심을 없애주는 것이 좋겠다고 생각했다. 어떻게 설명을 할까 고민하다가 이렇게 물었다.

"아침에 세수하니?"

"네."

"무엇으로 세수를 하지?"

"수돗물요."

"그렇지. 그런데 이 수영장 물도 수돗물이야. 내가 이 물로 세수하는 걸 잘 봐."

나는 수영장 물속으로 들어가 두 손으로 마치 세수를 하듯 얼굴을 씻었다. 아이는 그런 나의 모습을 빤히 쳐다보았다. 그러나 아직 수영장 안으로 선뜻 들어올 만큼 마음이 열리지는 않은 것 같았다. 나는 아이에게 먼저 엄지발가락 하나만 물에 넣어보라고 말했다. 아이는 무척 조심스러운 걸음으로 다가와서는 수영장 가에 쪼그리고 앉았다. 발을 물속에 담그려 하자 호흡이 몹시 빨라졌다. 아이를 안심시키며 발목을 담그게 했고, 아무 일도 일어나지 않자 안전하다고 느꼈는지 평정을 되찾았다. 나는 아이 앞에서 팔로 무릎을 감싸안고는 달팽이처럼 몸을 동그랗게 말아 물에 뜨는 모습을 보여주었다. 아이는 그런 내 모습을 신기한 듯 바라보았고, 그제야 마음이 놓였는지 수영장 가에 주저앉아 무릎까지 집어넣었다.

잠시 뒤 엄마가 왔을 때 아이는 다리를 물속에 담그고는 물장구를 치며 놀고 있었다. 그 모습을 본 아이의 엄마는 기뻐하며 어쩔 줄 몰라했다. 그로부터 일주일 뒤 아이는 내가 해보였듯이 달팽이처럼 몸을 말아 물위에 뜰 수 있었다. 내가 가진 작은 능력으로 누군가에게 도움을 줄 수 있다는 것, 자기 앞에 가려진 두려움의 벽을 뚫고 새로운 세상에 발을 디딜 수 있게 해주는 통로가 되었다는 것이 무척이나 흐뭇하고 감사했다.

라이프가드 일을 시작한 지 얼마 안 되었을 때의 일이다. 거의 매일 수영장에 놀러 온 고등학생들이 있었다. 그중에 '주리'라는 여학생이 있었는데 그 아이는 수영을 할 줄 모르는 것 같았다. 그저 친구들과 함께하는 것이 즐거워 어울리는 듯했다. 나는 아이들이 비치볼을 던지고 받으며 노는 모습을 지켜보고 있었다. 수심이 깊은 쪽으로 비치볼이 튕겨나가면 수영을 할 줄 아는 친구가 헤엄쳐 가서 공을 주워 오고는 했다.

하루는 주리가 혼자서 수영장에 놀러 왔다. 얕은 곳에서 혼자 비치볼을 가지고 놀았는데, 나는 걱정이 되어 주리에게 절대 깊은 쪽으로는 가지 말라고 단단히 주의를 주었다. 미끄러운 비치볼이 마음대로 다루어질 리 없었다. 주리의 손에서 빠져나간 공은 깊은 곳으로 흘러 더 이상 가지 말라고 당부한 선을 넘어갔다. 주리는 공을 잡으려고 풀쩍 뛰었지만 손에 닿지 않았다. 그리고 주리는 이내 물밑으로 사라졌다.

순간 어린 시절 진해 앞바다에서 친구가 익사할 때의 광경이 머리를 스쳤다. 나는 주리가 다시 떠오를 거라 생각하며 그쪽으로 다가갔다. 그 순간 머리를 내민 주리가 나를 한 번 쳐다보더니 곧장 물속으로 모습을 감추었다. 급히 물속에 뛰어들었다. 그리고는 훈련받은 대로 침착하게 물 밑으로 들어가 주리의 허리를 돌리고 오른쪽 팔꿈치로 턱을 받치며 천천히 얕은 쪽으로 데려와 두 발로 설 수 있게 해주었다.

안전하게 물 밖으로 나오자 주리는 울음을 터트렸다.

여름방학이 끝나갈 무렵, 주리가 나를 찾아왔다.

"고마웠어요. 저도 그날 이후 수영을 열심히 배워서 적십자에서 주는 라이프가드 자격증을 땄어요."

그러면서 수줍은 듯 자격증을 내 앞에 내밀었다. 기특하고 고마운 마음에 나는 주리를 꼭 안아주었다. 도움을 받던 이가 이제 누군가를 도울 수 있는 사람이 된 것이다.

마음만으로 누군가를 도울 수 있는 것은 아니다

아홉 살 무렵, 진해 앞바다에서 시작한 수영은 80세가 된 지금도 나에게는 가장 가깝고도 오랜 벗의 하나가 되어 있다. 이 수영이 나에게 가르쳐준 교훈은 의미가 크다. 힘을 기르고 준비가 된 사람만이 누군가를 위해 도움의 손을 내밀 수 있다는 것이다.

삶과 죽음 거리, 불과 3미터밖에 안 되는 그 가까운 사이를 오가는 순간이 있다. 너무도 짧은 찰나의 시간과 공간, 그 생과 사의 경계를 누구나 맞닥뜨릴 수 있다. 그때, 훈련과 경험으로 준비가 되어 있다면 스스로 문제를 잘 헤쳐 나갈 수 있을 뿐만 아니라 남을 도울 힘도 갖게 된다.

돕고 싶다는 마음만으로 누군가를 도울 수 있는 것은 아니다. 거기에 따른 능력이 있어야 도울 수 있다. 수영을 할 줄 모르는데 무작정 물에 뛰어들어 물에 빠진 사람을 구하려다 둘 다 불행을 당하게 되는 예가 많다.

이는 인명 구조에만 국한되는 이야기가 아니다. 삶의 모든 자리에서 준비된 자는 그 빛을 발하게 된다. 예기치 못한 어느 날, 꼭 필요한 순간에 그 능력은 나를 위해, 그리고 남을 위해 쓰일 수 있다.

2

금메달은 출전한 자에게만 주어진다

경기장 안에 있어야 실력도 보여줄 수 있다.
당신은 어디에 서 있는가?
경기에 참여했는가, 아니면 관중석에 앉아 있는가?

동네 골목에서 쌓은 권투의 기술

초등학교 2학년 무렵, 외삼촌이 권투 글러브를 선물해주신 일이 있다. 조그만 손에 권투 글러브를 끼어보니 어린 내 눈에는 축구공만큼이나 크게 보였다.

외삼촌은 나에게 권투의 기본기부터 가르쳐주었다. 왼손으로 두 번 가볍게 잽을 던진 뒤 오른손으로 강펀치를 날리는 '원-투-스리' 기법이 권투의 기본이라고 했다. 그렇게 두어 번 잽을 던지고 한 번 세게 펀치를 적중시키면 시합은 끝난다고 말이다.

권투는 서로가 주먹으로 치고받는 것으로 승부를 겨루는 격투기다. 오래된 옛일을 되돌아본다. 왜 외삼촌이 어린 나에게 장난감 대신 권투 글러브를 사주었을까? 지금도 한번 물어보고 싶은 일이다.

나는 권투 글러브가 무작정 좋았다. 잠자리에 들어서도 꼈다 벗었다 하다가 그것을 꼭 껴안고 잠이 들고는 했다.

어느 가을날이었다. 외삼촌은 실전에 한번 들어가보자며 집 앞 흙길에다 커다랗게 사각형을 그렸다. 말하자면 그것이 복싱 링이었다. 그리고는 지나가는 아이들을 불러 일부러 승부욕을 자극시켰다.

“얘, 저 아이가 너하고 권투 시합을 붙으면 자기가 이긴 거라고 하는데, 너는 어때? 쟤한테 네가 질 것 같아?”

그중 한 아이가 ‘헛, 요것 봐라’ 하는 표정으로 자신이 이길 수 있다며 호기롭게 땅바닥에 그려진 사각의 링 안으로 들어섰다.

나는 그동안 연습했던 ‘원-투-스리’ 전술로 멋진 한판이 될 거라고 여겼다. 그런데 정작 맞붙어보니 그게 아니었다. 둘의 주먹은 상대를 맞추지 못하고 그저 허공만 휘저을 뿐이었다. 생각대로라면 원투 잽에 이어 세 번째 강펀치가 턱에 적중되어 상대는 쓰러지고 시합이 끝나야 하는데 그렇지 않았다. 막상 실전에 들어가니 상대를 잘 맞출 수도 없었다. 게다가 잔뜩 힘을 주면서 팔을 휘두르다보니 얼마 지나지 않아 숨이 턱밑까지 차올랐다. 그래도 마구 뻗어댔던 나의 글러브에 몇 번 얻어맞았는지 아이는 울상이 되어 그만두겠다며 물러섰다. 마침 나도 지쳤던 터라 다행이다 싶었다. 그 아이가 먼저 그만두자고 했으니 내가 이긴 거라고 여겼다. 그 순간에는 내가 마치 세계 챔피언이라도 된 것만 같았다.

이후 우리 가족은 전쟁이 터지고 부산에서 피난 생활을 하게 되었다. 그런데 외삼촌은 우리 집에 오면 꼭 나를 집 앞 골목으로 데리고 나가서 동네 아이들과 권투 시합을 시켰다. 외삼촌은 중학생을 불러 초등학생인 나와 맞붙게 한 일이 있었다. 그 형은 나보다 키도 크고 운동신경도 제법 있어 보였다. 시합이 시작되자마자 나는 일방적으

권투 글로브를 선물해준 외삼촌. 동네 골목에서 벌인 권투 시합은 상대를 근거 없이 얕보는 태도를 버리게 했다. (뒷줄 왼쪽 외삼촌 홍성욱, 아버지 손원일, 앞줄 왼쪽 외숙모, 어머니 홍은혜)

로 얻어맞았다. 그 형의 주먹은 내 얼굴을 사정없이 두들겼다. 실컷 맞으면서도 그만두겠다는 말이 입밖으로 나오지 않았다. 신나게 터진 뒤에야 외삼촌이 시합을 중지시켰다. 하도 많이 맞아서 코뼈가 비뚤어진 것 같았다. 그때의 후유증인지 지금도 오른쪽 콧구멍에 문제가 있다. 이 시합 이후 나보다 큰 형들도 이길 수 있다는 막연한 자신감은 완전히 꼬리를 감추었다.

모두가 만만하게 보이고, 내가 정말 잘한다고만 여겨질 때가 있다. 그러나 나보다 한 수 위에 있는 상대를 만나게 되면 자신의 실력이 어느 정도인지 알게 된다. 그 일방적인 권투 시합 이후부터 새로운 경쟁 상대를 만나게 될 때면 근거 없이 얕보는 태도는 없어졌다. 그 대신 탐색하고 분석하는 신중함이 더해지게 되었다.

중학교 시절, 우리 동네에 나보다 3년 위의 선배가 있었는데, 그 형이 잘 쓰는 권투 기술이 있었다. 왼손으로 잽을 날리는 척하면서 거의 주저앉다시피 몸을 숙인다. 그러면 열 명 중 아홉은 그 동작에

속아 허공으로 강펀치를 날리고, 자신의 얼굴은 완전히 무방비 상태가 된다. 그 형은 이 순간을 놓치지 않고 몸을 일으켜 주먹으로 상대의 얼굴을 강타하는 기술이었다. 그 기술을 썼을 때 시합에서 이길 확률은 70퍼센트는 되는 것 같았다. 나는 그런 전술을 익히려고 애썼다. 마치 스트리트 파이터처럼 동네 골목에서 쌓은 경험은 아마추어 권투 선수로서 어느 정도 실력을 갖추게 해주었다.

오클라호마대학의 교내 권투 시합

미국의 오클라호마대학교에 다닐 때였다. 교내 권투 시합이 있다는 공고를 보고는 도전해보기로 작정했다. 시합을 위해 일주일에 사나흘은 체육관으로 달려갔다. 진짜 센 녀석이 나오면 그냥 묵사발이 되는 게 아닐까 좀 걱정스러웠다. 하지만 어린 시절부터 쌓아온 권투 인생인데 하는 마음에 한번 멋지게 붙어보고 싶었다.

교내 권투 시합에 출전하는 선수들과 몇 차례 연습 경기를 가지면서 나름대로 전력 분석을 해보았다. 모두 그 정도라면 쉽게 이길 것 같았다. 해볼 만하다는 생각에 자신감이 쑥쑥 올라왔다.

시합을 하루 앞둔 날이었다. 체육관에 도착했는데 기숙사 사감이 나를 부르더니 한 친구가 나와 연습 경기를 하고 싶다는데 한번 해보라는 거였다. 나는 내일이 시합이니 가볍게 몸을 풀자고 링 위에 올라갔다. 그런데 경기가 시작된 순간, 그가 어떻게 했는지도 모르게 나는 바닥에 엉덩방아를 찧었다. 한 방에 나가떨어져버린 것이었다. 곧바로 일어나서 다시 붙었지만 마찬가지였다. 붉은 머리의 상대 선수는 나를 마치 펀칭백처럼 다루었다. 그렇게 날렵한 선수는 그때까지 만난 일이 없었다. 어찌나 빠른지 나는 계속 넘어졌고, 내가 지금 왜 그의 펀칭백이 되어야 하는지 황당하기만 했다. 그때 기숙사 사감이 잠깐 경기를 멈추고는 마치 감독처럼 나에게 코치를 해주었다. 붉은 머리의 상대 선수는 왼손으로 나의 배를 공격하는 척하면서 내가 막으려고 오른팔을 내리는 순간 오른손으로 얼굴에다 강펀치를 날린다고 알려주었다. 그러니 상대의 왼손이 움직인다고 생각하면 막을 생각을 하지 말고 먼저 공격을 하라고 주문했다.

다시 붉은 머리 선수 앞으로 다가갔다. 그의 왼손이 나의 오른쪽 옆구리로 움직이려는 순간 나는 왼손 훅을 상대의 턱을 향해 힘껏 날렸다. 내 펀치가 정통으로 들어갔다는 것이 직감되었다. 그리고 동시에 붕대를 감지 않은 왼손 엄지손가락에 엄청난 통증이 느껴졌다. 나는 물러서서 아픈 손을 살펴보려고 장갑을 벗었다. 손가락은 이미 시커멓게 물들어 있었고 이내 퉁퉁 부어오르기 시작했다.

나는 샤워를 한 뒤 급히 학교 병원으로 달려갔다. 간호사는 다친 이유를 쓰라고 했다. 권투 연습 경기 중에 다쳤다고 적었더니 간호사는 조금 전에도 권투를 하다가 다친 학생이 와서 엑스레이를 찍고 갔다고 했다. 나는 혹시 그가 붉은 머리 학생이냐고 물었고 간호사는 그렇다며 고개를 끄덕였다. 그 와중에도 나만 다친 게 아니었구나 하며 스스로를 위로하며 기숙사로 돌아왔다.

이튿날 드디어 교내 권투 시합이 열렸다. 출전한 선수들은 모두 얼굴이 익고, 나와 한 번쯤은 연습 경기를 뛰어본 학생들이었다. 하지만 전날의 엄지손가락 부상 때문에 나는 경기에 참가할 수 없었다. 붉은 머리 선수도 마찬가지였다. 턱뼈 부상으로 시합을 뛸 수 없었던 것이다. 나는 체육관 관중석 한켠에 앉아 남들의 경기를 지켜보는 수밖에 없었다. 우리는 서로 멋쩍게 눈인사를 나누었고, 우승자가 트로피를 들고 환하게 웃으며 사진 찍는 모습을 씁쓸하게 지켜보았다.

당신은 경기장에 있는가, 관중석에 있는가?

나는 아쉬운 마음을 뒤로하고 체육관을 나서며 생각했다. 시합은 바로 오늘이었다. 제아무리 뛰어난 실력을 갖추고 있다 하더라도 기회를 놓쳐버리면 그 실력을 발휘할 수 없게 된다는 사실을 뼈저리게 느꼈다. 영광스러운 챔피언 벨트는 오직 경기에 출전한 복서에게만 주어진다.

회사도 마찬가지다. 경쟁입찰, 영업 활동, 생산성 향상 등 많은 요소가 합쳐져서 마침내 세계시장 경쟁에서 승자로서의 회사가 된다. 승자가 될 만한 실력이 있더라도 그 기회를 놓치고 나면 결코 승자의 자리에 오를 수 없다. 오히려 두 번째, 세 번째의 실력을 갖추고 있을지라도 시합 날에 준비가 잘된 사람이 승자가 될 수 있다. 경쟁입찰에는 100퍼센트가 아니면 0퍼센트만이 있을 뿐이다. 99퍼센트는 0퍼센트나 마찬가지다. 이것이 냉정한 시장 논리다. 그동안 열심히 노력하고 땀 흘려 준비해온 것을 한번 맞붙어보지도 못하고 허무하게 날려버리지 않으려면 절대로 시합 날을 놓쳐서는 안 된다.

올림픽에 출전한 사람만이 영예의 올림픽 금메달을 획득할 기회를 가진다. 경기장 안에 있어야 실력도 보여줄 수 있고 운도 거머쥘 수 있는 것이다.

당신은 어디에 서 있는가?

경기에 참여했는가, 아니면 경기장 관중석에 앉아 있는가?

3

"말을 세 손가락으로 타도록 하세요"

"나는 너를 믿어!"
이 한마디가 사람을 얼마나 굳건히 일어서게 하는지 모른다.
숨겨진 능력을 발휘할 수 있게 하는 마법 같은 말이다.

서로 교감할 때 둘은 최고의 파트너가 된다

1951년 부산 피난 시절이었다. 아침 일찍 우리 집에 중요한 손님이 오신다고 해서 얼른 옷을 차려입고 아버지를 따라 마중 나갔다. 그 손님은 국방부 장관 이기붕 씨였다. 그분이 타고 온 것은 커다란 갈색 말이었다.

그분은 잠시 아버지와 이야기를 나눈 뒤 신기한 눈으로 말을 바라보고 있는 나에게 물었다.

"말 위에 한번 앉아보겠니?"

나는 약간 겁이 났지만, 호기심에 얼른 타보겠다고 했다. 그분은 나를 번쩍 들어 안장 위에 올려놓았다.

"와!"

하는 탄성이 절로 터져나왔다.

그동안 내 눈높이에서 보지 못한 새로운 세상이 발아래에 펼쳐져 있는 것만 같았다. 위험해 보였던지, 아니면 손님에 대한 예의가 아니라고 생각했던지 아버지께서 이제 그만 내려오라고 했다. 그리고는 나를 안아 말에서 내려주셨다. 그 짧은 시간의 짜릿한 경험은 내 안에 오래도록 남게 되었다.

말을 타고 싶다는 생각이 간절했다. 말 위에 앉아 멋지게 박차를 가하는 모습을 그려보고는 했다. 그러나 전쟁 통이라 말을 탄다는 것은 그저 한낱 꿈일 뿐이었다.

휴전이 되고 가족은 모두 서울로 돌아왔다. 잠시 말 위에 앉아보았던 기억은 지워지지 않았다. 말을 타고 싶은 마음은 마치 짝사랑처럼 날이 갈수록 내 마음속에서 점점 뜨거워져 갔다. 퇴근 후 밤늦게 돌아오시는 아버지를 나는 잠도 안 자고 기다렸다가 말을 타고 싶다고 졸라댔다.

꿈은 이루어진다 했던가? 드디어 안국동 승마장에서 말을 탈 수 있는 기회가 생겼다. 영화처럼 드넓은 황야를 달리는 카우보이를 꿈꾸며 승마장으로 향했다. 학교 수업이 파하면 뒤도 돌아보지 않고 그 길로 곧장 승마장으로 달려가곤 했다.

그로부터 얼마 뒤 아버지가 말 한 마리를 구했다고 했다. 친구로부터 어렵사리 구했다는데, 그것은 짐수레를 끌던 말이었다. 어쨌거나 나에게는 대단한 선물이었다. 어깨와 목 근육에 힘이 넘쳐 보였다. 짐수레를 끄느라 닳아졌는지 앞다리 위 어깻죽지 털이 휑했다.

처음 대면하는 이 말은 매우 사나웠다. 내가 다가가면 귀를 뒤로 젖히면서 마치 물려는 듯 누런 이를 드러내 보였다. 마부 아저씨는 나에게 사나운 말을 다루는 법부터 일러주었다. 그는 왼손으로 마른 풀을 주다가 오른손으로 말의 목덜미를 슬슬 쓰다듬었다. 말이 안심할 때쯤 얼른 수건으로 눈을 감쌌다. 그러자 말이 신기하게 꼼짝도 하지 않았다. 마부 아저씨가 굴레를 씌웠는데 말은 순순히 자갈을 물고 얌전히 서 있었다.

말과 많은 시간을 보내며 알게 된 사실이 있다. 승마는 말과 사람 사이에 마음의 대화를 나누는 운동이라는 것이다. 강압으로 움직이게 하는 것이 아니라 말이 평안한 상태에서 등 위에 탄 사람과 교감하게 될 때 둘은 최고의 파트너가 된다.

근육 덩어리인 그 말을 나는 '미스터코리아'라고 불렀다. 우리 둘은 모두 승마 초보자였다. 처음 그 말을 타던 날이 생각난다. 나는 안장에 앉아 박차를 살짝 옆구리에 댔다. 말이 뒷걸음을 쳤다. 앞으로 가야 할 말이 어쩐 일인지 자꾸 뒤로만 가는 것이었다. 둘의 어색한 첫 만남은 그렇게 시작되었다. 미스터코리아와 함께 지내면서 차츰 승마에 자신감이 붙었다. 뒤로 가던 말을 앞으로 가도록 만들었고, 내 뜻대로 방향을 바꿀 수도 있었다.

마침내 나는 미스터코리아하고 속보·경속보·구보까지 해내게 되었다. 누구의 도움 없이 말을 타는 외승을 해보고 싶었다. 혼자서 미스터코리아를 타고 안국동 승마장에서 혜화동 우리 집까지 갔다 오기로 작정했다. 골목을 벗어나 경복궁 앞 광화문 광장을 건널 때였다. 옆을 지나던 자동차가 크게 경적을 울렸다. 깜짝 놀란 말은 아스팔트 위에서 뒷발차기를 했다. 놀라 날뛰는 말이 얼마나 위험한지 나는 잘 알고 있었다. 말편자는 쇠로 되어 있어서 아스팔트 위에서는 잘 미끄러진다. 그러면 사람도 말도 크게 다칠 수 있다. 나는 말을 달래느라 진땀을 뺐다. 나는 외승을 그만두고 다시 승마장으로 돌아왔다.

장애물 비월 경기에 도전. 말이 승마자의 뜻을 알아차리게 해야 한다. 힘이 아니라 마음으로 내 의사를 전달하면 말은 순하게 따라온다.

이런저런 경험을 하면서 우리는 점점 친해졌다. 누런 이를 드러내며 나를 물려 들던 거친 말이 이제는 내 뒤를 졸졸 따라오는 큰 강아지로 변했다.

부드러운 손이 강한 손을 이긴다

나는 1957년 한국을 떠났다가 23년 만에 다시 돌아왔다. 1980년대의 한국 승마는 완전히 다른 수준으로 성장해 있었다. 나는 과거에 습득해놓은 기술을 바탕으로 옛 친구들과 다시 승마를 시작했다.

말은 원래 겁이 많은 동물이다. 그런 말의 본성을 이해하지 못하고 무서워 날뛰는 행동을 반항하는 것으로 착각해서 다룰 수가 있다. 채찍으로 때린다고 해서 그 본성은 바뀌지 않는다.

뚝섬 승마장에서 말을 타고 있을 때였다. 물을 뿌리는 고무 호스가 마장 한쪽에 감겨 있었다. 그 옆을 천천히 지나고 있었는데 갑자기 말이 풀쩍풀쩍 뛰는 것이었다. 가까스로 말을 달래어 다행히 낙마하지는 않았지만 큰일 날 뻔한 순간이었다. 아마도 둥그렇게 말린 고무 호스를 뱀으로 알고 말이 놀란 것 같았다.

말의 본성을 이해하고 말이 느끼는 두려움이 어떤 것인지 알아두는 것이 중요하다. 그렇게 말을 다루면 강아지처럼 순하게 따라온다. 그런 것을 모르고 어떻게 해서든 마음대로 다루려고 애쓴 적이 있었다. 별로 높지 않은 장애물을 뛰어넘으려 했는데 말이 피해버리는 것이었다. 나는 고삐를 강하게 잡아당기는 동시에 옆구리에 박차를 힘껏 가하면서 말을 몰아붙였다. 장애물을 넘기 위해 내가 어찌나 세게 고삐를 당겼는지 말의 입술에서 피가 날 정도였다. 그렇게 해서 결국 장애물을 여러 번 넘을 수 있었다.

고집 센 말을 굴복시켰다는 성취감을 느끼고 있을 때였다. 그런 모습을 지켜본 교관이 다가와 말했다.

"손 사장님, 말을 세 손가락으로 타도록 하세요."

엄지, 검지, 중지 세 손가락으로 말을 다루어보라는 것이다. 이후 교관이 시키는 대로 양손의 세 손가락으로 고삐를 부드럽게 잡고 타보았다. 뜻밖으로 말이 순순히 머리를 숙이면서 내가 시키는 대로 곧잘 따라 움직였다.

승마자가 강하게 압박을 가하면 말은 그만큼 더 반항한다. 이유는 승마자가 힘을 가할수록 말은 아프고 불편하기 때문이다. 말은 본능적으로 아픔과 불편함을 피하고 싶은 것이다. 말을 잘 타려면 손·엉덩이·허벅지·종아리를 최대한 부드럽게 해서 승마자의 뜻을 말이 알아차리게 해야 한다. 힘이 아니라 마음으로 내 의사를 전달하면 말

학생승마협회 회장 때 전국학생승마대회에서. 신뢰와 존중이 앞서야 한다는 점에서 승마의 기술은 회사 조직 운영의 기술과 유사한 점이 많다. (오른쪽에서 네 번째가 손명원)

은 순하게 따라온다. 결국 강압으로 제압하려 했던 나의 무지함이 말을 더욱 힘들게 했던 것이다.

그 뒤로 나는 강한 손에서 부드러운 손이 되고자 연습하고 또 연습했다. 포근하게 말의 허리를 감쌀 때 말 역시 곱게 머리를 굽히면서 큰 보폭으로 늠름히 구보했다. 나는 새로운 비밀을 알게 된 것만 같아 슬며시 미소를 지었다. 다음에는 또 어떤 말을 타게 될지 모르지만, 그 말과 마음의 대화를 나누며 나와 말이 하나가 되어 즐길 것을 상상하면서 승마장으로 향하고는 했다.

나는 누군가에게 믿음을 주는 사람인가?

승마의 기술은 회사의 조직을 운영하는 기술과 유사한 점이 많다. 엄청난 힘을 가진 말을 강압으로 다루기보다는 사랑과 이해로 부드럽게 다룰 때 탄성이 터질 정도의 예술 같은 장면을 연출할 수 있다. 부드러운 손, 그리고 말의 허리를 감싸고 있는 내 다리의 미세한 움직임이 말에게 속삭인다.

'내가 너를 얼마나 좋아하는지 아니?'

'너는 내가 무엇을 원하는지 알지?'

'난 너를 믿어!'

사람의 마음을 움직이는 것도 이와 별반 다르지 않을 것이다. 가는 말이 고와야 오는 말이 고운 것처럼 마음을 열고 다가가면 상대도 따뜻하게 다가온다. 차가운 바람은 옷깃을 여미게 하지만, 따뜻한 햇볕은 스스로 옷을 벗게 만든다. 힘으로 누르면 그만큼 반발하고 부딪히게 된다. 처음에는 두려워서 따를 수도 있으나 결코 오래가지 못한다. 반기를 드는 것은 시간 문제다. 마지못해 억지로 하게 해서는 안 된다. 조직원들 스스로가 원하고 좋아서 하게끔 만드는 것이 올바른 인간관계의 기반이며 성공한 리더의 능력이다.

솔선수범하는 리더와 그를 존경하고 따르는 사원들로 구성된 팀이 있다. 그 반면에 자기 생각만을 강압적으로 지시하고 팀이 그 명령을 따르게 하는 리더가 있다. 이 두 그룹이 만들어내는 결과는 큰 차이가 있다. 전자가 10명의 힘으로 20명의 성과를 낸다면 후자는 10명으로 5명의 성과가 나올까 말까 한다.

자신이 사랑하고 존경하는 이에게는 전부를 내어주고 싶어 하는 것이 인간이다. 이순신 장군의 명량대첩이 바로 그 예다. 12척에 나누어 탄 수군들은 이순신 장군을 믿고 따랐기에 133척이나 되는 적의 전함과 당당히 맞붙어 싸울 수 있었다. 결국 이 믿음과 존경이 수적 열세에도 불구하고 승리를 이끌어냈다. 수군들은 스스로를 아낌없이 내던졌던 것이다. 그와는 반대로 자신을 무시하고 힘으로 억누르려는 사람에게는 어느 누구도 자신의 전부를 바치려 하지 않는다.

뒷걸음질 치고 날뛰기만 하던 말도 서로의 마음을 나누고 이해할 때 비로소 승마자와 한 몸이 되어 동행하게 된다. 그렇듯이 뚜렷한 목표와 방향을 조직원에게 설명하고, 사랑과 이해와 겸손으로 업무를 추진한다면 그 조직은 하나가 되어 팀이 원하는 결과에 가까이 갈 수 있을 것이다.

중요한 것은 서로 간의 신뢰와 존중이다.

"나는 너를 믿어!"

이 한마디가 사람을 얼마나 굳건히 일어서게 하는지 모른다. 자기 안에 숨겨진 능력을 발휘할 수 있게 만드는 마법 같은 말이다.

이쯤에서 다시 돌아본다.

나는 누군가에게 그런 믿음을 주는 사람인가?

4

매트 위의 동반자는 오직 실력뿐

대학 시절의 레슬링은 실력만이 최고의 동반자임을 알게 했다.
내가 원한다고 해서 언제든지 기회가 오는 것이 아니다.
자만과 오만은 그 귀한 기회를 놓치게 하는 걸림돌이다.

창피하고 화나는 레슬링 입문 경기

오클라호마대학교 토목공학과 2년을 마칠 즈음이었다. 성적이 괜찮았던지 담당교수가 나를 부르더니 추천서를 써줄 테니 MIT(매사추세츠공과대학)로 옮기는 것이 어떠냐고 물었다. 나는 때마침 워싱턴 DC에 머물고 있는 아버지에게 이 사실을 말씀드렸다. 두 살 아래 동생 동원이 워싱턴 DC에 있는 가톨릭대학교 건축학과에 입학했던 것이다. 아버지는 차라리 가톨릭대학교로 옮겨 동생과 함께 지내는 게 좋겠다고 했고, 나는 그 말을 받아들였다.

운동이라면 종목을 가리지 않던 나는 가톨릭대학교 4학년 때 147파운드(약 66.7킬로그램)급 레슬링 대표선수로 활동했다. 코치는 미국 주립대학교 경량급 챔피언 출신이었다.

나는 오클라호마대학교 1, 2년을 축구 선수로 뛰었다. 당시 미국인들은 '풋볼'이라는 미식축구에만 열광했지 일반 축구는 인기가 없었다. 나는 축구 시합 도중 발목이 부러지는 사고를 당했다. 길다란 쇠못을 박는 접합 수술을 받았지만, 다리 상태가 이전 같지 않았다. 신경이 손상되어서 그런지 공을 조금만 차도 발목이 시큰거려 축구는 그만두어야 했다.

가톨릭대학교로 편입한 뒤 틈날 때마다 체육관으로 달려가서 운동에 매달리고는 했다. 하루는 근력운동실에서 친구들과 90킬로그램짜리 벤치프레스로 경쟁을 벌였다. 레슬링 코치가 들어와서 그 모습을 보게 되었는데, 그때는 그가 누구인지 몰랐다. 서로 눈이 마주쳐서 가볍게 인사를 나누기만 했다.

다음날 체육관에서 땀을 뻘뻘 흘리며 운동에 열중일 때 그가 나에게 다가왔다. 그리고는 자신을 소개하며 레슬링 팀에서 같이 뛰어볼 생각이 없느냐고 제안했다. 여느 미국인들처럼 그리 크지 않은 체구지만, 그의 눈에는 내가 좀 다부져 보였던 모양이었다. 레슬링과의 인연은 그렇게 시작되었다.

레슬링 경기는 TV로 많이 보았으나 실제로 해본 적은 없었다. 호기심이 발동했다. 그의 초대를 받아 레슬링 연습장을 찾아갔다. 문을 열고 첫발을 들여놓는 순간, 기분이 좀 야릇했다. 후끈한 공기가 시큼한 땀냄새와 함께 온몸을 덮쳐왔던 것이다. 선수들은 가뜩이나 후텁지근한데 두꺼운 땀복 위에 고무 옷까지 껴입은 차림이었다. 번들거리는 매트 위에서 둘씩 짝을 이루어 서로 목을 붙잡고 연습에 열중이었다. 가만히 서 있어도 땀이 흐를 지경인데 좀 의아하다는 생각이 들었다.

'왜 저렇게 옷을 잔뜩 껴입고 운동을 하지?'

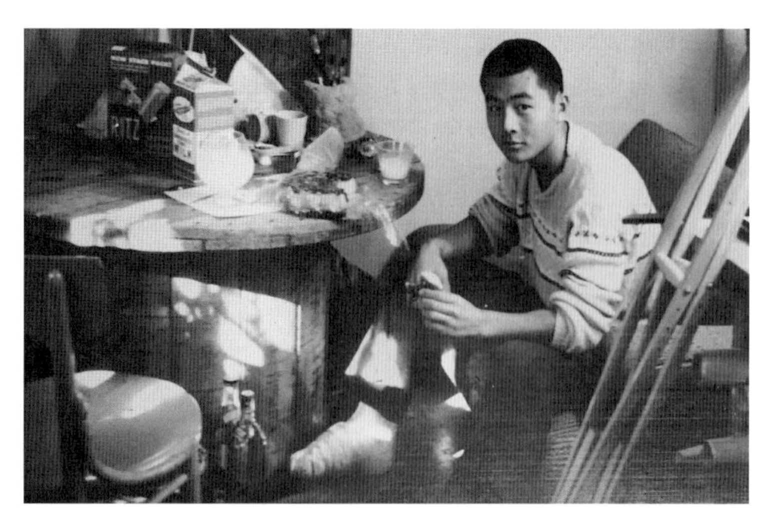

경기 중 발목 부상으로 축구를 접고 레슬링으로. 오클라호마대학교에서 2년을 마치고 가톨릭대학교로 편입한 뒤 삶에 가장 큰 영향을 미친 레슬링과 우연히 만나게 되었다.

코치가 나더러 지하실로 내려가 운동복으로 갈아입고 오라고 했다. 나는 라커룸으로 가서 담당자에게 운동복을 받아 갈아입고는 다시 찜통 같은 연습장으로 돌아왔다. 선수들이 어떻게 훈련하는지 살펴보려고 벽 쪽에 붙어 섰다. 모든 선수가 나를 쳐다보는 것 같았다. 20명쯤 되는 학생들 가운데 내가 아는 이는 아무도 없었다. 그때 코치가 나를 불렀다.

"어이 데니, 잭이랑 한번 겨뤄볼래?"

나의 영어 이름은 데니(Danny)였다. 나중에 알았지만 잭은 4학년이고 147파운드급 대학 대표선수였다. 코치가 내 힘을 시험해보려는 듯했다. 내가 매트 위에 올라가자 잭이 내 앞으로 다가왔다. 나는 레슬링이라고는 '레' 자도 모르는 완전 초보였다. 잭은 다짜고짜 내 머리를 잡아 자기 머리 옆에 바짝 붙이더니 사정없이 밀어붙였다. 어린 시절 동네 아이들과 씨름할 때의 생각이 번개처럼 스쳤다. 그대로 밀릴 수는 없었다. 상대의 목을 감아 돌리며 땅에 쓰러트리던 씨름의 기술을 몸이 기억하고 있었다. 나는 잭의 머리를 잡아채고는 등위로 밀어올리며 잽싸게 돌렸다. 그가 밑에 깔렸다. 잭의 몸통 위에 내 상체를 덮었다. 하지만 그다음에는 어떻게 해야 좋을지 몰랐다. 그 틈에 잭이 아래에서 빠져나와 내 등 위에 올라탔다. 이제는 내가 밑에 깔렸다. 그리고 잭은 나를 마치 대걸레처럼 매트 바닥을 끌고 다녔다. 그만하라는 코치의 말이 고맙게 들렸다.

이것이 나의 레슬링 입문 경기였다. 내가 먼저 그를 테이크다운했으나 실력 차이 때문에 상대의 놀잇감이 되고 말았다. 살짝 창피했고 은근히 화가 나기도 했다. 풋내기를 데려다가 아무것도 일러주지 않은 상태에서 광대 취급을 당했다는 느낌이 들었다.

코치는 1시간 정도 레슬링의 기본 동작을 가르쳐주었다. 그렇게 레슬링과의 첫 만남이 끝났다. 그는 나더러 시간 나는 대로 같이 운동하자고 제의했고 나는 그렇게 하겠다고 답했다. 당시 나는 오후 5시부터 8시까지 설계사무소에서 아르바이트를 하고 있었다. 일주일에 두 번 정도는 운동할 수 있을 거라는 판단이 들었다. 코치가 이렇게 말했다.

"두 달 뒤 교내 레슬링 대회가 있으니 참가하도록 해."

"좋아요!"

얼떨결에 그렇게 대답하고 말았다. 스스로 좀 황당한 생각이 들어 한 가지 전제를 달았다.

"코치님이 기초를 잘 가르쳐주시면요."

그가 웃으며 고개를 끄덕였다.

그날 이후 나는 선수들과 어울리며 기본 동작부터 익히기 시작했다. 아르바이트 일이 끝나는 대로 연습장으로 갔다. 다행히 씨름의 기술이 알게 모르게 몸에 배어 있는 나는 한국인이었다.

대학 교내 레슬링 대회 날이 왔다. 참가 선수 중 몇 명은 안면이 있었으나 대부분은 낯선 얼굴들이었다. 레슬링이 당시에 대학에서 그다지 인기 있는 운동이 아니어서 그런지 얼핏 봐도 그리 대단할 것 같지 않았다. 나는 그날 160파운드(약 72.5킬로그램)급에서 금메달을 땄다. 지름 1센티미터에 두께 1밀리미터의 정말 작은 메달이었다. 크기야 어떻든 나는 금메달 수상자가 되었다. 그것은 나를 더 자주 레슬링 연습장을 들락거리게 했다.

케네디 대통령의 마지막 날과 내 생의 첫 시합

그 이듬해 가을. 여름방학이 끝나고 학교로 돌아왔을 때 레슬링 코치가 나를 불렀다. 이제 대학 4학년 졸업반이고, 취업을 비롯한 진로 문제 등 인생의 중요한 사안들이 줄지어 기다리는 시기였다. 코치는 나에게 대학 팀의 정식 대표선수로 뛰지 않겠느냐고 물었다. 나는 직장을 잡고 일을 해야 하므로 그러기가 어렵다고 정중히 사양했다. 그러자 코치는 팀에 들어오면 의식주 가운데 '식(食)'을 장학금으로 해결해주겠다고 제의했다.

'뭐? 먹는 것이 해결된다? 레슬링 시즌은 3개월인데, 시즌이 끝나고도 학교 식당에서 식사를 계속할 수 있다고? 그렇다면 괜찮은 제안이지 않아?'

그런 계산이 서자 대뜸 코치의 제의를 받아들였다.

147파운드급에 4명의 선수가 등록되어 있었다. 대회 때마다 교내 선수들끼리 서로 겨루어 이긴 사람이 대학 대표선수로 출전하는 방식이었다. 그로부터 세 달 동안 열심히 연습해 선발전에서 대표선수로 뽑혔다. 훈련은 오후 3시부터 기초 운동으로 달리기, 턱걸이, 줄타기 등을 마친 뒤 레슬링 기술 단련으로 이어졌다.

평상시 나의 몸무게는 165파운드(약 74.8킬로그램) 정도였다. 나는 147파운드급 선수여서 대회에 참가하려면 2~3주 안에 9킬로그램은 감량해야 했다. 음식을 마음껏 먹을 수 있다는 데 혹해서 팀에 들어왔는데 금식이라니…. 장학금이라는 조건은 큰 의미가 없어져버렸다. 하지만 나는 레슬링 자체를 즐기는 사람이 되어 있었다. 시합이 있는 주간에는 하루에 꿀차 한 잔이 전부였다. 빈속으로 3시간의 혹독한 훈련을 견뎌냈다. 그렇게 해낼 수 있었다.

레슬링 선수 생활을 하며 인간의 한계에 대해 놀라운 사실을 직접 체험했다. 인간이 흥분 상태에 놓이면 음식물을 섭취하지 않은 몸으로도 이틀쯤은 최상의 능력을 발휘할 수 있음을 경험으로 알게 되었다. 그리고 또 중요한 한 가지를 깨달았다. 바로 코치의 말 한마디가 선수에게 얼마나 큰 영향을 미칠 수 있는가 하는 점이었다. 코치 역시 자신의 생각과 행동이 선수들에게 엄청난 영향을 끼친다는 점을 반드시 알고 있어야만 한다.

대학 대표선수로서 나의 첫 상대는 웨스트메릴랜드대학교 팀으로 정해졌다. 레슬링은 철저히 개인전이다. 대회 당일 오후가 되자 긴장감이 몰려왔다. 떨리는 마음을 진정시키려고 학교 근처에 있는 워싱턴대성당 잔디밭 벤치에 앉아 쉬었다. 3시간 뒤면 나의 첫 경기가 시작된다. 그때였다. 많은 학생들이 내가 있는 성당 쪽으로 달려왔다. 우리 대학 팀 가운데 127파운드급 선수가 다른 학생들 틈에 섞여 뛰어오는 모습이 보였다. 나는 자리에서 일어나 무슨 일이냐고 물었다. 그는 울음 섞인 목소리로 말했다.

첫 승리를 안겨준 케네디 암살 당일의 경기. 식사를 해결하기 위해 시작한 레슬링은 자만과 오만의 무서운 결과를 깨닫게 해준 생의 고마운 스승이었다. (오른쪽이 손명원)

"케네디 대통령이 암살당했대!"

그 말을 남기고 그는 성당 안으로 달려갔다. 정신이 멍했다. 나는 다시 벤치에 앉아 혼자 중얼거렸다.

"이날을 잊지 못할 거야. 죽을 때까지…."

케네디 대통령의 마지막과 내 생의 첫 시합이 같은 날이라니….

매트 위의 동반자는 그동안 쌓아온 실력뿐

시합 1시간 전에 선수들의 몸무게를 잰다. 그전까지는 누가 어느 체급에서 출전하는지 공개하지 않는다. 체중계 앞에서 비로소 양쪽 대표선수들이 소개된다.

선수들은 벽 쪽에 늘어서 있다가 체급별로 불려 나가 몸무게를 재고 들어왔다. 다음은 내 차례였다.

"147파운드 앞으로!"

나는 걸어 나가 체중계 옆에 섰다. 나의 상대도 곁에 섰는데 키가 큰 데다 팔뚝은 절구통만 했다. 어떻게 몸무게를 147파운드에 맞출 수 있었는지 이해가 안 될 정도였다. 그에 비하면 나의 몸은 너무 왜소하게 느껴졌다. 그 근육질의 체격을 곁눈으로 보면서 그가 계체량에서 실격당할지도 모른다고 생각했다.

내가 먼저 체중계에 올라섰다. 바늘은 146과 147 사이를 오갔다. 물 한 컵이라도 마셨더라면 통과하지 못했을 거라고 안도하며 체중계에서 내려왔다. 다음은 상대 선수가 체중계에 올라섰다. 그런데 웬 일인가? 그 큰 덩치가 147파운드를 넘지 않는 것이었다.

이제 체급에 따른 선수 명단이 확정되었다. 경기 시작 시간 30분 전. 체중 조절을 위해 이틀 동안 하루에 꿀차 한 잔 마시고 운동했기에 남은 30분이 에너지 보충 시간이었다. 그렇다고 해서 갑자기 음식을 많이 먹을 수는 없다. 나는 꿀 한 숟가락을 입에 넣고 따뜻한 물 한 모금을 마셨다.

우리 대학의 레슬링복으로 갈아입고 연습장에 모두 모였다. 권투나 레슬링은 1 대 1의 승부다. 팀 경기인 축구와는 긴장되고 흥분되는 정도가 다르다. 팀 경기는 서로 의지할 수 있는 여유라도 있으나 개인전은 링이나 매트 위에 올라서는 순간 이 세상에 혼자뿐이라는 것을 절감하게 된다. 동반자는 오로지 여태껏 쌓아온 실력뿐이다.

우리 선수들은 연습장 매트 위에 등을 대고 누웠다. 그렇게 긴장된 마음을 안정시키고 있을 때 코치가 와서 한 사람 한 사람마다 상대 선수에 대해 설명했다. 정보가 아예 없으면 우리 선수의 강점을 강조해주었다. 조명을 끄고는 고요한 가운데 코치가 우리에게 자신감을 불어넣으려 애썼다. 첫 시합을 승리로 장식하고 싶다는 욕망이 가슴 저 아래에서 치밀어 올랐다. 경기 시작 5분 전. 코치는 불을 켜더니 큰소리로 외쳤다.

"너희들, 나가서 저놈들을 다 이겨버려!"

어디서 나온 것일까? 코치의 말에 자신감이 절정에 달했다. 우리는 한 줄로 서서 경기장에 들어섰다. 학생들의 응원 소리가 귀를 때렸다. 우리는 승리를 다짐하는 세리머니를 마치고 자리에 앉았다.

먼저 117파운드급 선수가 나갔다. 졌다. 이어서 127파운드급 선수가 나갔다. 역시 졌다. 그리고 137파운드급 선수가 나갔다. 마찬가지로 졌다. 계속 패하고 돌아오는 선수들을 보면서 나는 정말 상대방이 이렇게 강한 팀인가 의아했다. 우리 대학의 응원석은 찬물을 끼얹은 듯 조용했다. 계속 지는 마당에 흥이 날 리 없었다. 다음은 147파운드급, 나의 차례였다. 나는 위에 걸쳤던 타월을 벗어 던지고는 코치 앞에 섰다. 그는 나의 엉덩이를 한 번 툭 쳤다.

"그 녀석을 잡아서 메쳐버려!"

위축되어 있던 승부욕이 다시 살아났다.

심판의 호루라기 소리와 동시에 둘은 서로 탐색전에 들어갔다. 완강한 힘이 전해지는 순간 내 머리가 그의 팔 안에 갇혔다. 꼼짝할 수가 없었다. 머리를 빼내려고 이리저리 움직이면서 그의 발동작이 좀 느리고 균형이 썩 좋지 않다는 것을 알아챘다. 내 안에서 자신감이 꿈틀거렸다. 1회전 3분이 끝났다. 2회전에 들어가기 전 심판이 나에게 아래쪽인지 위쪽인지 먼저 결정하라고 했다. 나는 밑에서 시작하는 것을 선택했다. 그의 약점을 잘 이용해서 뒤집기에 성공하면 짧은 시간 안에 1점을 딸 수 있겠다는 판단이 들었다.

2회전이 시작되자 상대가 뻗는 손을 뿌리치고는 그의 뒤에 붙어서 예상대로 1점을 따냈다. 나는 여유를 주지 않고 그대로 몸통을 껴안고 매트에 내리쳤다. 배가 매트에 닿자 그동안 수없이 연습했던 쿼터넬선에 들어갔다. 일종의 조르기 기술이었다. 매트 위에 그의 양어깨가 닿았다. 천정을 보고 있는 그의 가슴을 체중을 다 실어 압박했다. 3초, 참으로 긴 시간이었다.

"원, 투, 스리!"

심판이 손바닥으로 매트를 세 번 내리쳤다. 2회전 2분 만에 게임이 끝났다. 내가 이겼다. 나는 상대를 팽개치고는 벌떡 일어섰다. 조용하던 응원석의 학생들이 자리에서 일어나 환호성을 질렀다. 케네디가 세상을 떠난 날의 첫 경기는 그렇게 마무리되었다.

내가 코치 쪽으로 뛰어가자 또 한 번 나의 엉덩이를 툭 쳤다.

"잘했어!"

이제 선수와 응원석의 상황이 완전히 달라졌다. 나의 상대는 그 대학 팀에서 가장 실력 있는 선수라고 했다. 그의 참패는 우리 쪽 사기를 올려주는 반면 상대편 사기는 무너지게 했다. 이어 출전한 157파운드급 선수도 이겼다. 다음 3명의 선수도 내리 이겼다. 경기장은 우리 대학의 축제 분위기로 가득했다.

다음날 학교 신문에 내 이름이 실렸다.

'한국인 손명원, 대학 대항전 첫 경기에서 우승.'

"일어나! 일어나란 말이야!"

옛일을 돌이켜 보면서 느끼는 바가 있다. 어떤 대표선수의 승리는 그 개인의 영예로 그치는 것이 아니라는 점이다. 그가 몸담은 조직뿐만 아니라 나라와 민족의 기쁨으로 이어진다. 피겨스케이팅에서 김연아 선수의 승리는 그만의 것이 아니다. 그가 금메달을 목에 걸 때 우리 모두 함께 기뻐했다. IMF 외환 위기의 참담한 분위기 속에서 박세리 선수가 당당히 LPGA 무대를 휩쓸 때 우리는 모두 함께 기뻐했다.

CU Wrestlers Win 1st Meet

Western Maryland, CU's first opponent in wrestling, was also CU's first victim, last Friday, 23-16.

Myaung Sohn (150), Dennis Evans (170), Mike Wilmer (180), and Jon D'Orazio (heavyweight) won their divisions by pinning opponents. Kevin DeMartino took a victory in the 194 lb. class by a decision.

The next wrestling meet will be at home on Saturday, January 12 against Towson.

가톨릭대 레슬링 선수 시절과 우승 소식이 실린 지역 신문. 레슬링으로 '대표'의 중요성을 깨닫게 되었다.

사회도 마찬가지다. 삼성이나 현대 같은 기업이 세계시장의 경쟁 입찰에서 이겨냈을 때, 그 기쁨은 결코 그들만의 것이 아니다. 그와 더불어 다른 국내 기업들의 이미지도 덩달아 오른다. 기업의 경쟁력이 곧 나라의 경쟁력으로 이어지는 것이다.

나는 스포츠를 통해 '대표'라는 직책의 중요성을 깨달았다. 대표선수의 신중한 자기 관리가 왜 필요한지 알게 되었다. 한 선수의 승리로 인해 같은 조직에 몸담고 있는 사람들까지 널리 알려지게 된다. 따라서 그 개인의 능력과 인품이 곧 조직의 것이 될 수 있기 때문에 자기 관리를 철저히 해야만 한다. 만약 우승을 통해 이름을 떨친 한 선수의 그릇된 행실이 알려지게 되면 다른 선수들까지 피해를 보게 되는 것이다.

첫 출전 이후 나는 몇 개의 시합에서 상대의 양어깨를 바닥에 닿게 하는 핀으로 승리를 거두었다. 자신감이 하늘을 찔렀다. 덩치가 큰 선수, 작은 선수 할 것 없이 핀으로 이겨나갔다.

한번은 버지니아에 있는 대학과 시합을 가졌다. 이전과 다름없이 시합 1시간 전에 선수들이 체중계 앞에 모였다. 이번 상대는 나와 체구가 비슷했다. 지금까지 그렇게 작은 선수를 상대하기는 처음이었다. 잘하면 1회전 안에 끝낼 수 있을 거라 여겼다. 여느 때면 경기 전에 상대 선수에 대한 정보를 일러주던 코치가 그날은 별 말 없이 그저 최선을 다해 싸우라고만 했다.

"너는 이길 수 있어."

경기가 시작된 지 얼마 되지 않아 상대는 여태껏 만난 선수들과는 다르다는 것을 직감했다. 나보다 더 빨랐다. 3분도 지나지 않았는데 점수는 6대 7로 그가 1점 앞서 있었다. 대개 치열한 3회전 9분 시합의 결과와 맞먹는 점수였다. 2회전 6분 시합이 끝나고 마지막 3회전에 들어갔다. 팔이 천근같이 무겁고 숨은 턱까지 차올랐다. 상대는 어느새 또 내 등 뒤에 붙어 나를 매트 위에 깔아 눕혔다. 기운이 완전히 빠져 그의 통제에서 벗어나지 못하고 있었다. 이때 코치의 고함소리가 귀를 때렸다.

"일어나, 대니! 일어나란 말이야!"

그 외침에 정신이 번쩍 들었다. 기진맥진하던 몸의 어디에서 나오는지 힘이 솟구쳤다. 그의 팔을 뿌리치고 일어섰다. 다시 머리를 맞대고 붙으려 할 때 심판이 호루라기를 불었다. 시합이 끝났다. 12 대 13, 그가 승자였다. 승부에는 졌지만 이번처럼 멋진 경기는 처음이라는 생각이 들었다. 연습할 때 익힌 기술을 모두 써본 것 같았다. 나는 숨을 헐떡이며 코치 앞으로 다가갔다.

"잘했어! 정말 잘했어!"

코치는 패배하고 들어오는 나를 칭찬했다. 그제야 상대 선수가 지난해 대학 대항전에서 같은 체급의 챔피언이라고 말했다. 혹시 내가 주눅 들까봐 미리 알려주지 않았던 것이다. 저 정도면 충분히 챔피언이 될 만하다는 생각이 들면서 존경심까지 들었다. 그러면서 나도 잘했다고 스스로 위로했다.

'그래, 조금만 더 훈련하면 쟤도 이길 수 있을 거야.'

스포츠의 참멋은 바로 이런 것이다. 승리의 기쁨을 누릴 때가 있지만, 패배도 깨끗이 인정하고 다시 도전을 다짐하는 것이 진정한 스포츠 정신이다.

이 시합을 통해 배운 것이 많았다. 선수가 매트 위에 서기 전까지는 코치나 동료가 밀고 당겨준다. 그러나 매트 위에 서는 순간 나의 동반자는 오직 나의 실력뿐이다. 레슬링이 내 마음속 깊이 새겨준 삶의 교훈이다. 훈련을 통해 기른 힘과 기술, 실전을 통해 쌓은 경험과 전략, 그것과 함께 매트에 오르며 그것이 승패를 결정한다.

'공부하라. 운동하라. 단련하라.'

이 가르침에 따른 인내심이 가정과 학교를 떠나 경쟁 사회에 뛰어들어 외롭게 분투할 때 자신과 함께하는 유일한 동반자가 된다. 오로지 실력만이 아무도 빼앗아 갈 수 없는 든든한 지원자인 것이다.

자만과 오만은 실패의 씨앗이 된다

준비되지 않은 사람이 빚어내는 결과들을 많이 보아왔다. 다른 기업과 경쟁 구도에 놓일 때, 대표이사의 말 한마디와 행동 하나가 승패를 결정지을 수 있다. 쓸데없이 오만한 말과 행동, 무지한 도발이 만들어내는 패배는 개인으로 끝나지 않고 그가 대표하는 조직의 패배로 연결된다.

권투 선수는 마구 퍼붓는 주먹세례 속에서 두 팔로 얼굴을 가리고 KO 펀치를 언제 날릴 것인지 탐색한다. 레슬링 선수는 온몸을 제압당하면서도 어떻게 빠져나와 역습을 가할 것인지 모색한다. 대표선수가 아무리 급박한 상황에서도 이성을 잃지 않고 한방의 기회를 계획하듯이 대표이사도 그래야 한다. 뜨거운 가슴과 차가운 머리의 소유자가 되어야 한다.

한 청각장애인과의 시합을 통해 자신감과 자만심의 무서운 차이를 알게 된 일이 있다. 워싱턴 DC에 있는 청각장애인을 위한 갤러뎃 대학교(Gallaudet university)와의 경기였다. 나는 그때까지 연승을 거듭하고 있어서 자신감에 젖어 있었다. 대학 대표선수로 나선 지 얼마 되지 않았지만, 계속된 승리는 나를 오만한 선수로 만들어놓았다. 그때까지는 자신감과 자만심의 차이를 알지 못했다.

상대 선수와 함께 체중계 앞에 섰다. 저 정도라면 1회전 3분 안에 거뜬히 이길 수 있을 거라는 생각이 들었다. 나의 연승 소문이 퍼져 한인교회에서 여럿이 구경하러 와 있었다. 나는 이들 앞에서 멋지게 승리하는 모습을 뽐내고 싶었다.

앞서 우리 팀 2명이 이기고 들어왔다. 다음은 내 차례였다. 나는 매트 위에 오르며 극적인 세리머니로 마무리할 생각부터 했다. 상대는 청각장애인이었다. 듣지 못하기 때문에 심판이 20센티미터가량 되는 노란 원판을 들고 나왔다. 그 원판을 매트 위에 내리치는 것으로 경기가 시작되었다.

머리를 잡아채자 그가 큰소리를 냈다. 왠지 안쓰러워 보였으나 나는 그를 자유자재로 움직여나갔다. 직전 시합에서 쓴 스리쿼터넬슨 기술을 멋있게 구사하기로 작정했다. 상대가 빠져나가기 위해 오른손으로 나의 오른쪽 다리를 잡으려고 상체를 돌릴 때 내가 밑을 파고들며 상대의 오른쪽 다리를 들면 시합이 끝난다. 단, 이 기술은 상대가 윗몸을 오른쪽으로 돌릴 때까지 기다려야 한다. 하지만 상대는 겁을 먹었는지 반격하지 않았다.

'야, 왜 반격을 안 해? 네가 하지 않으면 내가 만들어주지.'

나는 그가 상체를 돌리지도 않았는데 억지로 그의 다리를 들어올리려고 덤볐다. 그때 그가 등을 거의 바닥에 대고 있는 나를 온몸으로 덮쳤다. 나는 꼼짝없이 덫에 걸린 쥐가 되고 말았다. 먹지 않고 체중을 빼야 했던 나는 그의 무게를 오직 목 힘으로만 견뎌내야 하는 상황이 너무 힘들었다. 핀을 당하지 않으려고 애썼다. 그러나 나는 지쳐갔다. 자만과 오만이 적의 칼날 앞에 목을 내준 꼴이었다. 더 이상 버틸 수 있는 기력이 없었다. 심판은 매트를 세 번 내리쳤다. 연승 이후의 비참한 첫 패배였다. 창피해서 코치와 팀원들에게 얼굴을 들 수 없었다. 자리로 돌아와 앉았으나 쥐구멍이라도 있으면 기어들고 싶은 심정이었다.

50년도 더 지난 일인데 아직 그때의 모습이 눈에 선하다. 자만과 오만이 만들어낸 돌이킬 수 없는 실수가 평생 잊지 못하는 기억으로 남았다. 이후 사회에 나와 CEO(최고 경영자)가 되고 다른 회사와 경쟁할 때 갤러뎃대학교 청각장애인 선수와의 경기는 반면교사의 교훈이 되었다. 아무리 허술해 보이는 상대라도 경쟁에 돌입할 때는 철저한 계획으로 임해야 한다. 막연한 상상과 적당한 추측은 금물이다. 완전한 전략과 전술은 작은 회사도 큰 회사를 이길 수 있도록 하기 때문이다.

시합 다음날에도 사람들 보기가 창피해 견딜 수가 없었다. 제대로 잠도 못 이루었다. 무거운 마음을 조금이라도 풀기 위해 갤러뎃대학교를 찾아갔다. 레슬링 연습장에는 어제 본 선수들과 코치가 훈련에 열중이었다. 코치에게 다가가 인사하자 웬일이냐며 놀라는 듯했다. 나는 어제 그 선수와 연습 경기를 할 수 없겠느냐고 물었다. 코치는 그 선수는 쉬어야 하니 다른 선수와 하는 것이 좋겠다고 말했다. 그가 지목한 선수는 나보다 두 체급 위였다. 나는 승낙했다.

운동복으로 갈아입고 그 선수와 연습 시합을 가졌다. 3분도 채 되기 전에 나는 그를 핀으로 이겼다. 한 판 더 붙었다. 결과는 마찬가지였다. 불덩어리처럼 달아 있는 내 몸에서 땀방울이 눈물처럼 흘러내렸다. 나는 코치에게 고맙다고 인사하고는 샤워를 한 뒤 옷을 갈아입고 체육관을 빠져나왔다. 허탈했다.

'야, 손명원! 시합은 어제였어. 너 여기 왜 와 있지? 그 잘난 자만심 때문에 여기 온 거지? 너에게 기회가 주어졌던 것은 어제였어. 오늘이 아니라고!'

인생은 때로 우리에게 승리의 기회를 허락한다. 내가 원한다고 해서 기회가 오는 것이 아니다. 조그만 자리라도 마련되었을 때 최선을 다해야만 성공에 이를 수 있다.

레슬링뿐만 아니다. 내가 겪었던 다른 스포츠들도 내게는 살아 움직이는 인생의 스승이었다. 독한 체험을 통해 삶의 진리를 몸과 마음으로 깨닫게 해준 고마운 선생님들이었다.

5

청춘처럼 가슴 설레게 하는 겨울 연인

스키를 통해 스포츠와도 짜릿한 사랑에 빠질 수 있음을 알았다.
눈 덮인 산 정상에서 겨울의 연인이 펼쳐 보이는
새하얀 깃발은 나의 마음을 청춘처럼 설레게 한다.

혜화동 언덕길의 대나무 스키와 진짜 스키

돈누바우어(Don Neubauer) 설계사무소에서 파트타임으로 일을 시작한 지 6개월이 지날 때였다. 나는 대학을 다니면서 생활비를 버는 아르바이트생이었다.

회사에서 고층 건물 구조설계 계약을 하면서 청사진으로 쓸 그림 작업에 필요한 제도사를 새로 뽑았다. 이때 한스(Hans)라는 젊은 친구가 채용되었는데, 부드러운 곱슬머리에 키가 훤칠한 독일인이었다. 직원이 한 사람 더 늘면서 사무실 분위기는 활기가 느껴졌다.

그해 겨울 한스는 나보고 스키를 탈 줄 아느냐고 물었다. 나는 예닐곱 살 무렵 동네에서 반으로 쪼갠 대나무를 신발 밑에 묶고 비탈길을 미끄러져 내려오던 이야기를 해주었다. 40센티미터 정도 길이에 앞부분을 불로 그슬리고 살짝 구부려 만든 대나무 스키에 대한 설명을 덧붙였다. 눈이 쌓인 날이면 내가 만든 대나무 스키를 타고 놀았다. 그 당시 나의 목표는 혜화동 집 뒷문 너머의 15미터 내리막길을 넘어지지 않고 끝까지 내려가는 것이었다.

그런데 한스는 자기 키보다 더 큰 2미터짜리 스키를 탄다는 것이었다. 나는 그때까지 사진으로만 보았지 스키의 실물은 한 번도 본 적이 없었다. 신발보다 조금 더 긴 대나무 스키도 타기가 쉽지 않은데 그 긴 스키를 어떻게 탄다는 것인지 흥미가 당기기 시작했다. 그는 독일에서 '슬라롬(slalom)' 챔피언이었다고 했다. 그때는 슬라롬이 '회전 활강'인지는 알지 못했으나 그저 꽤나 스키를 잘 타는 모양이다 정도로 이해하면서 넘어갔다.

한스가 주말에 자신이 속해 있는 스키 동호회 친구들과 펜실베이니아에 있는 포코노 스키장에 가는데 같이 가겠느냐고 물었다. 호기심이 발동한 나는 선뜻 따라가겠다고 대답했다.

들뜬 마음으로 워싱턴 DC에서 2시간을 달려갔다. 스키장에 온 한스는 평소 알던 사람과는 너무도 다른 모습을 보였다. 사무실에서는 늘 조용히 일만 하던 그가 스키장에서는 카리스마 넘치는 리더 역할을 하는 것이었다. 동호회 사람들 대개가 북유럽 출신들이었다.

이튿날 아침 스키 장비를 빌렸다. 생전 처음으로 내 키보다 더 큰 스키를 만져보았다. 내가 한아름 장비를 안고 나왔을 때 한스는 어느새 장비를 다 갖추고 눈 위에 서 있었다. 그리고는 언덕 밑에서 기다리겠다며 능숙하게 기역 자 코너를 돌며 사라졌다.

나는 엉거주춤 스키를 신고 어린 시절 대나무 스키의 기억을 떠올리며 떨리는 마음으로 몸을 구부린 채 일어났다. 그러자 스키가 완만한 경사를 따라 미끄러지기 시작했다. 나는 한스가 가리킨 왼쪽 굽어지는 방향으로 가려고 스케이트를 탈 때처럼 왼쪽 다리에 체중을 실었다. 그런데 이게 웬일인가? 스키는 내 의지와는 달리 왼쪽으로 돌지 않고 도리어 오른쪽으로 움직이는 것이 아닌가! 30미터 앞은 가파른 벼랑이고 그 너머는 나무숲이 보였다. 스키는 점점 더 빨리 벼랑을 향해 돌진했다. 급한 마음에 철퍼덕 눈밭 위에 주저앉았다. 그렇게 간신히 경계선 앞에서 멈추었다. 정말 아찔했다. 한겨울인데도 진땀이 다 났다.

'내가 죽으려고 여기까지 왔나?'

눈 위에 주저앉아서 길고 불편한 스키를 돌려놓은 뒤 일어섰다. 스키는 다시 천천히 비탈을 타기 시작했다. 저만치서 한스가 기다리고 있는 것이 눈에 들어왔다. 곧바로 내달리기 시작하는 스키는 시속 100킬로미터도 넘는 것 같은 체감 속도였다. 나는 상체를 앞으로 숙이고 넘어지지 않으려고 안간힘을 다했다. 정지하는 법을 몰라 그저 한스 쪽으로만 향했다. 그가 있는 곳까지만 가면 된다는 생각이었다. 한스에게 다다랐을 때 그는 뒤로 미끌어지면서 나를 붙잡아 가까스로 멈출 수 있었다.

한스는 배를 잡고 웃었다. 죽을 뻔한 사람을 앞에 두고 웃는 한스가 얄미웠다. 뭘 좀 가르쳐주고 가야지 생초보를 그냥 놔두고 사라져 버리다니 원망스럽기만 했다. 아무래도 나의 대나무 스키 경력을 너무 높이 평가한 것이 아닌가 싶었다.

"원래 스키는 넘어지는 법부터 배우는 거야."

그제야 한스는 미소를 지으며 스키의 기초를 가르쳐주었다. 가장 먼저 알려준 것이 멈추는 법이었다. 흔히 'A 브레이크'라는 스노플라우(snowplow) 동작을 보여주며 스키 앞쪽을 모으고 뒤쪽을 벌려 삼각형을 만들라고 했다. 그리고 왼쪽으로 돌려면 오른쪽 스키 안쪽에 무게를 싣고, 오른쪽으로 돌려면 왼쪽 스키 안쪽에 무게를 실으라는 것이었다. 내가 생각했던 것과 정반대였다.

한 번도 넘어지지 않고 스키를 배울 수는 없다

나는 곧 그가 가르쳐주는 대로 연습했다. 정말 신기하게도 오른쪽, 왼쪽, 자유자재로 도는 것이었다. 멈출 때는 양쪽 발에 무게를 실으면 된다. 방법을 배우고 나니 이제는 어디든지 갈 수 있겠다는 자신감이 붙었다.

나는 한스와 함께 리프트에 올랐다. 생전 처음 타보는 스키 리프트였다. 나무숲 위로, 아득한 계곡을 지나 우리는 끝없이 흰 눈으로 뒤덮인 산을 올라갔다. 너무도 아름다운 설경에 감탄이 절로 터져 나왔다. 리프트가 정상에 이르자 한스는 자신을 따라오라며 앞장서 내려갔다. 50미터쯤 지나 그의 친구들이 기다리고 있는 것이 보였다. 한스는 나더러 천천히 내려오라고 말한 뒤 친구들과 함께 왼쪽 언덕을 돌아 사라졌다. 나도 그들을 따라 왼쪽으로 돌았다. 그런데 갑자기 경사가 급해지면서 앞이 안 보였다.

"악!"

발밑에 있던 땅이 사라져버린 것 같았다. 내 앞에 펼쳐친 급경사면에서는 좀 전에 배운 스노플라우가 아무 소용이 없었다. 스키는 점점 속도를 더해갔다. 마치 광대가 줄을 타듯이 넘어지지 않으려고 무게 중심을 잡는 데 전력을 다했다.

급경사면에는 눈이 패이고 뭉쳐져 울퉁불퉁한 모굴이 형성된다. 뜻하지 않은 속도로 내달리던 나는 모굴 위로 튀어 올랐다. 조그만 눈 웅덩이가 나를 하늘로 내던졌다. 머리부터 눈밭에 처박히는가 싶

슬로프를 내려오며. 첫 만남 이후 스키는 내 삶에 있어서 겨울 연인의 자리를 당당히 차지하면서 마음 바쳐 좋아하고 사랑하는 스포츠가 되었다.

었는데 다행히 허공에서 한 번 더 회전하면서 엉덩이가 눈 속에 파묻혔다. 스키며 고글이며 모자까지 이리저리로 다 날아가버렸다. 몸 하나만 빼놓고.

"괜찮아요?"

옆을 지나던 사람이 멈춰 서며 물었다. 대답을 할 수가 없었다. 숨이 쉬어지기는 하는데 말을 하려 해도 입이 열리지 않았다. 나는 정신을 가다듬느라 가만히 누워 있었다. 위에서 내려오던 사람이 널부러져 있는 내 장비들을 주워 주었다. 시간이 좀 지나자 겨우 정신이 제자리를 찾은 듯했다.

주섬주섬 다시 고글을 끼고 모자를 쓰고 스키를 신고는 자리에서 일어섰다. 그때까지도 나의 첫 스키 선생인 한스는 어디에도 보이지 않았다.

나는 인디고 청바지가 허옇게 눈빛으로 물들도록 엉덩이를 브레이크 삼아 슬로프 양끝을 오가며 아래로 내려왔다. 넘어지고 다시 일어나기를 반복하며 한참만에 급경사면을 벗어났다. 이제 앞에는 완만한 비탈면이 펼쳐져 있었다. 오기가 작동하기 시작했다. 너무도 가볍고 날렵하게 스키를 타며 옆을 지나가는 사람들을 바라보며 다짐했다.

'나도 저렇게 내려오고 말 테다!'

다시 리프트를 타고 올라갔다. 그리고는 좀 전 그 굴욕의 슬로프로 다시 내려왔다. 다행히 두 번째는 비굴하게 무릎 꿇고 빌며 내려오지는 않았다. 다시 또 리프트를 탔다. 세 번째 올라갔을 때는 다른 코스에 도전하고 싶었다. 새 슬로프는 내가 두 번이나 내려온 코스보다 쉬웠다. 나는 한 번도 넘어지지 않고 내려왔다.

오후가 되자 중급쯤 되어 보이는 슬로프를 한 번도 넘어지지 않고 내려올 수 있게 되었다. 스키를 타는 내 자세가 어떤 모습일지는 모르겠지만, 아무튼 넘어지지 않고 내려올 수 있었다는 것이 대견스러웠다.

이제 나는 스피드 스케이트와 아이스하키를 하며 배운 것들을 스키에 조금씩 접목하기 시작했다. 어느 정도 편히 내려올 수 있는 코스를 골라 타면서 넘어지지 않으려 아등바등하는 대신 스키의 맛을 조금씩 느끼게 되었다.

리프트에 오르면 시원한 바람이 잔뜩 열 오른 얼굴을 식혀주었다. 화이트 크리스마스를 떠올리는 함박눈이 내리기 시작했다. 스피커에서 내가 좋아하는 노래들이 울려 퍼지고 있었다.

난생 처음 만난 스키는 너무나도 환상적이었다. 긴장감 속에서 도전정신 하나로 급경사면을 내려올 때의 짜릿함, 수준에 맞는 슬로프를 골라 무게중심을 이리저리 바꾸며 크게 커브를 그릴 때의 그 기분을 어떻게 묘사할 수 있을까? 게다가 얼굴을 어루만져주는 바람, 크리스마스 카드 속에서나 보던 하얀 설경, 그리고 아름다운 음악이 세상을 가득 채우고 있는 그 시간들은 두고두고 잊을 수 없을 만큼 황홀했다.

느지막이 일행과 합류한 나는 그 대범한 스키 선생 한스에게 고맙다는 인사를 전했다.

늙음과 젊음의 어울림은 하늘이 내리는 특별한 축복

그날 이후 나는 스키의 매력에 흠뻑 빠져들었다. 그러면서 스키를 연인과의 만남으로 비유하고는 했다. 급경사면의 활강은 이제 막 불길이 타오른 연인과의 숨 막힐 듯 정열적인 키스, 콧노래를 흥얼거리며 내려가는 중간 경사는 오래 사귀어 정이 든 연인과의 부드러운 키스라고나 할까?

이렇게 시작한 스키는 내 삶에 있어 겨울 연인의 자리를 당당히 차지하면서 마음 바쳐 좋아하고 사랑하는 스포츠가 되어버렸다. 어느 정도인가 하면 아직 여름의 더위가 채 가시지도 않은 9월 무렵이면 크리스마스와 신년 휴가를 합쳐 2주일을 스키장에서 보낼 꿈에 부풀고는 했다. 그때부터 스키에서 가장 필요한 허벅지 근육 운동을 시작하는 것이다. 매일 1시간씩 실내 스케이트장을 돌고, 집에서는 앉았다 일어났다 하는 스쿼트 동작을 다리에서 불이 날 때까지 했다. 머지 않아 만나게 될 겨울 연인을 생각하며 미리 준비운동을 해두는 것이다.

버몬트주의 이름난 마운트맨스필드 스키장을 가기 위해 워싱턴

'할배들의 행복 나눔 썰매 대회'에서. 후배들이 새로운 기술의 하나인 '카빙스키'에 대해 알려주었고, 나는 그걸로 대회에 나가 3등을 차지했다. (오른쪽이 손명원)

DC에서 북쪽으로 12시간을 운전해 가기도 했다. 가끔 주말치기를 할 때면 일요일 오후 4시 스키장이 문을 닫을 때까지 놀다가 밤새워 12시간을 운전해 돌아오고는 했다. 새벽에 집에 들어오면 간단히 샤워만 하고 사무실로 곧바로 출근할 정도로 겨울의 연인 스키를 좋아했다.

세월이 지나도 그 사랑은 변함이 없다. 요즘 들어 나는 새로운 스키 친구들을 만났다. 모교인 서울고등학교 출신 스키 모임 '서설회'에 들었는데, 8회부터 50회 졸업생까지 모두 스키에 반한 남자들이다. 나이로 치자면 40년 넘게 차이가 나기도 한다. 이들의 실력은 거의 프로급으로, 모두가 나의 스키 선생들이다. 세월이 흐른 만큼 스키를 타는 기술과 스타일도 변했다. 후배들이 새로운 기술의 하나인

'카빙스키'에 대해 알려주었고, 나는 그걸로 '할배들의 썰매 대회'에 나가 3등을 차지하기도 했다.

겨울의 연인은 스키를 사랑하는 사람 모두의 애인이다. 그들은 새하얀 카펫 위를 달리는 형제자매들이다. 늙어서도 젊은이들과 어울리며 함께 즐길 수 있는 것은 하늘이 내리는 특별한 축복이자 선물이다.

눈이 오면 스키장은 우리에게 손을 흔든다. 스키는 자연의 아름다움과 스피드의 열정을 한꺼번에 즐기게 하는 강렬한 매력을 지닌 스포츠다. 나는 스키를 통해 스포츠와도 짜릿한 사랑에 빠질 수 있다는 것을 알게 되었다. 눈 덮인 산 정상에서 겨울의 연인이 펼쳐 보이는 새하얀 깃발은 나의 마음을 청춘처럼 설레게 한다.

6

독립의 씨앗을 심어주는 지혜로운 부모

자식을 나약하게 만들지 않으려면 독립의 씨앗을 심어주어야 한다.
"홀로 설 수 있는 사람만이 남을 도울 수 있단다."
아버지의 그 한마디가 내 삶의 든든한 횃불이 되었다.

동물 세계의 법칙과 인간의 삶

〈동물의 왕국〉 같은 TV 프로그램에서 독수리가 쉬지 않고 먹이를 물어다가 어린 새끼들에게 먹이는 모습을 보게 된다. 동물적인 본능의 모성애와 부모로서의 의무감이 한데 뭉친 행동이다.

사랑의 표현으로서 정성껏 먹이 사냥을 하던 어미 독수리는 어느 때가 되면 돌변한다. 높은 절벽 위의 둥지에서 새끼들을 바깥으로 밀어내는 것이다. 새끼들은 바둥거리다가 협곡 아래로 밀려난다. 어떤 새끼는 날개를 펴서 난생 처음으로 하늘을 난다. 어미에게 밀려 떨어지는 새끼가 자신의 힘으로 날아야 하는 순간은 너무나도 짧다. 그 찰나의 시간에 스스로 날개를 펼치지 못하면 땅 위로 추락하고 곧 다른 짐승의 밥이 되고 만다. 단 한 번 독수리 같은 삶을 살아보지도 못하고 생을 마친다. 어미 독수리는 헌신적인 사랑으로 키워온 자기 새끼가 죽을지도 모르는데 왜 둥지 밖으로 밀어뜨리는 것일까?

새끼 사슴은 어미 배 속에서 나와 2~3분 안에 걸어야 하고 1시간도 채 되지 않아 뛰어야 한다. 그렇지 않으면 주위에서 호시탐탐 노리고 있는 맹수들의 밥이 되어 사슴으로서의 삶을 시작해보지도 못하고 끝맺어야 한다.

나는 그런 모습들을 보며 이 같은 동물 세계에 있어서 삶의 법칙이 인간에게도 고스란히 적용되는 것이 아닌가 하는 생각을 했다. 그리고 지난 시절을 기억하면서 아버지가 나를 어떤 방식으로 독립적인 삶을 살게 했는지 되짚어보았다.

"열여덟 살부터는 각자 독립해서 살아야 해"

1957년 7월, 아버지가 독일(당시 서독) 대사로 임명 받고 우리 가족은 함께 낯선 땅으로 떠났다. 서독의 수도 본에 도착한 뒤 우리 가족은 매일 한자리에 모여 저녁 식사를 했다. 한국에 있을 때는 한 달에 한 번 정도 같이 저녁 식사를 할 수 있으면 다행이었다. 나는 16세 때에 비로소 매일같이 아버지, 어머니, 누나, 동생과 같은 식탁에서 음식을 나누는 행복을 누리게 되었다. 해군의 아버지와 해군의 어머니가 아니고 보통 가정의 부모와 자식들이 어울려 식사를 하게 된 것이다.

저녁 식사 후 아버지는 곧잘 어린 시절 이야기를 들려주셨다. 당신의 아버지, 그러니까 나의 할아버지께서 독립운동에 깊이 가담하시면서 가족과 함께 보낼 수 있는 시간이 거의 없었다는 것과 중국에서 겪은 추억 등 모두 처음 듣는 이야기였다.

1957년 7월 독일로 떠나기 전 김포공항에서. 왼쪽부터 손명원, 어머니 홍은혜, 외삼촌 홍성지, 아래가 동생 손동원.

중학생 시절, 아버지는 테니스를 잘 쳐서 학교 대표선수로 활동했는데, 중국인 학생으로부터 "나라도 없는 놈이 무슨 테니스냐?"는 소리를 듣고 한바탕 싸운 일이 있었다고 했다.

어느 날에는 이런 말씀도 해주셨다.

"내가 중학교에 다니던 열세 살 무렵이었을 거야. 일을 마친 한 지게꾼이 저녁 무렵 쌀 봉지를 들고 집으로 들어가는 것을 보았어. 그런 모습을 바라보면서 생각했지. 저 사람은 지게 하나로 자기 집안 식구를 먹여살리는데, 내가 저 나이쯤 되면 나도 내 가정을 혼자서 먹여 살릴 수 있을까? 하고 말이야. 그런 생각이 들자 그 지게꾼이 몹시 훌륭해 보였어."

내 나이 열여섯이 되어서야 우리 집 저녁 식탁에는 그렇게 이야기 꽃이 피고는 했다. 하루는 식사를 끝내고 차를 마시면서 아버지는 할아버지의 독립운동 이야기를 하다가 별안간 목소리를 낮추면서 이렇게 말하는 것이었다.

"나는 너희를 열여덟 살까지만 도와줄 거야. 그 뒤부터는 각자 독립해서 살아야 해."

"예…."

느닷없는 18세 독립이란 말에 동생과 나는 별 생각 없이 대답했다. 그저 스쳐가는 이야기려니 여겼다. 그날 저녁 잠자리에 들 때 동생이 말을 꺼냈다.

"형, 아까 아버지 말씀 생각나?"

"뭐?"

"열여덟 살 때까지만 도와주신다는 거."

"응. 그래서?"

"열여덟 살이면 대학교 1학년이잖아. 등록금에다 생활비까지 우리가 어떻게 마련할 수 있겠어?"

"아, 그거? 아버지가 우리더러 정신 차리라고 하신 말일 거야. 내일 아침 식사 때 한번 여쭤볼게."

이튿날 아침 식탁에 가족이 모두 모였을 때 내가 먼저 나섰다.

"아버지, 어제 열여덟 살까지만 도와주시고 그 뒤는 독립하라는 말씀이 무슨 뜻이에요?"

아버지는 대답은 의외로 단호했다.

"잘사는 미국에서도 그 나이가 되면 다들 독립해서 살아. 열여덟 살이면 어린아이가 아니야. 자기 삶과 관련된 많은 것을 스스로 결정해나가야 할 나이지. 작은 일부터 큰 일까지 최종 선택은 자신이 하라는 뜻이야. 너도 열일곱 살이 되는 내년쯤 미국 대학으로 유학 가도록 해. 그때부터 혼자 독립해서 살아야 돼. 학교도 네가 정하고, 직접 숙소도 구하고, 그 모든 것을 너 혼자 결정하도록 해."

거기까지는 미처 생각해보지 못했다. 앞으로 2년 뒤면 혼자 미국으로 떠나야 한다. 그때부터 나는 독립해서 살아야 한다. 그냥 막연히 미국에서 공부할 거라고만 짐작했지 혼자 그 모든 것을 해결해야 한다고는 생각한 일이 없었다. 정말 낯선 미국 땅에서 스스로 살아낼 수 있을까?

한 사람의 독립은 그저 정신적인 면만을 뜻하지는 않는다. 경제적으로 홀로 설 수 있어야 진정한 독립이 이루어진다. 집세·밥·옷·등록금, 그러니까 의식주에다 학비까지 모두 혼자 해결하는 것이다. 그런 것들을 스스로 다 처리한다면 다른 사람의 의견은 그의 생각일 따름이지 내가 꼭 그를 따를 필요가 없다. 그것이 바로 독립 아니겠는가? 나쁘지 않다. 하지만 내가 열여덟 살 때 과연 아버지의 도움 없이 독립 생활을 할 수 있을까? 나는 아버지께 이렇게 제의했다.

"아버지, 스물두 살 대학 졸업 때까지만 도와주시면 그 이후는 저희가 독립해서 살게요."

아버지는 빙그레 웃으면서 그러겠다고 승낙했다. 18세든 22세든 머지않아 나의 삶을 스스로 개척해나가야 한다는 삶의 법칙을 확실히 심어준 아침 식탁이었다.

드디어 1959년 9월 뉴욕대학교(NYU)의 섬머스쿨에 들어갈 계획이 잡혔다. 두 달 남짓 남았다. 여름이 시작되면서 그때까지는 잊고 있었던 외로움이 슬슬 피어올랐다. 정말 집을 떠나야 하는 날이 다가오고 있다는 사실이 서글펐다. 우리 가족의 침실은 대사관 3층에 있었다. 밤 12시가 넘으면 인기척이 사라지고 대사관 건물은 정적에 휩싸인다.

1층 응접실에 어머니가 즐겨 치시는 그랜드피아노가 놓여 있었다. 나는 아래로 내려와 피아노 앞에 앉았다. 창밖 도로 가의 가로등 불빛이 희미하게 창을 넘어 들어왔다. 전등을 켜지 않고 피아노 뚜껑을 열었다. 문득 떠오른 곡이 〈가고파〉였다. 나는 손가락으로 멜로디를 눌렀다. 그리고는 소리 낮춰 노래를 불렀다.

"내 고향 남쪽 바다 그 파란 물 눈에 보이네. … 어릴 제 같이 놀던 그 동무들 그리워라. … 나는 왜 어이타가 떠나 살게 되었는고. 온갖 것 다 뿌리치고 돌아갈까 돌아가…."

그 노랫말이 꼭 나를 위해 쓴 것 같았다. 서울에 있는 친구들, 독일에 와서 처음으로 느끼기 시작한 가족의 따뜻한 사랑. 그 모든 것을 두고 혼자 멀리 떠나야 한다. 언제 맺혀 있었는지 눈물 방울이 건반 위에 떨어졌다.

'이런, 사내가 이까짓 것으로 눈물을 흘려? 바보같이….'

며칠 뒤 형처럼 여기던 김동희 3등 서기관을 대사관 응접실에서 마주쳤다. 답답한 마음에 그날밤 울었던 이야기를 했다. 그리고 나약한 나의 모습이 창피했다고 고백했다. 그때 그의 말이 아직도 귀에 쟁쟁하다.

"눈물을 모르는 남자는 진정한 남자가 아니야. 눈물은 기쁨과 슬픔에 대한 마음의 응답이란다. 너도 이제 남자가 되었구나."

1983년 10월 9일, 상공부 장관으로 미얀마(당시 버마)의 수도 양곤에 가셨다가 아웅산테러사건으로 세상을 떠나신 바로 그분, 김동희 서기관이 내 어깨를 툭 쳤다.

독립 생활을 한다는 것은 외로운 일이나 누구나 언젠가는 걸어야 하는 길이다. 홀로 서기 위해 집을 떠나는 일은 새끼 독수리가 둥지에서 밀려나 협곡 아래로 떨어지는 것이나, 다 자란 사자가 무리에서 쫓겨나는 것과 마찬가지다. 인간도 때가 되면 독립해야만 한다. 나는 마음을 굳게 먹었다.

딱딱한 빵과 물 탄 콜라, 그리고 수돗물

뉴욕에 도착해서 학교에서 정해준 원룸 아파트에 가방 하나의 조촐한 짐을 풀었다. 떠날 때 아버지가 마련해준 약간의 돈이 있었지만 아껴 써야 했다. 아침·점심·저녁 세끼를 델리 또는 햄버거 가게에서 때웠다.

조용한 방 안에서 숙제만 하고 있으려니 갑갑했다. 뉴욕 다운타운에서 유명하다는 메이시(Macy)백화점에 가보았다. 여기저기 두리번거리는데 연분홍색의 조그마한 라디오가 눈에 띄었다. 그것을 사 들고 나만의 방으로 돌아왔다. 얼른 라디오를 켰다. 귀에 익은 음악이 고독한 공간을 메워주었다. 지금 기억나는 노래가 엘비스 프레슬리의 〈오늘 밤 외로운가요?(Are you lonesome tonight?)〉, 폴 앵카의 〈다이애나(Diana)〉, 팻 분의 〈4월의 사랑(April love) 등이다. 썰렁하던 방이 따뜻함으로 가득 찼다. 그 대신 주머니가 텅 비었다.

슬슬 배가 고파왔다. 생활비는 일주일 뒤에나 도착한다. 앞으로 일주일 동안 무얼 먹고 살지? 아무 계획 없이 라디오를 산 것이 후회되었다. 그렇다고 다시 가서 물리기는 싫다. 벌써 내 유일한 친구가 되어버린 것이다. 주머니를 털어보니 빵 하나와 음료수 한 병 정도 살 돈이 나왔다.

근처 가게에서 최대한 큰 빵 하나와 콜라 한 병을 사 들고 왔다. 이제 이것으로 일주일을 버텨야 한다. 먹는 것에 대해 별 개념이 없던 내게 위기가 닥쳤다. 집 떠난 지 3주밖에 안 되었는데 삶의 필수 조건이 왜 중요한지 깨닫게 된 셈이었다. 독립과 생존에 관한 첫 시험무대를 무사히 넘겨야 했다.

차로 1시간 정도 거리에 손진실 고모 댁이 있었다. 거기 가면 저녁 식사쯤은 해결할 수 있을 터였다. 그러나 자존심이 이를 용납하지 않았다. 나 혼자 중얼거렸다.

'나의 실수는 내가 책임져야 해. 굶으면 굶었지 창피하게 밥을 얻어 먹어? 고모님 댁에 가려면 오히려 선물을 사 들고 가야지 배 고플 때 끼니 때우러 가는 건 옳지 않아.'

내게는 아직 빵과 콜라, 그리고 무한정 마실 수 있는 수돗물이 있었다. 학교 가는 길에 통닭을 꼬치에 꽂아 빙글빙글 돌리며 구워내는 음식점이 있었다. 그것이 얼마나 맛있게 보였던지…. 이틀쯤 지나자 남은 빵 조각이 돌덩이처럼 딱딱하게 굳어버렸다. 물을 탄 콜라에 찍으니 좀 부드러워졌다. 돈의 힘이 점점 피부로 느껴지기 시작했다. 18세 독립이라는 울림이 크게 다가왔다. 이제부터 마음가짐을 단단히 해야 할 것 같았다.

하루 세끼를 먹을 수 있는 돈은 그리 큰 것은 아니다. 무슨 일을 해도 그 정도는 벌 수 있을 거라는 생각이 들었다. 아직 아르바이트 같은 것은 안 해봤지만, 못할 것도 없었다.

NYU 섬머스쿨을 마치고 나는 오클라호마대학교에 입학했다. 전공은 아버지의 조언대로 토목공학(civil engineering)을 택했다. 앞으로 한국의 고속도로 등 각종 건설에 필요한 학문이자 기술이라는 데 동감했던 것이다.

"하나님, 제가 똥오줌 세례를 받았는지 어떻게 아셨나요?"

오클라호마대학교 신입생으로서 한 학기를 정신없이 보내고 미국에서 첫 여름방학을 맞았다. 아버지가 용돈으로 쓰라며 50달러를 보내왔다. 하지만 그 돈을 돌려보냈다. 나는 룸메이트와 함께 일자리를 구해 여름방학을 오로지 나의 힘으로 지낼 것을 각오하고 있었다.

신축 건물의 지붕에 방수포를 설치하는 일을 한 다음 젖소 농장에서 외양간 청소 일을 했다. 젖소 똥오줌으로 뒤범벅이 된 걸죽한 오물을 치우는 날이었다. 농장 주인이 트랙터를 몰고 축사 안으로 들어왔다. 둘은 트럭터를 사이에 두고 양쪽에서 질퍽거리는 오물을 삽으로 퍼서 짐칸에 실었다. 나는 가능한 한 한 번에 많이 퍼 담아 얼른 끝내서 지독한 냄새로부터 해방되고 싶었다. 내가 막 마지막 삽을 던져 넣고는 돌아서려 할 때 주인이 던진 오물이 내 얼굴을 덮쳤다. 아무 말도 못하고 주저앉아 옷자락으로 얼굴을 훔쳤다. 지독한 냄새에 진저리가 쳐졌다. 대학생이라고 해서 당시 최저임금인 시간당 1달러 25센트보다 많은 1달러 50센트를 준 주인이 그저 고마울 따름이었다.

검은 오물을 다 싣고 나자 주인이 트랙터를 몰고 가서 퇴비로 쓰이도록 시냇가 풀밭에 뿌리고 오라고 했다. 난생 처음으로 트랙터를 몰고 천천히 축사를 빠져 나왔다. 시원한 바람이 온몸을 휘감았다. 시냇가 풀밭에 이르렀을 때 소나기가 쏟아지기 시작했다. 나는 하늘을 향해 얼굴을 들었다. 오물로 더러워진 얼굴을 씻으라고 내리는 비 같았다.

"하나님, 감사합니다. 제가 똥오줌 세례를 받았는지 어떻게 아셨나요?"

1960년 그 여름방학 이후 어떤 일이든지 할 수 있으며, 남의 도움 없이 충분히 독립 생활을 할 수 있겠다는 자신감이 붙었다. 대학 시절 아르바이트로 한 일들을 적어보면 대략 이렇다.

신축 주택 지붕 설치, 농장 청소 및 풀 깎기, 버스 차장, 접시 닦기, 수학 교수 조교, 건설 현장 막노동, 복숭아 농장 포장 작업, 과일 상

가톨릭대학교 졸업식에서. 홀로 설 수 있는 사람만이 남을 도울 수 있다는 아버지의 한마디가 내 삶의 횃불이 된 셈이다.

자 기차에 신기, 골프장에서 골프채 닦기, 호텔 벨보이, 수영장 라이프가드, 백과사전 판매원, 장교 클럽의 자재 관리 등…. 그러면서 나는 생각했다.

"일에는 높고 낮음이 없다."

자신의 문제는 결국 자신이 결정해야 한다

가끔 중요한 일에 대해 아버지께 의견을 구하면 "너는 어떻게 생각하니?"라고 되묻고는 했다. 그래서 나의 생각을 말하면 아버지는 곧잘 "그럼 그렇게 해"라고 했다. 내가 중요한 일이라고 강조를 해도 대답은 마찬가지였다. 그 뒤 나의 문제에 대해 누구에게 시시콜콜 묻는 일이 없어졌다.

1960년, 내가 열아홉 살, 동생 동원이 열일곱 살이 되었을 때 우리는 아버지의 편지 한 통을 받았다. 독일 대사직을 그만두신다는 내용이었다. 종이 반 장 정도 길이의 편지 끝에는 이렇게 적혀 있었다.

'이제부터는 너희 둘이서 독립해서 살거라.'

열여섯 살 때 처음 독립에 대한 충고를 들은 지 3년이 지났다. 그동안 나는 이미 반쯤 독립 생활을 하고 있었기에 그 말에 크게 당황하지는 않았다.

대학을 다니면서 돈을 벌 수 있는 일자리를 구하러 다녔다. 남에게 의지하며 지낸다는 것은 꿈도 꾸지 않았다. 자신의 문제는 결국 자신이 결정해야 한다는 의식을 깊이 심어주신 덕분이 아닌가 한다. 남의 도움을 받으면 그의 뜻을 무시하기는 어려운 일이다.

얼마 전 한국의 경우 성인 자녀가 부모로부터 도움을 받는 가정이 40퍼센트에 이른다는 기사를 본 적이 있다. 삶의 독립은 결국 부모로부터 시작된다. 유교 사상이 남아 있는 한국에서는 부모를 모시는 것이 효자로서 마땅한 일이며, 부모는 노년에 자식의 도움 없이 살 수 있을까 하는 우려 때문에 자녀의 독립이 유예되는 것이 아닌가 싶다.

대학 졸업 후 웨스팅하우스사의 통신사업부에서 일할 때의 일이다. 하루는 나보다 나이가 많은 동료 직원 폴이 아침 인사를 건네며 왠지 할 말이 있는 듯 보였다. 미 공군 대령으로 예편한 그는 아들이 공군사관학교를 마치고 워싱턴 DC에서 근무하게 되었다고 했다. 내가 잘된 일이라며 축하하자 폴이 이러는 거였다.

"내가 그 녀석을 우리 집에서 쫓아냈어."

나는 어깨를 으쓱해 보이며 무슨 일이 있었느냐고 물었다.

"열여덟 살이 넘은 지가 언젠데 우리 집에서 지내면서 자기가 아파트를 구할 때까지 한 달을 더 있겠다는 거야. 그래서 안 된다며 내 쫓아버렸어."

좀 어이가 없었다. 아들을 집에서 쫓아낸 일을 자랑하듯이 이야기 하는 이 사람을 어떻게 받아들여야 하나? 인정머리 없는 아버지인가, 아니면 자식의 미래를 염려하는 속 깊은 아버지인가?

그뿐만이 아니었다. 대학 1학년 때의 룸메이트는 아버지가 석유 회사 부사장이라고 했다. 하지만 그는 부모에게 의존하지 않고 자기가 벌어 생활할 것이라고 자랑스럽게 말하면서 나와 함께 일자리를 구하러 다니기도 했다.

대학 졸업반 무렵이었다. 아버지와 함께 어느 댁에 인사를 드리러 갔다. 저녁 식사를 마치고 이야기를 나눌 때 그 자리에 있던 한 아주머니가 나에게 말했다.

"명원 씨는 참 좋겠어요."

갑작스런 말에 의아한 표정을 보였다.

"부유한 집에서 편안히 지낼 테니 얼마나 행복한 사람이야?"

그렇지 않아도 부잣집에서 저녁 식사를 마쳐서 속으로 아버지가 나를 독립시킨 것이 돈이 없어서였을까, 아니면 정말 독립 정신을 길러주기 위해서였을까 하는 생각을 하고 있던 터였다. 아마 둘 다 이유가 되었겠지만…. 나는 내가 어떻게 대학 생활을 했는지 굳이 설명할 필요가 없다고 여기며 "여러 모로 도움을 많이 받아 편히 잘 지내고 있습니다" 하고 얼버무리고 말았다.

워싱턴 한인학생회 회장을 맡고 있을 때였다. 한국에서 대학 학생회장단이 방문해서 함께 저녁 식사 모임에 가고 있었다. 내가 승합차를 운전하고 있었는데, 뒷자리에 앉은 학생이 불쑥 "미국에서 어려움 없이 편히 살고 있으니 좋겠다"면서 자신들은 어려운 환경 속에서 고생하고 있다는 푸념을 늘어놓았다. '당신들, 똥바가지 뒤집어써봤어?' 하는 말이 입밖으로 터져나오려 했지만, 억지로 삼켜야 했다.

1950년대에서 1970년대 즈음 미국에서 공부한 한국인은 대개 지독한 고난을 기꺼이 감수해낸 분들이다. 식당에서 감자 깎기, 접시 닦기, 청소 정도는 예삿일이고 아무도 거들떠보지 않는 험한 일까지 기꺼이 떠맡으며 공부했던 것이 사실이다. 한국에서 미국으로 송금하는 것조차 아주 어려운 시절이었다.

나의 경우 침대가 하나뿐인 원룸에서 네댓 명이 함께 지내기도 했다. 다들 나름대로 자리를 잡을 때까지 어울려 부대끼며 살았다. 오래전 세상을 떠난 친구 오호근은 침대가 하나밖에 없어 밤에는 택시 운전을 했다. 우리들은 그때 힘겨운 생활을 한다고 불평하지 않았다. 다들 그렇게 살아야 하는 줄로만 알고 있었다.

나는 대학 3학년 말부터 설계사무소에서 일하며 주급을 받게 되어 어려움이 덜했다. 부모로부터 도움 받을 생각은 해본 적이 없었다. 도리어 도와드리지 못하는 것이 마음을 무겁게 했다. 행복한 마음은 위를 올려다보지 않고 옆을 보며 살아가는 데서 일어나는 것이 아닌가 싶다.

홀로 설 수 있는 사람만이 남을 도울 수 있다

나는 내가 원하면 어떤 직장에도 갈 수 있을 거라는 자신감에 차서 대학 시절을 보냈다.

인생은 혼자 왔다 혼자 돌아간다는 말을 자주 한다. 그것은 삶을 독불장군처럼 동떨어져 홀로 살아간다는 뜻이 아니다. 절대로 혼자서만 살 수 없는 것이 인간이다. 혼자 왔다 혼자 간다는 의미는 남에게 의지하지 않고 자신의 힘으로 당당히 일어서 나아가야 한다는 뜻이다. 그럴 때 비로소 옆을 살필 수 있는 힘이 생긴다. 주위를 돌아보고 나보다 어려운 이를 도울 수 있는 자비는 스스로 힘을 키워낸 사람에게만 주어지는 특권이다.

누군가를 돕고 싶어도 현실적으로 실행할 수 없을 때가 있다. 높은 산을 넘어야 할 때, 늙고 힘없는 할머니가 사랑하는 어린 손자를 업고 목숨을 다해서라도 산을 오르고 싶지만 그럴 수 없다. 그러나 힘센 젊은 청년이 곁에 있다면 할머니를 업고 아이도 안고 산을 넘을 수 있다. 독립은 결국 스스로의 능력을 길러 남을 도울 수 있는 사람으로 성장하는 일이다.

사랑하는 자식이라고 성인이 된 이후에도 계속 슬하에 두다가는 부모가 떠나버리면 준비가 안 된 그 사람은 바람 앞의 등불이 되기 십상이다. 사랑하는 자식을 나약하고 허약한 존재로 만들지 않으려면 어려서부터 독립의 씨앗를 심어주는 것이 지혜로운 부모의 책무 가운데 하나다.

"홀로 설 수 있는 사람만이 남을 도울 수 있단다."

아버지의 그 한마디가 내 삶의 횃불이 된 셈이다.

7

떠날 때 건너온 다리를 불태우지 마라

원수는 외나무다리에서 만날 수 있다.
삶은 수많은 갈래의 길을 걷게 한다. 개인의 탐욕이나
탈법으로 주위 사람들과 관계 짓지 말아야 한다.

구조역학 교수의 희안한 강의

"너는 우리 대학 토목공학회 회장이야. 네가 대표해서 우리의 고충 사항을 학교 당국에 알려주면 좋겠어."

토목공학과 졸업반 학생들의 요구였다. 6월 졸업식은 두 달밖에 남지 않았다. 그런데 구조역학 강의를 듣는 학생들의 반 이상이 그 과목을 패스하지 못할 절박한 상황이었다. 구조역학 한 과목 때문에 졸업이 미뤄질 수 있어서 참 난감한 형편이었다.

담당 교수인 소트리아레스 박사는 MIT에서 학위를 받고 거기에서 여러 해 강의하다가 1년 전에 가톨릭대학교로 온 분이었다. 이 교수의 강의는 학생들이 여지껏 경험하지 못한 방법으로 진행되었다. 그의 실력에 대해서는 이렇다 저렇다 할 사람이 없었다. 그의 특별한 강의 방식은 지정된 교과서는 있으나 그에 따르지 않고 프린트해서 나누어주는 교재, 그러니까 책에도 나오지 않는 이론들 중심이었다. 그 자료는 대부분 어디에서도 찾아볼 수 없는 내용이어서 강의 시간에 충분히 이해해야만 했다. 예습을 통해 준비할 길이 없었다. 필수과목인 구조역학 강의 내용에 관해 사전 지식을 갖추기는 거의 불가능했다.

강의 때마다 나눠주는 자료를 가지고 다음 시간의 쪽지 시험에 대비해 공부하지만, 완전한 이해는 어려웠다. 학생들에게 이 과목은 스트레스 그 자체였고, 강의 시간은 공포의 연속이었다. 수업 시간에 느닷없이 던지는 질문에 답하지 못하면 학기말 성적에 반영되었다. 쪽지 시험의 결과 역시 마찬가지였다.

소트리아레스 교수의 강의 시간 중에 일어난 웃지 못할 에피소드도 많았다. 한 기계학과 학생이 이 과목을 선택한 일이 있었다. 그는 너무 강압적인 강의에 반발한 나머지 기숙사에서 총을 가지고 와서는 쏴버리겠다고 으박지른 해프닝까지 벌였다. 다른 학과 학생에게 이 수업은 그나마 선택과목 중 하나이나 토목공학과 학생에게는 필수과목이었으므로 반드시 통과해야만 졸업장을 받을 수 있었다.

4학년 졸업반 때 내가 토목공학회 회장을 맡게 되었다. 나를 찾아온 친구들은 모두 가깝게 지내는 유능한 학생들이었다. 쪽지 시험은 매주 한두 번 어김 없이 치러졌다. 지난번 강의 내용을 미처 학습하지 못한 학생들에게 불시에 치러지는 쪽지 시험은 정신적 고문이었다. 진정제 없이는 수업에 들어갈 수 없다는 학생도 있었다.

그날도 교수는 우리 모두 처음 접하는 이론을 칠판에 적어나가다가 휙 돌아서며 한 학생에게 물었다.

"학생 생각에 이 다음 단계는 무엇이라고 보나요?"

우리는 저마다 노트 필기에 열중하느라 여념이 없었다. 교수의 갑작스런 질문에 학생은 아무 말도 못하고 눈만 끔벅거리고 있었다. 그러다 별안간 교수를 향해 큰소리로 외쳤다.

"교수님은 강의 속도를 위반하고 있습니다. 150킬로미터로 달리고 있다고요!"

구석에 몰린 쥐의 반항이었다. 우리에게 그 말은 속 시원한 청량제처럼 들렸다. 학생들은 감히 소트리아레스 교수에게 저런 말을 해도 되나 하며 이어 벌어질 사태를 예의 주시했다. 그때 교수가 말했다.

"나는 속도위반 안 했어. 90킬로미터로 가고 있어."

긴장 속에서 터져나온 교수의 대답에 폭소가 터졌다.

탄원서를 들고 학장실로 쳐들어가다

이런 긴장감 속의 강의를 통해 우리는 어느 과목보다 구조역학에 더 많이 관심을 기울이며 공부했다.

졸업 시기가 가까워지면서 강의 시간 중 교수가 던진 한마디에 학생들이 술렁였다.

"오늘까지 성적이 좋지 않은 학생은 기말시험을 칠 필요가 없습니다. 이미 최종 점수가 정해져 있으니까…."

기말시험에 열심히 공부해서 강의 중 쪽지 시험의 부족한 점수를 만회하려던 학생들에게는 청천벽력 같은 소리였다. 4~6년에 걸친 힘겨운 대학 생활을 마무리하고 사회에 진출하는 꿈에 부풀어 있던 젊은이들이었다. 가족의 축하를 받으며 학사 과정을 매듭짓는 졸업식을 상상하던 이들에게는 그야말로 폭탄선언이었다. 이 한 과목 때문에 졸업이 미뤄지게 생겼던 것이다.

워싱턴 지역 대학 토목공학회 회장들과 함께. 구조역학 교수는 "꼬리를 잡으면 귀가 움직인다는 것을 알 때 당나귀 다루는 법을 알게 된다"고 말했다. (앞줄 왼쪽이 손명원)

어머니가 주 영국 대사로 가 있는 가까운 친구가 있었다. 6년 걸려 받는 아들의 빛나는 학사 학위를 축하하기 위해 어머니가 졸업식에 참석하는 것으로 예정되어 있다고 했다. 그도 낙제의 경계선에 선 학생 중 한 명이었다.

나는 다행히 3학년부터 설계사무소에서 일하면서 학교에서 배우는 과목들을 실제로 사용하고 있었기에 큰 어려움 없이 마지막 학기를 보내고 있었다. 하지만 절반 이상의 학생이 F학점을 받을지 몰라 분위기가 뒤숭숭했다. 그들은 나더러 학과를 대표해서 공과대학 학장에게 소트리아레스 교수의 불편한 강의 방식을 진정해달라고 요구했다. 학기말 시험을 치를 필요가 없다는 말은 최종 기회조차 주지 않겠다는 뜻이어서 나도 그것은 부당한 처사라고 생각했다. 졸업을 눈앞에 둔 시기에 성적을 끌어올릴 시험도 못 치게 하고 유급시킨다는 것은 반발을 일으킬 만했다.

나는 학생들의 의견에 따라 학장실에 면담을 요청했고, 다음날 오전으로 약속이 잡혔다. 이튿날 토목공학과 학생 전원이 서명한 탄원서를 들고 대표 5명과 함께 학장을 만났다. 탄원서를 다 읽은 학장이 입을 열었다.

"소트리아레스 교수님이 그렇게 강의한 것은 나름의 이유가 있을 텐데…."

그러자 한 학생이 얼굴을 붉히며 나섰다.

"학장님! 여기가 배우는 학교입니까, 아니면 죄지은 자들을 모아놓은 교도소입니까?"

그동안 참았던 울분이 터져 나오는 듯했다. 학장은 고개를 끄덕이면서 말했다.

"학생들의 마음은 잘 알겠습니다. 자네들의 의견을 고려해서 처리하겠으니 그만 가보세요."

탄원서 해프닝은 그것으로 끝났다.

다음날 구조역학 강의실에 앉아 우리는 무슨 일이 일어날까 가슴을 졸였다. 이윽고 모습을 드러낸 소트리아레스 교수는 온화한 미소를 지으며 아무것도 모르는 듯 여느 때처럼 강의를 진행했다. 그러고는 강의를 마치고 나서 한마디 던졌다.

"학생들, 기말시험 준비들 잘하세요!"

뭔가 이상했다. 기말시험이 '필요 없다'에서 '잘 쳐보라'로 바뀌었던 것이다. 최종 채점은 교수의 몫이어서 어떻게 산정되었는지는 알 수 없으나 결국 구조역학 사태는 3명만이 낙제해서 졸업을 연기하는 것으로 마무리되었다.

당나귀 꼬리를 잡으면 당나귀 귀가 움직인다

대학 졸업 후 나는 계속 돈누바우어 설계사무소에서 일했다. 모든 구조는 진동으로부터 오는 하중에 대한 설계가 필요하다는 것을 알게 되면서 대학원에 진학해 구조진동역학에 대해 좀 더 공부해보고 싶었다.

회사가 있는 워싱턴 DC 인근에서 구조진동역학 분야에 가장 실력 있는 대학은 내가 졸업한 가톨릭대학교라고 판단했다. 최고의 전공 학자는 문제의 그 소트리아레스 교수였다. 학장에게 탄원서를 드밀었던 내가 대학원에 입학하려면 그와의 면담은 피할 수 없는 일이었다.

나는 되든 안 되든 일단 소트리아레스 교수 연구실을 찾아갔다.

"대학원에서 진동학을 전공하고 싶습니다."

인사를 마치고 방문 이유를 말했다. 그러자 뜻밖으로 흔쾌히 승락하면서 자신의 조교가 되어달라고 했다. 장학금과 특별 연구비까지 받아 주겠다는 것이었다. 나는 몇 번이나 감사의 인사를 올렸다. 연구실을 나서며 문을 닫기 전 다시 한 번 고개 숙여 절했다.

운동장을 가로지를 때 한국과 미국의 속담이 동시에 떠올랐다.

'원수는 외나무다리에서 만난다.'

'떠날 때 다리를 불태우지 마라.(Don't burn the bridge when you leave.)'

탄원서를 들고 학장실로 쳐들어간 것은 나였다. 어쩌면 소트리아레스 교수를 곤란한 처지에 놓이게 했을지도 모르는데 그는 오히려 나에게 선을 베풀었다. 아마도 내가 왜 그 일에 앞장섰는지 이해하고, 내가 학생 대표로서 마땅히 할 일을 했다고 여겼기에 그런 것이 아닌가 싶었다.

이 두 동서양의 속담이 인생의 진리를 말하는 듯했다. 삶은 수많은 갈래의 길을 걷게 한다. 개인의 탐욕이나 탈법으로 주위 사람들과 관계 짓지 말아야 한다. 만일 내가 떳떳한 이유 없이 나만의 이익 때문에 탄원서를 냈다면 어떻게 되었을까?

대학원에 진학한 뒤 소트리아레스 교수는 성심성의껏 나를 지도해주었다. 때로는 자신의 대학원 강의를 내게 맡기기도 했다. 그는 나를 실력 있는 구조설계자로 키우기 위한 노력을 아끼지 않은 고마운 스승이었다.

그 두려웠던 강의 시간은 학생들을 한 차원 높은 전공자가 되게 했다. 소트리아레스 교수가 한 말이 지금도 잊히지 않는다.

"구조를 설계하는 사람은 구조를 감각으로 느껴야 합니다. 당나귀 꼬리를 잡으면 당나귀 귀가 움직인다는 것을 알 때 당신은 당나귀 다루는 법을 알게 됩니다. 하중에서 힘의 흐름과 그로 인한 구조의 움직임을 감각으로 느낄 때 진정한 구조설계자로서의 자격을 갖추게 됩니다."

제2계절
여름

8

나를 살아 있게 한 에피소드 두 가지

출근길의 추격전과 살인 청부업자와의 조우는 겸손과 신중을 가르쳤다.
앞으로의 일이 상상의 범위 내에서 일어날 거라 착각하고 그에 따라
자신의 행동을 결정하지만, 불행은 대개 무방비 상태에서 일어난다.

그들은 나보다 시급을 두세 배 더 받을 만했다

캘리포니아의 서니베일에 있는 퍼실리텍(Facilitech inc.)이라는 회사에 취직한 지 얼마 안 되었을 때의 일이다. 퍼실리텍은 반도체 공장 전문 건설 회사인데, 거기에서 나는 책임 엔지니어이면서 프로젝트를 총괄하는 업무를 맡고 있었다. 캘리포니아주의 기술사 자격증을 가진 사람은 나 혼자였다. 애리조나주에 있는 반도체 공장 설계 학교에서 설계사 자격증도 따놓은 상태였다. 한참 반도체 공장을 확장해 나가던 시기였다.

나는 설계와 현장 감독 일에 하루하루 여념이 없었다. 오전 일과 중의 하나는 새벽 일찍 유니언숍(지역 노동조합)에 가서 그날 공사에 필요한 목수, 석고보드 설치공, 전기공, 기계공 들을 뽑아 작업장에

배치하는 일이었다. 분야별로 전문 작업자를 선정한다는 점에서 나는 그들의 그날 수입을 좌우하는 최종 결정권자인 셈이었다. 이들은 내가 설계한 것을 시설하기 위해 당일 채용되는 여러 분야의 전문가들이었다.

당시 나의 시급은 4.75달러였고 내가 뽑은 지역 노동조합원들의 시급은 12~14달러였다. 이 같은 임금 현실을 처음 알게 되었을 때는 왜 교육도 많이 받고 일을 감독하고 지시하는 나보다 그들이 두세 배나 많은 임금을 받는지 의아했다. 하지만 곧 깨달았다. 나는 안정된 월급을 받는 데 반해 이들은 당장 내일 일의 보장이 없는 불안정한 고용 상태의 일용직 노동자였다. 만일 나의 선택을 받지 못하면 그날 수입은 제로가 된다. 매일 새벽 조합 사무실에 나와서 일거리를 기다리지만, 실은 큰 수익을 창출할 수 있는 역량 있는 사람들이었다.

나는 그들을 채용할 때 일에 대한 열정을 우선시했다. 작업자 선발 기준은 1인 2역 또는 1인 3역을 할 수 있는가 하는 점이었다. 현장 감독을 하면서 전문가 한 사람이 세 사람 몫의 일을 해내는 것도 보았다. 높은 시급을 지급하더라도 결코 아깝지 않은 노동의 장인들이었다. 노련한 기능에다 작업에 임하는 열정까지 갖추고 있다면 나보다 더 높은 보수를 받을 만하다고 생각했다.

3개월 동안 퍼실리텍에서 일하면서 이들과 많이 가까워졌다. 업무가 끝난 뒤에는 회사 근처에 있는 식당 겸 술집인 존스바(John's bar)에 모여 피로를 풀고는 했다. 당시 결혼 전이라 집에 들어가도 나를 반겨줄 사람도 없었다. 스물여섯 살 즈음이었다. 저녁이면 존스바에 모여 간단한 식사에다 맥주 한잔 후 당구를 치는 것이 유일한 낙이었다.

'뭘 어쩌겠다는 거야?' – 위험천만한 추격전

여느 날과 마찬가지로 출근하기 위해 아침 일찍 고속도로를 달리고 있었다. 난데없이 소형 트럭이 위험천만하게 내 앞을 가로지르며 달려갔다. 깜짝 놀란 나는 그 차를 향해 경적을 울렸다. 그러고는 가속 페달을 힘껏 밟아 그 차를 추월했다. 그러자 소형 트럭은 다시 속력을 내어 내 차 옆에 붙으며 운전석 창문을 내렸다. 운전자는 가운뎃 손가락을 쳐들며 큰소리로 욕을 해댔다. 나도 창문을 내리고 그와 똑같이 맞받았다.

그가 다음 출구에서 빠져나가는 것을 놓칠세라 뒤쫓았다. 멀리 가지 않아 그가 차를 세웠다. 조금 떨어진 곳에 나도 차를 세웠다. 그가 차에서 내리더니 나를 노려보며 우뚝 섰다. 나는 차에서 내려 그가 있는 쪽으로 다가갔다. 20미터쯤 좁혀졌을 때, 그가 갑자기 차에 올라타더니 달아나기 시작했다. 나도 얼른 차에 올라타고는 그를 추격했다. 그러다가 문득 이런 생각이 스쳤다.

'내가 왜 이러고 있지? 만일 저 녀석을 다시 따라가 붙잡는다면 뭘 어쩌겠다는 거야? 죽이기라도 하겠다는 거야? 야 이 바보야. 흥분은 그만하고 어서 출근이나 해!'

그제야 나는 마음을 가라앉히고 회사 쪽으로 방향을 돌렸다.

"나와 춤춰주세요" – 살인 청부업자와의 조우

그날 저녁, 나는 새로 시작한 반도체 공장의 현장 작업을 마치고 회사로 돌아왔다. 월급을 받아 주머니에 넣고는 작업자 몇 명과 단골 가게 존스바로 갔다. 당구 한 게임을 하고 샌드위치로 저녁을 때운

현장 감독 일을 하던 스물여섯 무렵. 무모한 경험을 통해 늘 겸손하고 신중해야 한다는 현실을 배우게 되었다.

뒤 맥주잔을 들고는 댄스 플로어와 가까운 테이블에 자리를 잡았다. 주크박스에서 음악이 흘러나왔다. 감미로운 멜로디에 젊은 남녀들이 하나둘씩 나와 춤을 추기 시작했다. 그때였다. 나보다 열 살쯤 더 들어 보이는 여자가 내 쪽으로 다가와서는 이렇게 속삭이는 것이었다.

"나와 춤춰주세요."

약간은 명령조의 말투였다. 여자가 남자에게 '춤춰달라'고 청하는 경우는 거의 없는 일이기에 나는 좀 이상하다고 여기며 엉거주춤 일어섰다.

"그러죠…."

나는 여자의 손에 이끌려 댄스 플로어로 나갔다. 나에게 몸을 붙인 여자는 귀에 대고 나직이 말했다.

"무서워요. 저기 있는 사람이 같이 춤추자고 하는데 너무 무서워요. 계속 나와 춤춰주세요."

그녀가 눈짓으로 가리키는 사람은 마흔 살쯤 되어 보이는 남자였다. 여자가 그를 따돌리려고 그러는 것 같았다.

"네, 알겠습니다."

얼마 뒤 음악이 멈추자 여자의 테이블까지 가서 의자를 빼내 앉히고는 내 자리로 돌아왔다. 막 맥주를 한 모금 들이켰을 때 여자가 가리키던 남자가 다가왔다. 그리고는 나보고 잠깐 밖으로 나가자고 했다. 나는 일어서며 자칫 잘못하면 몸싸움을 해야 할지도 모른다고 생각했다. 저 정도 상대를 복싱 링이나 레슬링 매트 위에서 만났다면 3분짜리인데, 하면서 가만히 안경을 벗어 테이블 위에 올려두고는 먼저 성큼성큼 밖으로 나갔다.

그가 대뜸 물었다.

"너 저 여자하고 무슨 관계야?"

"아니, 뭐 별로…."

나는 어정쩡하게 대답하고는 이 친구가 먼저 주먹을 날리면 나도 공격하리라 단단히 마음먹었다.

"좋아. 그럼 됐어."

그는 이내 돌아서서 문을 열고 안으로 들어갔다. 나는 속으로 '별 싱거운 자식 다 있네' 하며 뒤따라 들어갔다.

자리에 앉자 일행이 무슨 일이냐고 물었지만, 나는 별일 아니라며 안심시켰다. 그때 매일 봐서 친해진 바텐더가 손짓으로 빨리 와보라고 했다.

"너와 같이 밖에 나갔다 온 사람이 누구인지 알아?"

"몰라. 처음 본 사람이야."

바텐더는 긴장된 얼굴로 말했다.

"저놈 살인범이야. 살인 청부업자라고 해. 엊그제 감방에서 나왔다는데, 아마 다음 주면 다시 들어갈 거야. 저놈과 멀리해. 알았어?"

덜컥 겁이 났다. 살인범이라니, 살인 청부업자라니…. 그것도 모르고 몸싸움을 하려 들었다니…. 그제야 왜 그 여자가 무서워하며 나와 춤추자고 했는지 알 것 같았다.

다시 음악이 흘러나왔다. 잠시 뒤 나는 일행에게 내일 보자고 인사하고는 자리에서 일어섰다. 문 쪽으로 가려면 댄스 플로어를 지나야 했는데, 아까 나와 춤추던 여자가 그 사내와 춤을 추고 있는 모습이 눈에 들어왔다. 그들과 나의 거리가 점점 가까워졌다. 손 뻗으면 닿을 정도가 되는 순간, 바늘로 찌르듯 따끔한 통증이 옆구리에 느껴졌다. 언제 꺼냈는지 사내가 잭나이프를 갖다 댄 것이었다.

"오, 이게 뭐야?"

그의 어깨를 쳤다. 그리고는 얼른 내뱉었다.

"난 간다. 굿 나이트!"

그가 칼을 접어 주머니에 넣었다.

존스바를 빠져나와 주차장에 있는 내 차의 운전석에 앉았다. 나도 모르게 안도의 한숨이 나오며 등에서 식은땀이 배어났다.

'내가 오늘 두 번 죽을 뻔했구나.'

불행은 무방비 상태에서 맞닥뜨린다

아침에 내가 열을 내며 쫓아가던 그가 만일 총이라도 갖고 있었다면…. 저녁에 맞짱도 불사하겠다며 앞서가던 나를 그가 뒤에서 찔렀다면…. 만약 그랬다면 나는 어떻게 되었을까? 권투, 레슬링, 태권도 따위로 몸과 정신을 단련했다지만 칼, 총, 폭탄 앞에는 아무 소용없는 것 아닌가 싶었다.

살인 사건 같은 강력 범죄는 충분히 방어하고 있는 상태에서 일어나는 것이 아니다. 뉴스를 통해 알게 되지만, 대개는 피해자가 무방비 상태에 있을 때 저질러진다. 우리는 흔히 앞으로 일어날 수 있는 일에 대해 자신이 생각하는 범위 내에서 발생하리라고 착각한다. 따라서 자기가 생각하는 그 수준을 바탕으로 자신의 행동을 예상한다. 그러나 세상을 뒤흔드는 각종 테러나 교내 총격 사건 같은 불행은 완전 무방비 상태에서 일어난다. 나의 1 대 1 맨주먹 싸움 같은 상상은 내가 생각하는 범주일 뿐이고, 실제로 남을 해치려는 사람의 생각은 전혀 다른 차원이다.

나는 집으로 돌아와 잠자리에 들며 하늘에 감사했다. 무모하고 위험천만한 자동차 추격전, 옆구리에 빨간 칼자국을 냈던 잭나이프를 생각하면 살짝 스치는 키스만으로 죽음을 비껴가게 해준 하늘이 고마울 따름이었다.

'뛰는 놈 위에 나는 놈이 있다.'

오늘까지 숨 쉬고 있는 것은 그러한 경험들을 통해 늘 겸손하고 신중해야 한다는 현실을 배워나갔기 때문이 아닌가 싶다.

지금 혈기 왕성한 젊은 친구들도 언제든 나처럼 아슬아슬한 경험을 맞닥뜨릴 수 있다는 것을 일러주고 싶어 오래전 기억을 더듬어보았다. 아직도 마음에 걸리는 것이 하나 있다. 겁먹은 표정으로 나에게 춤춰달라고 했던 그 여자는 이후 어떻게 되었을까? 댄스 플로어에서 나를 바라보던 그 모습이 지금도 눈에 밟힌다.

9

할아버지 손정도 목사님의 '걸레정신'

할아버지 손정도 목사님이 물려주신 가훈은 '걸레정신'이다.
걸레는 더러운 곳을 깨끗이 닦고 나서 보이지 않는 곳에서 기다린다.
할아버지는 우리에게 그렇듯 걸레처럼 살라고 하셨다.

"할아버님은 우리에게 걸레처럼 살라고 하셨어"

1965년 여름, 미국의 수도 워싱턴 DC에 있는 가톨릭대학교 토목공학과를 졸업한 뒤 부모님께 인사를 드릴 겸 잠시 귀국했다. 도착한 다음날 나를 찾는 전화가 걸려 왔다. 어려서부터 내가 존경하고 좋아하던 손인실 고모였다.

"내일 점심 약속 있니?"

"아뇨. 그렇잖아도 내일쯤 고모님께 인사드리러 가려던 참이었는데요."

"그래, 잘됐구나. 내일 소공동에 있는 LCI 식당에서 만나자."

LCI는 6·25전쟁 피난 시 부산에서 유명했던 양식당으로, 당시 서울 소공동에 자리 잡고 있었다. 사장은 고모와 이화여대 동창이었다.

이튿날 약속한 12시에 맞춰 식당에 도착했다. 대학 학사 과정을 끝마치고 나니 억압에서 해방된 기분이었다. 앞으로 무엇을 해야 하는지, 장래 삶의 목표가 무엇인지, 살면서 지켜나가야 할 원칙들은 어떤 것인지 생각하지 않고 눈앞에 닥치는 일들을 처리하기에 급급한 나날들이었다.

운 좋게도 나는 대학 3, 4학년 때 토목구조 설계사무소에서 설계사로 아르바이트를 했다. 졸업 때는 벌써 2년의 실무 경험을 쌓게 된 터라 직장 구하는 것은 큰 문제가 되지 않았다. 하늘 높이 나는 독수리같이 어디든지 가고 싶은 곳으로 가면 된다는 자신감에 부풀어 있던 나였다.

식당에 들어서며 종업원에게 고모님 성함을 대자 예약된 방으로 안내해주었다. 방은 환한 햇빛으로 가득 차 있었다. 창밖 정원 풍경을 내다보고 있을 때 고모가 들어오며 반색을 했다.

"명원아, 잘 지냈어? 대학 졸업 축하해."

"네, 마음이 편해요. 고모님, 이렇게 좋은 식당에 초대해주셔서 고맙습니다."

"이 집 스테이크가 아주 맛있어."

"그래요? 그럼 저 스테이크로 할게요"

항상 미소를 잃지 않는 고모의 얼굴은 그날도 여전히 인자하고 편안한 모습이었다. 고모와 사촌 동생들 이야기를 나누고 있을 때 기다리던 스테이크가 나왔다. 먹음직스러운 고깃덩어리를 내려다보며 포크와 나이프를 양손에 들고 막 공격에 들어가려 할 때 고모가 말했다.

"잠깐만. 명원아, 우리 기도하자."

얼른 포크와 나이프를 내려놓고 고개를 숙였다.

큰딸 숙희를 안고 있는 손인실 고모. 고모는 할아버지 손정도 목사님이 물려주신 가훈 '걸레정신'의 의미를 알려주었다. (왼쪽은 아내 김녕숙)

나는 대학 생활 내내 아르바이트와 파트타임 일을 하며 의식주를 꾸려나갔다. 그러다보니 싸고 간편한 햄버거나 샌드위치에 길들여져 있었다. 매일같이 일을 하고 학교 대표 운동선수로 뛰면서 공부도 게을리할 수 없었던 나는 바쁘다는 핑계로 교회와는 담을 쌓고 지냈다. 지글지글 잘 구워진 스테이크에서 풍기는 기름진 냄새에 미처 기도 생각을 하지 못했다.

"아멘."

고모의 따뜻한 기도가 끝났다. 나는 다시 포크와 나이프를 잡았다. 뭉텅 잘라낸 스테이크 조각을 나이프로 찍어 곧장 입에 넣었다. 그러자 고모가 다시 제동을 걸었다.

"명원아, 스테이크는 그렇게 먹으면 안 돼. 나이프로 자르고 포크로 찍어 먹어야지 그냥 칼을 입에 넣으면 어떡해."

며칠 굶은 야만인같이 행동했나 싶어 좀 창피했다.

"네, 알겠습니다."

그다음부터는 조금씩 잘라 포크로 찍어 입에 넣고는 입술을 꼭 다물고 천천히 씹었다. 부모의 도움 없이 먹고 살며 공부하려다보니 한 손에는 책, 한 손에는 빵을 들고 지냈다고 해도 그리 지나친 말은 아니었다. 무엇이든 입에 넣어 배를 채우는 것만이 중요했다. 맛있다, 짜다, 맵다 정도를 느낄 뿐 테이블 매너 따위는 아예 먼 나라 얘기였다. 어렸을 적에 수없이 들었던 식사 예절이 떠오르면서 앞으로는 신경을 좀 써야겠다고 생각했다.

고모가 심각한 얼굴로 나를 바라보며 말했다.

"명원아, 네가 우리 집 장손이야."

나는 움직임을 멈추었다. 무슨 말씀을 하시려나 싶어 살짝 긴장감이 들었다.

"네가 우리 손씨 가문의 장손이야. 너의 할아버님 손정도 목사님이 우리가 어렸을 때 들려주신 '가훈'을 네게 전해주려고 오늘 보자고 했어."

나는 입 안에 있던 고기를 꿀꺽 삼켰다.

"아버님, 그러니까 네 할아버님은 우리더러 걸레같이 살라고 하셨어. 가훈은 '걸레정신'이야. 걸레는 더럽고 냄새 나는 곳을 깨끗이 닦아. 걸레는 매일 지저분한 곳을 치우고 나서는 보이지 않는 장소에서 기다리고 있다가 다음날 또 청소해. 아버님은 우리에게 남들이 힘들고 귀찮다며 피하는 일을 희생정신으로 솔선수범하라고 하셨어. 걸레처럼 말이야."

"네, 알겠습니다."

그렇게 대답했지만 언뜻 이해되지 않았다. 나는 마음속으로 '걸레, 걸레정신' 하며 되뇌었다. 왜 하필 '걸레'라는 단어를 쓰셨나? 솔선수범, 희생, 봉사 등 더 듣기 좋은 말도 많은데 왜 하필이면 '걸레'라는 단어를 가훈으로 쓰셨을까 하는 의문이 들었다.

고모는 '걸레정신'에 대해 더 이상 길게 말하지 않았다. 나는 식사를 마치고 고모와 헤어지면서 "걸레정신, 명심하겠습니다"라고 큰소리로 말했다. 집으로 돌아오는 길에 '걸레'라는 단어가 자꾸 입속에서 맴돌았다.

할아버지는 왜 삶의 방향을 '사랑'에서 '투쟁'으로 바꾸었을까?

LCI 식당에서의 점심은 50년도 더 지난 일이다. 내가 태어나기 10년 전에 돌아가셨으니 그때까지 내가 알던 할아버지는 역사책에 나오는 업적 정도였다.

할아버지는 1914년 동대문교회 목사, 1915년 정동교회 4대 담임목사였다가 교회를 떠나 독립운동가로서 상해임시정부 수립에 깊이 관여하셨다. 1919년 4월 11일 임시의정원 부의장에 선출된 이틀 뒤 이동녕 의장이 사임하면서 의장직을 맡았고, 안창호와 신뢰를 쌓으면서 흥사단 일에도 가담하셨다. 1923년까지 임시정부에 계시다가 만주 지린(吉林)으로 가서 다시 목회를 시작하셨다.

정동교회의 교인이 2년 반 만에 700여 명에서 2700명으로 늘어나 서울에서 가장 큰 교회로 성장했다는데, 왜 할아버지는 목사직을 그만두고 독립운동에 뛰어들었을까? 고모로부터 가훈 이야기를 들은 이후 한동안 할아버지에 대해 생각하게 되었다.

목사가 사랑과 용서의 상징이라면 독립운동가는 고문과 죽음을 감수하는 투쟁의 상징이 아닌가? 극에서 극이다. 삶의 방향을 왜 사랑에서 투쟁으로 바꾸었을까?

할아버지 손정도 목사님의 말씀은 '사랑의 설교'로 유명했다. '하나님 사랑이 나라 사랑이고, 나라 사랑이 민족 사랑'이라는 주제의 설교를 많이 하셨다. 유관순 열사도 이화학당 학생으로 정동교회에 나와 목사님의 설교를 들었다고 한다.

마태복음 22장 37절부터 40절을 들어 계명 중의 가장 큰 계명, 즉 으뜸 계명이 '사랑의 계명'이라면서 '마음과 목숨과 뜻을 다하여 하나님을 사랑하듯이 네 이웃을 자신같이 사랑하라'는 것을 강조하며 할아버지는 이 계명을 몸소 행동으로 보여주셨다. 당신이 자기 몸처럼 사랑하는 민족을 고난으로부터 해방시키기 위해 독립운동에 적극 참여하신 것이다. 이에 따라 사랑과 용서의 삶에서 고문과 죽음을 기꺼이 감수하며 투쟁하는 독립운동가의 삶을 택한 것이 아닐까?

그 험난한 길로의 선택은 곧 당신의 자식들에게 가훈으로 가르친 '걸레정신'을 몸소 실천에 옮기신 것이 아닌가 싶다. 걸레정신은 사랑의 계명에서 비롯된 말이었다.

할 일을 다한 뒤 조용히 다음을 기다리는 '걸레'

고모와의 만남은 미국 생활에서 잊고 지냈던 많은 것들을 돌아보게 했다. 그중에서도 할아버지가 가훈으로 물려주신 '걸레정신'은 한동안 나의 화두가 되었다.

'걸레'의 참뜻이 무엇인가? 깨끗한 환경을 바란다면 걸레는 매일같이 요긴한 필수품이다. 더러운 장소를 걸레가 깨끗이 치우고 나면 그 주인과 가족들은 거기 모여 쾌적한 시간을 가진다. 하지만 누구도 걸레가 한 일에 대해 고맙다며 칭송하지는 않는다. 걸레는 사용되고

대한민국 임시정부 임시의정원 신년 축하식(1921년 1월 1일, 상해). 할아버지 손정도 목사님은 자식들에게 가훈으로 가르친 '걸레정신'을 몸소 실천하셨다. (동그라미 왼쪽부터 김구, 이승만, 손정도, 안창호)

나면 깨끗이 빨아져서 눈에 띄지 않는 곳에 보관된다. 다음날도 주인이 원하는 대로 일을 마친 뒤 다시 눈에 띄지 않는 곳에서 조용히 기다린다.

이것이 바로 할아버지가 말씀하신 '걸레'의 깊은 뜻이며, 그러한 삶의 자세가 '걸레정신', '걸레철학'이 아닌가 싶었다. 힘든 일을 했으니 존경해주고 영웅으로 대우해달라는 것이 아니다. 할 일을 했을 뿐이며, 다음에 또 필요할 때를 대비해 보이지 않는 곳에서 말없이 기다리는 것이 '걸레'의 참뜻이다.

그렇다면 누가 걸레가 될까? 누구나 걸레가 될 수 있나? 아무나 걸레가 될 수 있는 것이 아닌 것 같다. 힘들고 어려워서 선뜻 나서지 못하는 일을 기꺼이 감내할 수 있는 '능력의 소유자'만이 걸레가 될 수 있다. 용기·의지·인내·사랑·용서 등의 넓은 마음을 가진 이에게 걸레의 자격이 주어지고, 그 봉사와 희생정신에다 억세고 질긴 능력을 갖춘 자만이 걸레가 될 수 있는 것이다.

'걸레 성자'로 일컬어지는 할아버지 손정도 목사님은 민족의 어려움에 맞서 기꺼이 걸레 역할을 해내신 분이다.

아버지는 일제의 불고문으로 할아버지의 얼굴에 새겨진 흉터를 보았다고 했다. 당신 또한 독립운동가의 후손이라는 이유로 1934년 일경에게 체포되었고, 2개월 동안 당한 물고문 이야기를 어렵사리 꺼낸 적이 있다. 취조하는 일경들은 숨을 못 쉴 정도로 계속 얼굴에 물을 붓는다. 어쩔 수 없이 입을 벌리다보면 물이 배에 가득 차게 된다. 그리고 마룻바닥에 눕힌 뒤 물이 찬 배 위에 나무판을 올려놓고 짓밟는다. 참을 수 없는 고통이 온몸을 덮친다. 살아서 풀려나더라도 위와 내장이 손상되어 평생 음식을 소화해내기 힘든 몸이 된다.

할아버지는 1912년 7월 하얼빈에서 이른바 '가쓰라 다로(桂太郎) 암살모의사건'의 주모자라는 혐의로 일경에 체포되었다. 3개월 동안 취조를 받는 과정에서 혹독한 고문과 악형을 당한 뒤 '보안법조례위반'으로 1년 유배형을 받아 전남 진도에서 귀양살이를 했다. 유배 기간 중에도 주민들과 예배를 보며 전도 활동을 펼쳤다.

고문 후유증은 할아버지를 심한 위궤양 환자로 만들었다. 평양 씨름 대회에서 우승할 정도로 건장했던 몸도 많이 쇠약해져서 정상적인 일상생활을 영위할 수 없었다. 1931년 2월 19일 할아버지는 만주 지린의 한 동포 집에서 저녁 식사 중 피를 토하고 쓰러져 병원으로 옮겨졌으나 결국 49세를 일기로 숨을 거두고 말았다. 당시 장남 손원일은 22세였다.

'걸레정신'을 간직할 때 꿈은 이루어진다

LCI 식당에서 고모가 들려준 '걸레'의 참뜻을 알 것 같았다. 왜 할아버지가 목회에서 독립운동으로 삶의 방향을 바꾸었고, 왜 가훈을 '걸레정신'으로 정하셨는지 이해가 되었다. 그 모두가 '사랑의 계명'에서 시작되었음도 깨달았다.

새 역사를 향한 회오리바람이 그칠 날 없는 오늘의 이 한반도에 진정으로 필요한 것은 '걸레'이며 '걸레정신'이 아닐까 싶다. 앞으로 누가 어떻게 그 걸레의 역할을 해낼 것인가?

지나간 역사는 다가올 미래의 거울이라고 한다. 우리의 역사를 돌아다보면 강대국들 사이에서 힘겹게 지내온 발자취와 마주친다. 아마도 남과 북을 통틀어 뜻한 듯한데, 중국의 시진핑은 미국의 트럼프에게 "한국은 중국의 지배를 받던 나라였고, 앞으로도 우리가 하라는 대로 할 나라"라고 말한 것으로 알려진 일이 있다. 또 "이웃 나라 가운데 가장 성실하게 조공을 바친 나라는 한국과 베트남이었다"고 주장한 중국의 역사학자도 있다. 지나간 역사가 우리에게 일깨워주는 것을 잊어서는 안 된다.

힘을 키우지 못했던 선조들은 오랫동안 주위 강국의 등쌀에 시달리며 살았다. 내부 갈등과 분열은 이웃의 총칼이 국토를 유린하는 비극을 막지 못했고, 마침내 나라를 빼앗긴 백성들은 이름까지 바꾸어야 하는 수치와 수모를 겪어야 했다. 또 다른 강국의 도움으로 광복을 찾기는 했으나 그들의 힘에 의해 국토는 반으로 갈라지고 말았다. 그리고 지금은 지구 위의 유일한 분단 국가로 남아 낡아빠진 이념의 싸움터로 70년을 지내고 있다.

한 미래학자는 중국이 2049년에 이르면 G1이 될 것이라고 예측

했다. 한반도와 맞닿아 있는 가장 가까운 나라다. 뼈아픈 역사의 전철을 밟지 않기 위해서는 우리 스스로 힘을 키워야 한다. 그때까지 대한민국은 적어도 G3 이상의 나라가 되어야 한다. G3의 자리는 아무에게나 주어지는 것이 아니다. 기술력을 바탕으로 세계시장 경쟁에서 1~2위의 실력을 갖춘 기업들을 많이 소유한 나라에게만 배려되는 상장이다.

대한민국이 G3 이상의 나라가 되는 것은 결코 불가능한 일이 아니다. 우리에게는 그런 부끄러운 과거만 있었던가? 절대로 아니다. 우리는 훈민정음의 나라, 금속활자의 나라, 고려청자와 조선백자의 나라를 지키고 가꾸어온 민족이다. 그리고 지금은 K팝, K드라마의 나라를 이룩하고 있는 국민들이다.

1인당 GDP의 경우 1953년 67달러에서 2021년 3만5168달러로, 무려 524배나 성장한 나라는 대한민국뿐이다. 역사가 정말 미래의 거울이라면 G3 또는 그 이상의 나라로 만드는 것은 결코 허황된 욕심이 아니다. 꿈은 이루진다고 했으니 기대해볼 만하다. 여기에는 지나치지 말아야 할 임무가 있다. 그것은 대한민국의 리더들에게 주어진 과제이자 우리 모두가 함께 풀어나가야 할 숙제라는 점을 놓쳐서는 안 된다.

세계 3대 투자가의 한 사람이자 투자의 신이라 불리는 짐 로저스(Jim Rogers)는 대한민국을 세계에서 가장 자극적이고 흥미로운 나라라고 보았다. 그는 또 한반도에 평화 분위기가 정착되면 향후 10~20년 사이 한국이 중국과 일본을 제치고 아시아에서 가장 매력적인 투자처가 되어 그 경제력이 일본을 상회할 것이라는 전망을 내놓기도 했다.

1961년 미국 케네디 대통령의 취임식 연설을 생각해본다.

"국가가 당신을 위해 무엇을 해줄 것인지 묻지 말고, 당신이 당신의 국가를 위해 무엇을 할 것인지 물으십시오."

대한민국 국민이라면 누구나 자신의 국가를 위해 무엇을 할 것인가를 물어야 한다. 이때 꼭 필요한 것이 '걸레'요, '걸레정신'이다. 힘든 일을 했으니 대우해달라고 소리 지를 것이 아니라 모두가 다음에 또 필요할 때를 대비해 조용히 눈에 띄지 않는 곳에서 기다리는 자세를 보일 때 대한민국의 꿈은 이루어지고 말 것이다.

일제강점기 때 나라를 위해 목숨을 바친 분들, 6·25전쟁 때 나라를 위해 전사한 분들, 그 숭고한 영혼들이 가장 바라는 것은 세계에서 가장 강한 나라 대한민국이 아닐까?

10

가족 곁에 있기 위해 회사를 설립하다

갓난아기를 안고 젖을 먹이는 아내, 그 곁에서 칭얼거리는
두 살배기 딸을 두고 출장길의 발걸음이 떨어지지 않았다.
가족 곁에서 일하고 싶어 마침내 우리 집 지하실에 사무실을 차렸다.

세 여자를 두고 떠나야 하는 눈물의 출장길

티컴 웨스팅하우스(TCOM Westinghouse)에서 일을 시작한 지 2년이 넘었다. 나는 토목부 부장으로서 회사의 통신 시설 공사를 총괄하고 있었다. 구조설계 감독, 현장 건설 감독, 현장 작업자 숙소 마련, 설치할 장비의 세관 통과 업무 등 설계부터 현장 중개료까지 모두 책임을 떠맡아 일했다. 대학 3학년부터 시작한 약 10여 년의 경력을 인정받은 터였다. 당시 토목협회에서 발행하는 잡지에 실린 통계에 따르면, 같은 해 미국 대학 토목공학과 졸업생 중 상위 1퍼센트에 해당하는 월급을 받았다. 하지만 신혼 살림을 시작할 때 집을 구입하고 가구 등을 마련하면서 든 비용을 할부로 갚고 나면 월급은 몇 푼 남지 않았다.

우리 회사가 제공하는 통신 설비 가운데 특수 장비인 테더 벌룬(tether anchored balloon)이 있었는데, 이 시설은 대부분 험한 오지에 설치되었다. 그때 해외의 시설 현장 설치 감독과 하도급 업체와의 협상에 필요한 출장 기간은 짧게는 2주에서부터 길게는 6주 이상 걸렸다. 1973년 당시 내가 담당하던 프로젝트의 공사 현장은 이란의 테헤란, 바하마, 미국의 노스캐롤라이나와 미네소타 등지로 범위가 무척 넓었다. 웨스팅하우스 본사 사무실은 워싱턴 DC 북동쪽 볼티모어에 있었다.

건설업에 종사하는 사람은 잘 아는 현실이지만, 현장 감독 일을 맡게 되면 가족과 함께 보낼 수 있는 시간이 넉넉히 허락되지 않는다. 당시 첫 아이 숙희는 두 살이었고, 둘째 정희가 태어나기를 기다리는 아내는 만삭이었다. 출산을 위해 병원에 입원해야 하는 날이 가까워지고 있었다.

테헤란의 이란국영석유회사(NIOC)로부터 구조설계가 마무리되었다고 설계 최종 승인을 위해 출장을 와달라는 요청이 왔다. 나는 둘째 아이가 태어나는 것을 곁에서 지켜본 뒤 출장을 가고 싶었다. 우리 부부를 도와주는 사람은 아무도 없었다. 내가 떠나고 나면 갓난아기와 두 살배기 첫째를 아내 혼자 돌봐야 했으므로 마음이 무거웠다. 그런 아내를 두고 2~3주 동안 출장을 가야 했으니 차마 입이 떨어지지 않았다.

나는 최대한 출국 일자를 늦춰보려고 애썼다. 감기에 걸린 첫째 딸 숙희는 목이 아파 음식을 제대로 먹지 못해 울어댔다. 산부인과 의사는 출산 날짜가 2~3일 뒤가 될 거라고 했다. 나는 둘째가 태어나고 적어도 일주일 정도는 함께하고 싶어 부사장 아놀드에게 2주만 더 연기해달라고 사정했다. 그러나 그는 난색을 보였다.

"이란으로부터 통보받고 이미 3주를 연장했잖아. 당신 형편은 알겠지만, 일주일 이내에는 떠나야 해."

만일 아이가 예정대로 태어난다면 4~5일은 같이 지낼 수 있을 것 같았다. 때마침 의사로부터 다음날 오후에 병원에 입원하라는 연락이 왔다.

이튿날 아내를 조지타운병원에 입원시키고 나서 차 안에 둔 짐을 가지러 주차장에 다녀왔더니 아내가 보이지 않았다. 그 사이에 분만실로 옮겨진 것이었다. 둘째도 첫째와 같이 긴 진통 없이 순산했다. 의사는 신생아에게 황달기가 있어 2~3일 지켜보자고 해서 갓난아기를 병원에 남겨두고 집으로 돌아왔다. 다음날 다행히 상태가 좋아졌다고 해서 아기를 데려왔다. 막 태어나 시도 때도 없이 울어대는 둘째 정희, 여전히 목이 아파 칭얼대는 첫째 숙희, 그리고 산후조리도 제대로 못하는 아내, 이렇게 불완전한 여자 셋을 두고 가장이 2~3주나 집을 비워야 하니 가슴이 아팠다.

회사에서는 더 이상 지연시킬 수가 없으니 서둘러 떠나라고 종용했다. 아내에게 출장 얘기를 꺼내기가 너무 힘들었다. 갓난아기를 안고 젖을 먹이는 아내, 엄마의 사랑을 더 받고 싶어 곁에서 칭얼거리는 두 살배기 딸, 그런 모습을 지켜보는 나, 마치 슬픈 영화의 한 장면 같았다. '저 아기들도 언젠가는 아기를 낳고 엄마가 되겠지' 하는 생각을 하며 숙희를 번쩍 들어올려 안고는 떨어지지 않는 입을 간신히 열었다.

"녕숙아, 나 내일 이란으로 출장 가야 해…."

이 말을 들은 아내는 고개를 돌리지도 않고 가슴에 안은 젖먹이를 내려다보고 있었다. 나는 눈물방울이 떨어질까봐 천장을 향해 눈을 껌벅였다.

메릴랜드 집 뒤뜰에서. 사랑하는 가족과 함께 지내기 위해 집 지하실에 회사를 차렸다. (두 딸 숙희, 정희와 아내 김녕숙)

한밤중에도 2시간마다 깨어 울어쌓는 갓난아기를 돌보느라 우리 부부는 지쳐 있었다. 그래서 내가 출장을 가 있는 동안 첫째 숙희는 가까운 친구 집에 맡기기로 했다.

이튿날 아침, 출장 준비를 마친 뒤 가방을 현관문 옆에 갖다 놓았다. 아내는 첫째에게 아침밥을 먹이랴 둘째에게 젖을 물리랴 정신이 없었다.

"나 다녀올게."

현관문을 열 때도 아내는 아무 말이 없었다. 나는 세상에서 가장 사랑하는 세 여자를 남겨두고 무거운 발걸음으로 집을 나섰다. 승용차 운전석에 앉았으나 시동을 걸고 싶지 않았다. 여느 때 같으면 가벼운 입맞춤을 나누고 출근하는데, 아무 표정 없이 서 있던 아내의 모습이 너무 애처로워 눈물을 삼켜야 했다. 그리고는 어린 두 딸을 생각하며 내가 나에게 이렇게 말했다.

'사랑하는 내 아가들아, 너희가 이 세상에 태어날 때 나도 다시 태어났단다. 언젠가 너희가 사랑하는 사람을 만나 웨딩 마치를 울릴 때면 나는 행복의 눈물을 흘리겠지. 아가들아, 너의 행복이 나의 행복이란다. 사랑해….'

그 순간 머릿속에서 이런 의문이 떠올랐다.

'내가 왜 집을 떠나야 하지? 집에서 일할 수는 없을까? 아이들과 함께 지내면서 일할 방법은 없을까?'

출장에서 돌아오면 가족과 가까이 있으면서 일하는 길을 찾아봐야겠다고 생각하며 공항으로 차를 몰았다.

집 지하실에 책상 2개를 놓고 '손컨설팅컴퍼니' 창업

2주 후 출장에서 돌아와 현관문을 열고 들어섰다. 첫째 숙희가 나를 보더니 빙긋이 웃어 보였다. 그런데 내가 가까이 다가가자 멈칫하더니 뒤로 슬그머니 물러나는 것이었다. 너무나 반가워서 얼른 껴안으려는데 다정한 아빠가 아니라 마치 낯선 사람을 대하듯이 두려움을 느끼는 것 같았다.

'내가 얼마나 오래 집을 비웠으면 두 살 된 아이가 아빠에게 안기려 하지 않고 뒤로 물러설까?'

충격적이었다. 나는 천천히 다가가 숙희를 끌어안았다. 그리고는 마음속으로 말했다.

'숙희야, 이제 너희와 가까이 있을게. 미안해. 아빠가 일을 바꾸더라도 너희와 떨어져 지내지 않을 거야."

이후 집과 가까운 곳에 있는 건설 회사와 설계사무소를 찾아다니며 구직 면담을 시작했다. 그 회사들의 배경에 대해 알아보면서 '왜 내가 이런 회사에 들어가서 일하려 하지?' 하는 의문이 들었다. 대부분 내가 대학 3학년 때부터 쌓아온 업무 실적보다도 못했기 때문이었다. 돈누바우어 설계사무소, 페이지 커뮤니케이션(Page Communication) 통신 회사, 퍼실리텍(Facilitech) 반도체 공장 건설 회사, 웨스팅하우스(Westinghouse) 등 크고 작은 회사의 토목부를 맡아 나 혼자 이끌어낸 매출에도 못 미치는 회사들이었다. 그렇다면 내가 직접 회사를 차려 일할 수도 있겠다는 생각이 들었다.

창업에 대한 구상이 급물살을 타고 흘러갔다. 내 회사를 차린다면 회사 이름은 무엇으로 할까? '손컨설팅컴퍼니(Sohn Consulting Company; SCC)'가 좋을 것 같았다. 준비된 자금도 없는 형편에서 처음부터 사무실을 임대하고 직원을 고용하기는 어렵다. 그러면 경리 업무는 누가 맡지?

나는 아내에게 새 회사를 설립하는 데 관해 이야기했다. 아내는 망설임 없이 좋다고 대답했다.

"당신은 아직 젊어. 만일 잘 안 되면 다시 다른 회사에 들어가면 되잖아. 나도 도울게."

영문학을 전공한 아내는 인근 대학에서 회계 업무를 배워 경리 업무를 거들겠다고 했다. 사실 조금은 불안해하던 나에게 아내의 한마디는 천군만마보다 더 큰 힘이 되었다. 내 안에 남아 있던 일말의 두려움이 한꺼번에 사라졌다.

돈보다 먼저 사랑이 중요하다. 만일 내가 사랑의 길을 택해서 어려운 상황이 닥치게 된다 해도 나는 도전하고 싶었다. 그 사랑을 위해서라도 얼마든지 극복해내리라 믿었다.

나는 회사를 차리기로 마음을 굳혔다. 하지만 그때까지 모아놓은 돈이 없었기에 시내에 사무실을 내는 것은 고려 대상에서 제외되었다. 집 지하실을 사무실로 개조하고, 거기에 설계 도면을 그릴 수 있는 책상 2개를 놓기로 했다. 하나는 목공소에 가서 내가 설계한 대로 합판과 원목을 잘라 와 직접 짜 맞추었다. 합판 위에 연초록색의 비닐을 덮고 그 위에 평행제도자를 설치하니 그럴 듯한 제도 책상이 되었다. 다른 하나는 웨스팅하우스의 친구가 사무실을 차리는 데 조금이라도 도움을 주겠다며 고급 제도 책상을 트럭에 실어 왔다.

이제 나의 회사 'SCC'를 시작할 준비를 끝마쳤다. 직속 상관인 아놀드 부사장을 찾아갔다. 190센티미터가 넘는 큰 키에 너그러운 성품을 가진 사람이었다. 회사를 그만두겠다며 사직서를 책상 위에 올려놓았다.

"부사장님, 회사를 그만두려고 합니다."

그는 나를 물끄러미 바라보면서 물었다.

"앞으로 어느 회사에 가서 무엇을 하려고 해?"

나는 조심스럽게 그간의 계획을 얘기했다.

"제가 설립한 회사 손컨설팅컴퍼니에서 일할 겁니다."

"자네 나이가 몇이지?"

"서른세 살입니다."

"허허, 서른세 살에 컨설팅 비즈니스를 할 수 있다고 생각해?"

나는 웃어 보이며 진지한 목소리로 대답했다.

"아놀드, 당신께서 나의 첫 고객이 되어주시기를 바랍니다."

그는 크게 웃더니 이렇게 말했다.

"그래, 자네가 당장 나가버리면 그 자리를 채울 사람 찾는 데 시간이 걸릴 테니, 좋아!"

그다음 주에 우리는 컨설팅 계약을 맺었다. 내가 일하던 웨스팅하우스가 나의 첫 고객이 되었다. 그 뒤 처음 1년의 주요 고객은 내가 이전에 몸담았던 회사들이 많았다.

'손컨설팅컴퍼니'의 사업자 등록 일자는 1974년 8월 15일이다. 이날이 내 손으로 나의 회사를 만든 날이다. 일부러 나는 우리나라가 독립한 날을 내가 독립하는 날로 정했다.

SCC의 고객은 이전에 내가 일했던 회사와 그쪽의 적극적인 소개로 알게 된 회사가 대다수였다. 나는 '떠날 때 다리를 불태우지 마라'는 미국 속담을 금언처럼 평소 마음에 담고 있었다. 같은 기술자들로 이루어진 사회 속에서 신뢰로 이어지는 인간관계가 얼마나 중요한지 그때 새삼 느꼈다.

나 자신이 곧 회사라는 인식

손컨설팅컴퍼니가 문을 열었다. 기념식 따위는 없었다. '사장님' 하고 부르는 사람은 없었다. 내가 곧 회사 전부였다. 몇 시까지 출근하라, 몇 시에 퇴근하라, 몇 시까지 업무를 끝마쳐라, 이번 입찰에서 꼭 이겨야 한다, 이제 그런 지시를 내리는 사람도 없었다. 그 모든 것을 나 스스로 계획하고 실행하면 된다. 나는 혼자서 북 치고 장구 치는 손컨설팅컴퍼니의 유일한 사원이 되었다.

내 앞에 단 하나, 반짝이는 빨간 불빛이 있었다.

'고객으로부터 프로젝트를 수주해야 생존할 수 있다.'

그 빨간 불빛만이 눈앞에 반짝이고 있었다.

마음에 가장 무섭게 다가오는 질문은 '정말 이 회사를 잘 운영할 수 있을까?' 하는 것이었다. 만일 일을 수주하지 못하면 숙희와 정희 두 아이의 아버지로서, 또 아내 넝숙의 남편으로서, 그리고 한 회사의 대표로서 임무를 저버리게 된다. 웨스팅하우스에서 일하며 최상

손컨설팅컴퍼니의 잠수함 통신 안테나 제작 현장에서. 창업을 하고 나서 가장 뚜렷이 다가왔던 인식은 나 자신이 곧 회사라는 점이었다. (오른쪽 두 번째가 손명원)

급의 월급을 받던 나였지만, 편한 길을 버리고 불확실한 새 길을 선택했다. 비행기 일등석에 앉아 있다가 지도조차 없이 광야의 한복판에 뛰어내려 힘든 길을 가고자 한 것은 아닌지….

안정된 직장을 그만두고 가족과 가까이 지내기 위해 우리 집 지하실로 들어왔다. 이제 하루라도 빨리 일을 수주하는 것이 급선무였다. 나는 이 회사의 영업 상무이자 설계 분석 총괄이었다. 설계를 청사진으로 그려내는 제도사이자 설계대로 공사가 진행되는지 살펴보는 현장 감독이었다. 다행인 것은 지난 10년 동안 그런 일을 모두 해보았다는 점이었다. 수주만이 살길이었다. 만일 일거리만 받아 온다면 며칠 밤을 꼬박 새워서라도 해낼 터였다.

다행히 하늘이 도와서 내가 일하던 웨스팅하우스가 나의 첫 고객이 되어주었다. 집안 살림에 필요한 생활비는 이 첫 계약으로 끊기지 않고 연결되었다.

창업을 하고 나서 나에게 가장 뚜렷이 다가왔던 인식은 나 자신이 곧 회사라는 사실이었다. 나의 말, 나의 행동, 나의 외모, 나의 일 처리 속도 등 생각과 움직임 하나하나가 회사를 대표했다. 고객이 'SCC'라는 회사에 일감을 주는 이유는 곧 '나'라는 사람을 알고 그를 믿기 때문이었다. 따라서 나는 이제 고객이 원하면 어떤 일이든 해내고, 세계 어디든지 가야 한다는 것을 새삼 느꼈다. 소문이 퍼지면서 일거리가 점점 늘어갔다.

기술과 무역 분야의 자문 회사 2개를 운영하다

테헤란에 있는 이란국영석유회사에 갈 일이 생겼다. 컨설턴트로서 이란까지 출장을 가는 이유는 그들이 그린 설계도에 내 이름을 써넣기 위해서였다. 사인을 한다는 것은 청사진에 그려져 있는 기술에 대해 내가 책임을 진다는 뜻이다.

해외 출장을 가 있는 동안에는 미국 내에서 영업 활동을 할 사람이 없다는 것이 문제였다. 자리 잡아가는 회사를 성장시키기 위해서는 나와 생각을 같이하는, 내가 믿고 일을 맡길 수 있는 사람이 필요했다. 나는 대학 시절 많은 도움을 주었던 돈 누바우어 씨를 부사장으로 모셔왔다. 그가 운영하던 설계사무소가 문제에 부딪혀 회사 문을 닫은 상태였다.

나는 하루가 25시간이라도 되는 것처럼 일했다. 미국의 유명한 통신 회사들이 나의 주 고객이 되었다. 1년이 채 되지 않아 라크빌 메릴랜드에 새 사무실을 차려 가구와 집기들을 우리 집 지하실에서 꺼내 모두 옮겼다.

하루는 세무 관련 업무를 맡고 있는 회계사를 만났다. 그는 회사 이익이 많이 나니 무엇이든 필요한 것이 있으면 사라고 했다. 이익의 50퍼센트는 세금으로 내야 하기에 반값에 산다고 생각하면 된다고 했다. 가장 먼저 떠오른 것은 스포츠카였다. 독일산 포르쉐 911이냐 아니면 미국산 GM 코르벳이냐? 코너링과 안전은 911, 가속과 외형은 코르벳. 마음이 섹시한 자태의 GM 코르벳 쪽으로 기울었다. 남자 30대, 그렇게 갖고 싶던 물건이었다.

얼마 안 있어 몇몇 회사로부터 자기들의 기술을 외국으로 수출하려는데 우리에게 그 서비스를 맡아달라는 요청이 들어왔다. 그리고 국제 프로젝트 컨설팅 업무가 늘어나기 시작하면서 또 하나의 회사 '인터내셔널 인더스트리(International industry inc.)'를 설립했다. 이 회사는 미국 기업이 가진 기술을 해외에 수출하는 일에 대한 자문를 담당했다. 이제 기술과 무역 분야의 자문 회사 2개를 운영하는 사장이 되었다.

1974년부터 1980년 초까지 6년 동안 나는 열심히 일했고 또 회사는 그만큼 성장했다. 그러던 어느 날 저녁, 서울의 어머니로부터 걸려온 전화를 받았다. 아버지가 위급하다는 전갈이었다.

11

아버지가 상속해주신 고귀한 그 이름

아버지가 남겨주신 가장 고귀한 것이 무엇인지 알았다.
어디에서든지 "손원일 씨가 저의 아버지입니다"라고
떳떳이 말할 수 있는 그 상속에 나는 감사하고 싶었다.

나를 한국으로 돌아오게 한 아버지의 임종

"명원아, 아버님이 위독하시다. 어서 빨리 서울로 오는 것이 좋을 것 같아."

저녁 식사를 막 끝냈을 때 어머니의 전화를 받았다. 가슴이 철렁 내려앉았다. 아버지가 신장병으로 혈액투석을 하며 지낸 지 6년째였다. 초기에는 일주일에 한 번이었으나 최근 들어 3일에 한 번씩 혈액투석을 받으셨다.

대충 짐을 챙기고는 가장 빠른 항공편을 골라 그날 밤 한국행 비행기에 몸을 실었다. 떠나기 전에 샌프란시스코에 사는 동생 동원에게 연락해서 아버지의 상태를 알리고 곧바로 서울로 가라고 했다. 워싱턴을 출발, 도쿄를 경유하는 항공편의 김포공항 도착 예정 시각은 저녁 8시 반. 하지만 도쿄에서 늦게 출발하는 바람에 김포공항에 내리니 밤 10시 반이었다.

짐을 찾으려고 기다리는데 누군가 내 이름을 불렀다. 어머니가 보내신 분이었다. 그는 통행금지 시각인 밤 12시 전에 병원에 닿으려면 지금 출발해야 한다면서 짐은 내일 찾으라고 했다. 비슷한 시간에 비행기에서 내린 동생과 함께 차를 타고 병원으로 이동했다. 동대문에 있는 이화여자대학교 부속병원에 도착한 것은 자정이 다 되었을 무렵이었다.

입원실 옆방에서 어머니를 만났는데 아버지가 주무시니 내일 뵈라고 했다. 다음날 아침이 되어서야 우리는 아버지께 인사를 드릴 수 있었다. 눈을 감고 계셨는데 몸이 많이 부어 있었다. 그런 아버지를 뵈니 23년 전 낯선 서독에서 새로운 생활을 시작할 때가 생각났다. 그때 아버지는 나라에서 보내온 적은 돈으로 수도 본에 한국 대사관을 마련하느라 바쁘게 뛰어다니셨다. 다행히 코프란자스트라세에 있는 3층 벽돌 건물을 임대해 대사관으로 쓸 수 있었다. 당시 대한민국은 유엔에 등록된 국가 가운데 가장 못사는 10개 나라 중 하나였다. 한국의 외교관에게도 집을 빌려주기 꺼려할 때였다.

1층과 2층은 사무실로, 3층은 대사관저로 사용했다. 3층에는 방이 3개 있었는데 아버지와 어머니 방, 누나 방, 그리고 동생과 내가 한 방을 썼다. 3층의 도배와 청소는 온 가족이 나서 직접 해냈다. 길다란 벽지에 풀을 바른 뒤 내가 사다리에 올라 천장과 벽이 만나는 곳에 갖다 대면 동생이 빗자루로 벽지를 훑어 내렸다. 도배는 난생처음이어서 아버지가 시키는 대로 조심조심 작업했다. 이틀이 걸려 3층의 도배와 청소 작업을 끝냈다.

병실에 앉아 옛 생각에 잠겨 있을 때 아버지가 눈을 감은 채 말씀

인천상륙작전 직후. 미 해군 스트러블 제독과 악수하는 손원일 제독. 아버지가 내게 상속해주신 가장 고귀한 것은 '손원일' 그 이름이었다. (1950년 11월 16일)

하셨다.

"명원아, 저게 비엔나에서 대단히 유명한 성당이야. 잘 지었어. 들어가봐."

나는 아버지께서 꿈을 꾸고 계신 것으로 생각하고 가볍게 "네"라고 대꾸했다. 조금 시간이 흘렀다. 아버지가 다시 말씀하셨다.

"여기 오시는 장군님이 아주 좋으신 분이야."

조금 전에 비엔나 성당에 들어가보랬는데, 이제는 방문하는 분을 소개하시는 거였다. 나는 별 생각 없이 그저 잠꼬대하시는 줄 알고 대답했다.

"네, 알겠습니다."

그때 누군가 문을 두드렸다. 나는 일어서 나가 문을 열었다. 군복을 입은 육군 소장 한 분이 모자를 쓴 채 나에게 거수경례를 했다. 나는 목례를 올리고 안으로 모신 다음 아버지를 흔들어 깨웠다. 아버지는 잠깐 눈을 뜨고는 인사를 나누셨다. 육군 소장은 아버지께 몇 말씀을 드린 뒤 곧바로 돌아갔다.

나는 잠시 혼란에 빠졌다. 조금 전 비엔나 성당을 구경하라시다가 곧바로 장군이 병원에 오는 것을 어떻게 알았을까? 사람은 정말 육체와 영혼이 함께 존재하는 생명체인가? 지금 아버지의 육체는 침대 위에 있지만, 영혼은 몸에서 나와 가고 싶은 곳을 어디든지 다니고 있는 것인가?

아버지는 식사 대신 링거 주사로 영양을 보충하면서 건강을 유지하고 계셨다. 서울 도착한 지 사흘째 되는 날 아침, 아버지는 배가 고프다고 하셨다. 우리는 병원에서 가져다준 미음을 드렸다. 아버지가 미음을 드시는 것을 보고 나와 동생은 아침 식사를 하려고 병원 식당으로 내려갔다. 식사를 마치고 병실로 올라가는 도중에 문병을 왔다가 가시는 정일권, 최경록 두 분과 마주쳤다. 6·25전쟁 때부터 아버지와 아주 가까이 지내시던 예비역 장군들이었다. 그때 정일권 씨가 다급히 말했다.

"빨리 가봐. 아버님이 안 좋으셔."

동생과 나는 뛰다시피 병실로 올라갔다. 좀 전에 드신 미음이 문제였다. 오랫동안 식사를 하지 않은 터라 미음을 소화해내지 못한 듯했다. 아버지는 먹은 것을 토해냈다. 별로 나오는 것도 없는데 계속 토악질을 했다. 그러다 갑자기 머리를 떨구셨다. 간호사가 놀라 아버지를 바르게 눕히고 가슴을 압박했다.

"빨리 의사 선생님 불러와!"

간호사가 소리쳤다. 숨이 멎은 것이었다. 토악질을 하다가 몸이 버티지 못하고 결국 심장이 멈춘 것 같았다. 간호사가 주삿바늘을 꽂으려 했지만 혈관이 찾아지지 않아 애를 먹고 있었다. 심장이 정지하니 혈관조차 보이지 않은 모양이었다. 그때 의사가 들어왔다. 가슴을 누르며 심폐소생술을 시도하다가 금속 튜브를 가져와 입안으로 집어넣으려 했다. 위에 남아 있는 음식물을 빼내려는 것 같았다. 하지만 이미 숨이 멎은 지 10분 이상 지났다. 나는 금속 튜브를 아버지의 목에 밀어 넣는 것이 너무 불편해 보였다. 이미 숨진 이에게 더 고통을 주는 듯 보여 의사에게 처치를 중단해달라고 부탁했다.

의사가 마침내 아버지의 사망을 인정하고 방을 나갔다. 침대 위에 조용히 눈을 감고 계시는 아버지. 그 모습을 내려다보고 있을 때, 아버지가 조용히 내게 속삭이는 것 같았다.

'명원아, 이제 한국에 돌아와 어머니를 모시거라.'

나는 부동자세로 서 있다가 나도 모르게 "예" 하고 소리 내어 대답했다. 나는 말씀대로 가급적 빨리 귀국해 어머니를 모시는 것으로 마음을 정했다. 방에서 나와 미국에 있는 아내에게 전화했다.

"아버님이 조금 전에 돌아가셨어. 이제 한국으로 귀국해서 내가 어머님을 모시고 살 거야."

우리 부부가 결혼한 지 10년이 되던 해였다. 아버지의 영혼이 내게 이야기했나? 왜 나는 그리 서둘러 숨도 쉬지 않는 육체와 약속을 했을까? 그것이 내가 무의식적으로 원하고 있던 것이었나?

아버지가 상속해주신 '손원일'이라는 그 이름

해군에서 주관한 장례식이 거행되었다. 사실 아무런 준비 없이 온 나로서는 아버지 죽음 앞에서 무엇을 어떻게 해야 할지 막막하기만 했다. 곧 돌아가실지도 모른다고 짐작 정도는 하고 있었지만, 막상 일이 닥치고 나자 아무것도 준비해두지 않고 있었음을 절감했다.

16세 소년 때 한국을 떠났다가 39세 중년이 되어 있는 나였다. 어떻게 다음 일을 처리해야 하는지 당황스러웠다. 해군에서 모든 것을 준비하고 있으니 걱정하지 말라고 했다.

충정로 집에 빈소가 마련되었다. 많은 사람들이 조문을 왔다. 정중하게 큰절을 하는 사람은 물론 바깥에서부터 통곡하며 들어오는 이도 있었다. 울산에서 기차를 타고 올라왔다는 한 농부는 배추 두 포기를 어머님께 드리며 자신이 아버지께 사랑을 많이 받았다고 했다. 나는 정말 많은 것을 느끼고 배웠다. 한 사람이 떠난 자리에 왜 이렇게 많은 사람들이 찾아와 눈물을 보일까?

하루는 효성그룹의 조홍제 회장께서 오셨다. 그분도 아버지와 같은 신장병으로 혈액투석을 받고 계셨는데, 아버지의 영정을 바라보며 한참 동안 이야기를 하면서 눈물을 흘리셨다. 나는 상주로서 아버지 사진 옆에 서서 인생의 의미와 가치와 원칙, 그리고 삶과 죽음에 대해 다시 돌아보았다.

발인날 정동교회에 들러 예배를 드린 뒤 국립서울현충원으로 이동했다. 영결식은 해군장으로 진행되었다. 장례식이 모두 끝났다. 아버지께서 나에게 남겨주신 귀중한 것이 무엇인지 생각하며 "아버지, 감사합니다!" 하고 마음속에다 소리쳤다. 내게 상속해주신 고귀한 것 하나는 많은 사람이 존경하고 사랑하는 '손원일' 그 이름이었다. 나는 어디서든지 긍지를 가지고 "손원일 씨가 저의 아버지입니다"라고 떳떳이 말할 수 있는 그 상속에 감사하고 싶었다.

이제 아버지와의 약속을 지키는 일이 남았다. 지난 6년간 키워놓은 '손컨설팅컴퍼니'와 점차 자리잡아가는 무역회사 '인터내셔널 인더스트리'도 모두 정리하기로 작정했다. 결코 쉽지 않은 일이 될 것

국립서울현충원 제2장 군묘역의 손원일 묘소. 아버지의 장례식을 마친 뒤 미국의 회사를 정리하고 귀국하기로 마음먹었다.

이었다. 마음 한구석에는 이제 나이가 서른아홉이고 만일 지금 결단하지 않으면 나는 영영 한국으로 돌아오지 못할 것 같다는 갈등도 없지 않았다. 내가 죽어서 미국 땅에 묻힐 것인지 아니면 한국 땅에 묻힐 것인지 스스로 결정할 수 있는 마지막 기회라는 생각이 들었다.

급히 미국 사업 정리, 이제 내 나라를 위해 일해보자

18세에 미국의 대학에 입학해서 스스로 의식주를 해결하며 대학원까지 마쳤다. 미국의 중소기업부터 대기업까지 두루 취업해서 일하고, 이를 바탕으로 나의 회사를 차려 경영해왔다. 혼자 독립해서 살아온 것이 어느새 20년을 넘어서고 있었다.

1974년 8월 15일, 33세에 설립한 손컨설팅컴퍼니는 통신 관련 구조설계를 하는 특이한 회사였다. 인공위성 지상 스테이션, 송전에 필요한 철탑 설계, 장거리 통신을 위한 마이크로웨이브 타워, 위성접시안테나, 해안 경비대에서 사용하는 잠수함을 위한 200미터 안테나 설계, 지하철역 및 기차역 설계와 설치 감독 일 등을 했다.

애써 키워온 미국 회사를 접고 갑자기 아무런 기반도 없는 한국으로 돌아가기로 결심하고 나니 몹시 혼란스러웠다. 결심을 실행에 옮기려면 서둘러야 했다. 어디서부터 어떻게 시작해야 하나 고심하고 있을 때였다. 몇 년 전 현대건설의 사우디아라비아 프로젝트에 필요한 송전탑 설계를 해준 것이 기억났다. 당시 나를 찾아왔던 분이 있는 볼티모어로 전화를 했고, 그분은 현대건설에서 전기부를 총괄하는 전무 한 분을 소개해주었다.

그분은 나더러 이력서를 준비해 다음날 찾아오라고 했다. 생전 처음 써보는 한국어 이력서였다. 먼저 영어로 써서 번역 회사를 거친 다음 한글로 된 이력서를 들고 전무실을 찾았다. 나는 곧 널따란 방으로 안내되었다. 거기에는 세 분이 모여 계셨는데 모두 처음 뵙는 분으로 정주영 회장, 이춘림 회장, 이명박 사장이었다. 나에 대한 소개가 끝나자 먼저 정주영 회장이 물었다.

"미국에서 기술자문회사를 운영하신 분인데 우리 현대의 어디서 일하면 좋을까요?"

이명박 사장이 말했다.

"기술자문회사를 하셨으니 현대엔지니어링에서 일하는 것이 어떨까요?"

정주영 회장이 고개를 끄덕이면서 다시 내게 물었다.

"그게 좋겠네. 언제부터 일할 수 있나요?"

나는 이것저것 따지지 않고 곧바로 대답했다.

"한 달 뒤부터 일하겠습니다. 미국에 가서 회사를 정리하고 3월 중순까지 돌아오겠습니다."

그렇게 간단한 면접을 마치고 나왔다. 다음날 와서 입사 절차를 밟으라고 했다. 이튿날 그룹 인사를 담당하는 분은 내가 현대엔지니어링 이사로 근무하게 된다고 말했다.

"월급은 이렇습니다."

하면서 서류의 한 부분을 손가락으로 짚었다. 그 숫자는 내가 미국에서 벌고 있는 수익에 비하면 10분의 1도 되지 않는 수준이었다. 하지만 금액은 별 문제가 되지 않았다. 한국으로 돌아와 새로운 삶을 시작한다는 것이 중요했다. 가슴속에서 뭉클한 기운이 솟구쳤다.

'이제 나는 한국 땅에 묻힐 수 있다. 나는 아직 나라를 위해 한 일이 없다. 이제부터 나라를 위해 일해보자.'

귀국 결심은 가족과 가까이 지내려고 시작한 나의 회사를 정리하게 만들었다. 얼마가 될지 모르지만, 다시 가족과 떨어져 사는 생활을 감당해야 했다.

나는 곧장 워싱턴 DC로 날아가서 미국 생활 정리에 착수했다. 2개의 회사 '손컨설팅컴퍼니'와 '인터내셔널 인더스트리'를 부사장인 돈 누바우어 씨에게 넘겼다. 맨손으로 일구어온 사업체를 갑작스레 처분하자니 마음이 착잡했다. 아내와 두 딸은 한국에서의 거처가 마련되는 대로 귀국하기로 했다.

그로부터 한 달 뒤, 나는 '현대엔지니어링 이사'라는 명함을 가지고 압구정동 사옥으로 출근했다. 그리고 얼마 안 있어 남산 아래에 있는 아파트를 구해 미국에 남아 있던 가족을 불러들였다. 그렇게 나의 두 번째 한국 생활이 시작되었다.

제3·4계절
가을·겨울

12. 자랑스런 그 이름은 '오렌지특공대'
13. 역사에 남을 대역사 — 하모니 재킷
14. 세상의 모든 배를 텅 빈 우리 도크로
15. 자동차라는 종합예술품 시장의 대폭풍
16. 노와 사의 거리 2미터 사이에서
17. 그때 나는 왜 적극 나서지 않았던가?
18. CEO는 누구인가? — 세월이 가르쳐준 경영 철학
19. 인생에서 가장 중요한 것은 무엇인가?
20. 아버지와 어머니의 영원한 해군 사랑
21. 가슴으로 만든 노래 <대한민국 해군아!>
22. 까불지 마! 사업은 팀워크야!

12

자랑스런 그 이름은 '오렌지특공대'

연매출의 두세 배에 이르는 인도의 해양 플랜트 사업을 따냈다.
불가능에 도전하는 작업 팀에게 '오렌지특공대'라는 이름을 붙였다.
그들은 악으로 일하며 인도양 한가운데 거대한 철의 성을 세워냈다.

철구조물 제작과 설치, 육상에서 해양으로 도전

드디어 기다리던 인도 뭄바이(당시 봄베이) 방문 날짜가 정해졌다. 인도의 석유 및 천연가스 생산을 총괄하는 ONGC(Oil and Natural Gas Corporation of India)의 중역과 회의 약속이 잡혔다. 당시 나는 현대중공업에서 육상 철구조물 제작을 전문으로 하는 철구사업부 본부장직을 맡고 있었다. 육상 철구조물 사업 영역에서 한 단계 넓혀 해양 철구조물 제작과 설치 시장으로 도약하기 위한 회의가 마련된 것이었다.

현대중공업은 사우디아라비아에서 현대건설 팀이 제티(jetty, 방파제) 건설에 필요한 해양 구조물을 제작 설치한 경험이 있었다. 하지만 바다 멀리 나가 프로세싱 플랫폼(processing platform)을 제작 설치한 경험은 없었다.

해양 플랜트 사업을 잘 아는 이가 육상에서의 철구조물 제작 경험과 선박 건조 경험을 합친다면 해양 철구조물 시장에 참여하는 것은 불가능하지 않다며 격려했다. 해양 플랜트란 바다 깊숙이 묻혀 있는 해양 자원을 탐사·시추·발굴·생산하는 장비를 말한다. 나 역시 대학 시절부터 설계와 현장 설치 감독 일을 해왔기에 현대중공업의 실력이면 충분히 가능하겠다고 생각했다.

긴 비행 끝에 뭄바이에 도착한 우리는 이번 만남을 주선한 현지 에이전트 카마니와 함께 ONGC의 중역인 안자니안을 만나러 갔다. 나는 그에게 현대중공업 철구사업부에 대해 열심히 소개했다. 그러나 그는 귀담아듣는 듯하면서도 자꾸 머리를 옆으로 흔들어 댔다. 잘 설명하고 있는 것 같은데 왜 그러는지 의아했다. 나중에 알게 된 사실이지만, 인도에서는 고개를 좌우로 흔드는 것이 곧 '알겠다', '이해한다'는 긍정의 뜻이었다.

안자니안이 앉아 있는 의자 뒤에 커다란 청사진이 붙어 있었고, 그 위에는 사각형의 표시가 여러 군데 그려져 있었다. 내가 그에게 저 많은 사각형들이 다 무엇이냐고 묻자 그 하나하나가 전부 모듈 플랫폼이라고 했다.

먼저 돈 얘기를 꺼내기가 좀 쑥스러웠지만, 그 해양 구조물의 가격이 얼마냐고 물어보았다. 하나의 평균 가격을 묻는 내 질문에 그는 덤덤한 어투로 2억에서 3억 달러 정도라고 대답했다. 당시 철구사업부의 연매출이 8000만 달러 정도였는데 저 조그마한 사각형 하나가 우리 연매출의 두세 배가 된다니 그저 놀라울 따름이었다. 반드시 해양 철구조물 시장에 뛰어들어야 한다는 생각이 번개처럼 스쳤다.

우리도 이 프로젝트에 참여할 수 있는지 그에게 물었다. 그는 절차를 밟아서 최저 가격의 입찰자가 되면 당연히 참여할 수 있다고 대답했다. 그전까지 내가 참여했던 큰 프로젝트는 해당 분야에 실적이 있는 회사에게만 자격이 주어졌다. 입찰 서류를 받고 나서 그 프로젝트에 대해 파악하기에는 시간적 여유가 없었다. 그 정도 규모의 프로젝트를 수주하려면 사전 기술 지식은 물론 경험도 당연히 필요했다. 나는 그에게 현대중공업이 ONGC 프로젝트에 꼭 참여하고 싶다고 전하고 빌딩을 나왔다.

현지 에이전트 카마니에게 입찰 서류를 빨리 구해 달라고 부탁했다. 우리는 경험이 없기 때문에 다른 회사가 나서기 전에 에이전트의 힘으로 입찰 내용을 입수하겠다는 계산이었다.

호텔에 돌아온 뒤 주위 사람들에게 조금 전 ONGC의 중역 안자니 안으로부터 들은 이야기를 전하고 그 입찰에 참여하고 싶다고 말했다. 2시간쯤 지났을까? 카마니가 호텔 방으로 찾아왔다. 그는 큼지막한 봉투에서 많은 서류를 꺼내놓았다. 입찰 서류와 플랫폼의 기술 시방서 들이었다. 기술 자료를 입수했으나 나는 그 낯선 서류들을 온전히 이해할 수 없었다.

귀국 후 울산으로 돌아와 기술자들과 함께 입찰 서류의 재검토에 들어갔다. 그러나 입찰 서류를 작성할 만한 능력을 가진 기술자는 국내에는 없는 것으로 결론이 났다. 무슨 방법이 없을까?

울산에는 많은 화학 공장이 가동 중이었고, 또 새 공장도 여럿 건설 중이었다. 설계와 현장 감독을 맡고 있는 '플로어케미컬(FC)'이라는 회사에 대한 정보가 들어왔다. 이 회사의 재무 쪽에 일하는 '문 선생'이라는 분을 만났다. 플로어케미컬은 이런 프로젝트와 관련해서 세계 최고 수준의 설계 회사라는 것도 알았다.

문 선생을 통해 그 회사와 연락을 취했다. 나는 텍사스 휴스턴에

ONGC 프로젝트 관계자들과 함께. ① 현지 에이전트 카마니(왼쪽 두 번째), ② 인도 석유 및 천연가스 공사 ONGC 중역 안자니안(오른쪽), ③ 설계 회사 플로어케미컬 사장 마로(오른쪽), ④ 해상 설치 회사 맥도머트 사장(왼쪽).

있는 플로어케미컬 본사에서 사장과 만나기로 약속했다. 시간이 없었다. ONGC 프로젝트의 입찰 공고가 얼마 남지 않은 때였다.

나는 휴스턴에 날아가서 플로어케미컬의 사장 마로와 상담을 시작했다. 우리 측에서 제시한 조건은 이랬다.

① 플로어케미컬에서 견적 서류를 작성할 수 있는 엔지니어를 2주 동안 울산에 파견한다.

② 2주간의 비용은 현대중공업이 지불하며, 그 비용은 약 2만 달러로 예상한다.

③ 만일 현대중공업이 ONGC 프로젝트를 수주하면 플로어케미컬이 기본 설계를 하고 현대중공업이 생산 설계를 담당한다.

④ 현대중공업이 건설 주계약 회사(prime contractor)가 된다.

⑤ EPC(설계·조달·건설)의 총 책임은 현대중공업에게 있기에 인도 정부와 ONGC의 설계 발표는 현대중공업이 맡는다.

⑥ 플로어케미컬은 현대중공업이 파견한 기술자들이 잘 이해하고 또 ONGC에 발표할 수 있도록 같이 설계에 참여한다.

2명의 플로어케미컬 견적 기술자가 울산에 와서 2주간 입찰 준비를 했다. 곧 입찰일이 다가왔다. 일본의 내로라하는 5개의 중공업 회사와 미국 굴지의 2개 회사가 입찰에 참가했다. 그리고 아무도 예기치 못한 한국 회사가 그 사이를 비집고 들어갔다.

1억 5700만 달러로 최저가 입찰 결정

초조하게 기다리던 입찰 결과가 나왔다. 현대중공업 1억 5700만 달러 최저가! 누구도 예측하지 못한 한국 회사의 최저가 입찰이었다. 그다음이 일본의 저명한 중공업 회사였다. 첫 장벽이면서 큰 장벽을 뛰어넘었다. 그러나 일본 회사와 우리의 가격 차이는 너무 컸다. 2등의 제시 가격은 6000만 달러가량 더 높았다. 그 차액이 우리 철구사업부 1년 매출과 비슷했다. 걱정이 앞섰다.

플로어케미컬 사장 마로에게 입찰 결과의 기쁜 소식을 전했다. 그러면서 큰 가격 차이에 대한 우려를 표했다. 이 방면의 전문가인 그는 15퍼센트 이상의 이익을 꼭 확보하게 될 거라고 장담하며 축하한다고 했다. 결과는 그의 말대로였다.

그러나 아직 갈 길이 멀었다.

비록 우리가 최저가로 입찰했지만, 이 프로젝트를 현대중공업에 낙찰할 것인지 아니면 거부할 것인지의 칼자루는 전적으로 ONGC가 쥐고 있었다. 아직 한 번도 해양 플랫폼을 제작하고 설치한 경험이 없는 우리였다. 그러나 현대중공업의 조선 경험, 최고 능력의 설계 파트너, 그리고 설치 회사 맥도머트를 합치면 능력 평가 면에서 승산이 있다고 믿었다.

일전에 뭄바이에서 만났던 안자니안에게 연락했더니 마침 그가 이번 프로젝트의 평가 담당자라고 했다. 나는 그에게 현대중공업이 건설 주계약 회사로서 적합한지 가부의 능력을 판단하기 위해서는 서류 검토보다 울산 현대중공업을 방문하는 것이 더 정확할 것이라는 의견을 전했다. 협의해보겠다고 한 그는 바로 다음날 전화를 걸어왔다. ONGC 평가 팀이 한국을 방문하고 긍정적인 답이 나오면 현대중공업이 인도로 가서 최종 승인과 함께 ONGC와 인도 재무부로부터 낙찰 통보를 받게 될 것이라고 했다.

ONGC의 평가단이 울산 현대중공업을 방문할 때 플로어케미컬 사장, 그리고 해상 설치를 담당하게 될 맥도머트 사장이 함께하기로 했다. 우리의 전략은 세계 3위 안에 드는 유명 회사가 설계하고, 세계 3위 안에 드는 선박 건조 회사가 제작하고, 세계 3위 안에 드는 회사가 해양 구조물을 설치한다면 현대중공업 팀은 세계 최강의 으뜸 EPC(설계·조달·건설) 팀이 된다는 것을 인식시키는 일이었다.

ONGC 현지답사 평가단이 도착했다. 우리는 그들을 대형 원유 탱크(VLCC)가 조립되고 있는 건도크(dry dock)로 안내했다. 플랫폼 모듈보다 훨씬 큰 선박 조립 현장이었다. 그런 다음 프레젠테이션실로 이동했다. 플로어케미컬의 엔지니어와 맥도머트 해양 설치 팀의 설명을 듣고 기술 면에서는 만족하는 듯했다.

이제 남은 것은 ONGC와 인도 재무부의 승인이었다. 평가단은 돌아가는 대로 언제 재무부 장관과 면담할 것인지 알려주겠다고 했다. 얼마 안 있어 그들로부터 연락이 왔다. 나는 곧장 뉴델리에 가서 아침 일찍 장관 주도로 열리는 회의에 참석했다. 이제는 정말 최종 낙찰 결과 통보만 남았다. 그로부터 일주일 뒤, 인도 ONGC의 프로젝트가 현대중공업으로 결정되었다는 통보가 날아왔다. 우리 모두는 기뻐 어쩔 줄 몰라 했다.

그러나 기쁨도 잠시였다. 회사 연매출의 3배나 되는 단일 프로젝트를 어떻게 풀어나갈 것인가? 설계부터 제작, 운송, 설치까지 전 분야의 프로들을 모아야 했다. 특공대가 필요했다.

총괄 책임자 선정과 팀 구성이 급선무였다. 플로어케미컬에 파견해서 기본 설계에 참여할 인원 선발에서부터 전기, 기계, 구조, 상세 설계와 맥도머트의 해양 설치 작업에 가담할 인원 선발 등 프로젝트 출범 이후의 일들이 한여름 우박 쏟아지듯이 한꺼번에 밀어닥쳤다.

먼저 미국 휴스턴에 보내야 할 최고 수준의 엔지니어들을 선발했다. 설계를 맡은 플로어케미컬에 파견할 요원은 박사 3명, 석사 7명, 학사 44명으로 구성했다. 함께 어울려 일해본 적이 없는 사람들이었다. 그때 나의 욕심은 한국의 최상급 엔지니어들이 이 기회를 통해 기초 설계를 배워서 추후 유사한 프로젝트는 우리 힘만으로 입찰에 참가할 수 있게 하는 것이었다.

우리는 그들을 '오렌지특공대'라 불렀다

모든 계획은 큰 차질 없이 추진되었다. 철구사업부는 정신없이 내달렸다. 새벽 한두 시까지 뛰어다니는 것은 예사였다.

모듈 제작 작업이 끝나고 필요한 기능 테스트를 한 뒤 뭄바이만으로 운반해야 한다. 완성된 모듈이 바지선에 단단히 고정되면 운송이 시작된다. 운송 예상 기간은 한 달이었다.

인도 윈(WIN) 프로젝트 현장은 뭄바이에서 헬리콥터로 수십 분 걸리는 곳이었다. 만만치 않은 임무였다. 바지선에 실려 거센 파도를 헤치고 도착한 모듈은 인도양 한가운데의 현장에서 한 달 이내에 조립하고 테스트 완료 후 ONGC에 인계된다. 1일 단위로 엄청난 페널티가 걸려 있어서 마지막 단계야말로 유종의 미를 거두느냐 못 거두느냐를 결정하는 숨막히는 작업이다.

입찰에서부터 제작된 모듈이 현장에 도착하는 데까지 자그마치 2년 반이 걸렸다. 그동안의 수고는 해양 현장에서 판가름이 난다. 만일 이 마무리 작업을 제대로 해내지 못한다면 지난 2년 반 동안의 노력이 물거품이 되고, 회사는 엄청난 어려움에 처하게 된다. 그렇게 되면 많은 사람들의 우려를 뿌리치고 이 프로젝트를 추진한 우리 팀은 조롱거리가 되고 말 터였다.

이 해양 현장 최종 조립 테스트 팀은 1인 2역, 아니 1인 3역을 해내는 프로들로 구성하지 않으면 승산이 없다고 판단했다. 정말 특별한 소명 의식을 가진 사람이 아니면 안 되었다. 그야말로 핫베드(hot bed, 하루 12시간 교대로 하나의 침대를 사용하는 일)를 쓰며 24시간 일해야 하는 특별한 작업장이었다. 여기에 투입된 요원은 남의 지시를 받지 않고 자신이 맡은 일을 알아서 처리해야 하는 장인들이었다. 나는 이 팀에게 '오렌지특공대'라는 이름을 붙였다. 마치 전투기 조종사처럼 위아래가 붙은 오렌지색 작업복 차림이어서 그랬다.

나는 우리의 첫 작품에 대한 성공 여부는 이 오렌지특공대의 능력에 달렸다고 생각했다. 이들은 기술 면에서 능력이 뛰어날 뿐만 아니라 체력적으로도 강인해야 했다. 작업 환경이 거칠고 위험한 해양 한

가운데였기에 건강은 필수 조건이었다. 파도와 강풍을 이겨내야 하는 바다 위에서의 작업은 정말 살벌하다.

인도 뭄바이만으로 떠나기 전 울산 현장에 모인 오렌지특공대의 모습은 실력과 체력을 겸비한 슈퍼맨 팀이었다. 소매를 걷어붙이고 서 있는 모습은 남성미가 넘쳐 흘렀다.

내 목숨이 다하도록 영원히 잊지 못할 두 장면

오렌지특공대가 인도로 떠나고 얼마 있지 않아 프로젝트 매니저로부터 심상치 않은 보고가 날아왔다. 잘못하면 공사 마감 일자에 완료하지 못할 수도 있다는 전갈이었다. 나는 관리부 과장과 함께 출장 준비를 서둘렀다.

뭄바이에 도착한 우리는 인도 정부의 엔지니어 총괄 기관인 ENI를 방문했다. 간단히 현황 회의를 마친 다음 ENI의 담당 중역인 와히(Wahi)와 함께 헬기를 타고 망망대해를 가로질러 작업 현장인 윈 플랫폼으로 향했다.

우리는 한참을 날아 무인도처럼 보이는 모듈에 다가갔다. 헬기 이착륙장을 표시하는 H 자 주위에 오렌지특공대원 몇 명의 모습이 보였다. 나는 헬기에서 내려 기다리고 있던 우리 직원들과 힘껏 손을 잡았다. 말없는 악수 속에 '만일 계약 시간 안에 이 모듈을 ONGC 측에 인계하지 못하면 우리에게 큰 불이익이 올 것'이라는 뜻을 실어 보냈고, 오렌지특공대원들 역시 '우리도 잘 알고 있다'는 뜻을 건네주는 것 같았다.

이 첫 해양 프로젝트를 수주한 뒤 철구사업부의 이름이 '해양철구사업본부'로 바뀌었다. 그만큼 이 프로젝트는 중요한 사업이었다. 아직 세계시장에 알려져 있지 않은 '현대해양철구사업본부'에게는 우리의 실적을 증명할 수 있는 현장 사진이 필요했기 때문에 직원이 작업장 모습을 카메라로 찍어두기로 했다.

우리는 현장 관리 책임자와 인사를 나눈 뒤 시찰에 들어갔다. 그다음 회의실에 모여 부서별로 현황을 보고 받기로 하고 플랫폼을 돌기 시작했다. 모두들 시간에 쫓겨 분주히 일하고 있었다. 오렌지특공대와 일일이 악수하며 지나는 사이 마음이 점점 무거워지는 것을 느꼈다. 한국을 떠날 때의 가슴 딱 벌어지고 패기당당한 모습이 어디로 사라져버린 것 같았다. 모두들 지쳐 보였고, 몸에 잘 맞던 오렌지색 작업복은 너무 헐렁해 보였다.

1시간에 걸친 현장 시찰을 마치고 회의실에 모였다. 고객과 합의한 일정을 중심으로 구조 분야, 기계 분야의 발표가 끝났다. 전기와 컨트롤 시스템은 사람으로 치자면 신경과 같은 역할을 한다. 기계 등 모든 장비가 설치되어도 이를 연결하는 전기 부서의 일이 끝나지 않으면 소용이 없다. 또한 전기 부문의 작업이 가장 까다로운 일이기도 했다. 이제 프로젝트의 적시 완공 여부는 이 파트의 손에 달려 있었다.

전기 부서 책임자가 일어섰다. 울산을 떠날 때 내가 본 그가 아니었다. 피곤에 절은 초췌한 모습이었다. 전기 공사가 끝나야만 완공 증명서를 제출할 수 있다는 것을 그 누구보다도 잘 아는 사람이었다. 그가 나를 잠시 바라보더니 입을 열었다.

"본부장님, 저희는 악으로 일하고 있습니다!"

그의 눈에는 눈물이 고여 있었다. 나는 아무 말도 할 수 없었다. 모든 짐이 자기 어깨에 놓여 있다는 것을 너무나도 잘 아는 사람의 한마디였다. 내가 어떤 점을 지적하는 것은 아무 소용없는 잔소리일 거라는 생각이 들었다.

"알겠습니다."

이것이 내가 할 수 있는 말의 전부였다.

"회의를 끝마치겠습니다. 전원 헬기장에 모여주십시오."

관리부 과장과 나는 짐을 챙겨 들고 헬기장으로 갔다. 오렌지특공대원들이 모두 자리해 있었다.

"여러분, 그 자리에 앉아주시기 바랍니다."

그들은 해당 분야에서 프로 중의 프로들이었다. 현장에 어떤 바람이 부는 줄 모르는 내가 이래라저래라 하는 것은 쓸데없는 참견일 따름이었다.

"여러분, 정말 고맙습니다."

내가 할 수 있는 말이라고는 그것밖에 없었다.

"여러분, 울산에서 만납시다. 다이아몬드호텔 환영 파티에서 봅시다. 모두들 건강하세요."

나는 한 사람 한 사람과 일일이 악수를 나눈 뒤 헬기에 올랐다. 와히는 먼저 헬기에 타고 있었다. 그도 인도 정부에서 파견한 감독과 회의를 했는데 공정이 그리 우려할 정도로 지연되고 있지는 않다고 했다. 도리어 나에게 위로의 말을 하며 한국 팀이 열심히 일해줘서 고맙다며 악수를 청했다.

"감사합니다."

마치 가까운 친구 같은 기분으로 그의 손을 잡았다.

뭄바이 헬기장에 내려서자 떠날 때는 없었던 정복 차림의 세관원들이 보였다. 와히가 앞서 가고 나는 세관원의 요구대로 가방을 열어 보여준 뒤 따라갔다. 밖으로 나와 와히와 이야기를 나누고 있을 때 뒤쪽에서 큰소리가 들렸다. 돌아다보니 관리부 과장과 세관원이 다

바다 위에서 철구조물 작업 중인 오렌지특공대. 그들은 눈물과 악으로 일하며 불가능에 가까운 작업을 이루어낸 역군들이다.

투고 있었다. 무슨 일인가 싶어 우리 둘이 그쪽으로 갔다.

"해상 플랫폼은 국가 기밀 시설이기 때문에 사진 촬영이 금지되어 있다. 그런데 당신은 왜 사진을 찍었느냐?"

이렇게 사진 촬영을 두고 옥신각신하는 것이었다. 세관원은 필름통에 꼬리가 없는 것이 사진을 찍은 증거라며 소리쳤다. 난감한 형편이어서 어떻게 해야 하나 망설이고 있을 때 옆에 있던 와히가 세관원 앞으로 다가가 "그거 내가 찍으라고 했어!"라고 호통치며 필름통들을 자기 가방에 담는 것이었다. 그러고는 뒤도 돌아보지 않고 대기하고 있던 차 쪽으로 걸어갔다. 나와 과장은 말없이 그의 뒤를 따랐다. 차에 올라탄 다음 와히는 가방에서 10개나 되는 필름통을 건네주었다. 나는 그 멋진 사람에게 고맙다고 인사했다.

이 모든 것은 40년 전의 일이지만, 지금도 하나하나의 모습들이 어제 일처럼 눈에 선하다. "저희는 악으로 일하고 있습니다!"라며 오렌지특공대의 전기 담당 부장이 눈물을 보이던 장면, "그거 내가 찍으라고 했어!"라며 와히가 호통치던 장면은 내 목숨 끝까지 함께할 것이다.

13

역사에 남을 대역사 — 하모니 재킷

하모니 재킷, 그것은 그야말로 역사에 남을 만한 작품이었다.
운이 좋아서, 의지가 강해서 뜻이 이루어지는 것은 아니다.
실패도 때로는 성공보다 더 훌륭한 스승이 될 수 있다.

하모니 프로젝트의 전초전 200미터 재킷 입찰 실패

375미터 높이의 초대형 해양 철구조물인 '하모니 재킷(Harmony jacket)'에 관한 이야기다. 해양 철구조물 재킷이란 바다 밑 지반에 파일로 연결되고, 해수면 위에 원유 처리 시설을 설치하는 장치 전체를 뜻한다. 그것은 연중 끊이지 않는 강한 해류와 태풍을 견디면서 바다 한복판의 기름 공장을 지탱하는 주춧돌이자 기둥 역할을 한다. 여의도 63빌딩의 1.5배에 이르는 거대한 해양 철구조물이 하모니 재킷이다.

하모니 재킷은 미국의 석유 회사 엑손(Exxon)이 캘리포니아주 산타바바라 앞바다에 설치하고자 계획하는 대형 프로젝트였다. 우리가 그 입찰에 뛰어들었다. 아무나 할 수 있는 일이 아니었기에 도전하기로 했다.

중공업 기술자에게 주어지는 첫 번째 과제는 2~10센티미터 두께의 철판을 둥그렇게 말아 대형 파이프를 만드는 일이다. 수도 없는 용접을 거친 파이프와 파이프를 연결해서 375미터 높이의 재킷을 조립한다.

그리고는 이 재킷을 특수 제작된 바지선에 싣고 울산에서 출발해 태평양을 지나 미국 서부 해안까지 운송한다. 해양을 건널 때는 이 재킷과 바지선이 한 몸이 되어 100~200미터 폭의 파도를 버텨내는 교량 역할도 해야 한다. 무게만 해도 자그마치 3만 9700톤. 제작도 어렵지만, 이를 운반해서 지구의 반대쪽 바다 위에 우뚝 세우는 일 또한 만만치 않다. 모르긴 해도 옛날 이집트에서 피라미드를 건설한 대역사와 견줄 만했다.

이 프로젝트의 전초전이었을까? 이보다는 작은 200미터 높이의 재킷에 대한 영업 경험이 있었다. 석유 회사 쉘(Shell)의 미국 서부 해안 석유 시추 시설 프로젝트가 진행될 때였다. 결론부터 말하자면 나는 이 프로젝트에서 미국 서부 오클랜드에 있는 조선소와의 경쟁입찰에서 패자였다. 대학 시절 레슬링 경기에서 자만하다가 만만하게 본 상대에게 승자의 자리를 내준 것 같은….

쉘사의 이 프로젝트는 미국 서부 앞바다에 설치할 높이 200미터 규모의 재킷을 제작하는 일이었다. 현대중공업의 경쟁사는 일본 대기업 계열의 조선소, 미국 오클랜드의 조선소 등이었다. 나는 이 대형 해양 구조물을 꼭 따내고 싶었다.

그즈음 우리는 인도, 말레이시아, 사우디아라비아 등지에서 발주한 여러 해양 프로젝트들을 수주한 상태여서 자신감을 가지고 도전했다. 200미터는 60층 건물에 이르는 높이다. 이런 해양 구조물을

미국철강구조협회 평가 팀과 함께. 입찰에 앞서 울산을 방문한 평가 팀. 철구조물 제작에 따른 용접 능력 평가에 통과해야 입찰에 응할 수 있었다. (왼쪽에서 네 번째 손명원)

한국에서 제작해 미국 서부 해안까지 운반하는 일은 역사적인 프로젝트라고 생각했다.

영업 부서 직원들과 열심히 뛰었다. 입찰 결과 발표가 일주일 남았을 때였다. 나는 우리의 최종 경쟁사가 어디인지 궁금해서 프로젝트 매니저를 통해 상황을 알아보았다. 일본의 유명 중공업 회사보다는 현대중공업과 미국 오클랜드의 조선소가 좀 더 경쟁력 있는 쪽으로 분위기가 잡혀간다고 했다.

나는 철제 아치 교량 건설 일로 뉴올리언스에 갔다가 한 달여 동안 애써 추진한 쉘 프로젝트의 결과에 대비해 휴스턴으로 옮겼다. 인사도 할 겸 쉘사의 담당자에게 전화를 걸었더니 반가워하면서 다음 날 오후 2시 최종 발표가 있다고 했다. 그의 음성이나 대화 내용으로 봐서 우리가 최종 선발 회사 중의 하나이며 낙찰을 기대해도 좋을 것 같았다.

이튿날 2시, 드디어 입찰 결과 발표 시간이었다. 나는 현대중공업 지점장한테 쉘사 프로젝트 매니저에게 전화해서 결과를 들어보자고 했다. 잠시 뒤 지점장이 전화기를 내밀었다. 프로젝트 매니저는 미안하게 되었다면서 모든 여건상 오클랜드의 조선소가 가장 좋은 조건으로 판단되었다고 말했다.

어쩌면 제조 비용보다 태평양 횡단에 따르는 운송비와 위험성이 최종 선정에서 큰 부담으로 작용하지 않았나 싶었다. 나름대로 열심히 준비했는데 결과는 우리의 기대와 달랐다.

다음날 서울에 도착한 나는 너무 속상해서 사무실에 나가기가 싫었다. 반나절을 집에서 보내다가 오후가 되어서야 출근했다. 함께 애써 준비했던 직원들은 텍사스의 입찰 결과에 대해 이미 알고 있었다. 모두 내가 이 프로젝트에 얼마나 큰 기대를 걸었는지 잘 아는 사람들이었다.

"본부장님, 이 프로젝트가 끝이 아닙니다. 앞으로 또 있을 것입니다."

직원들이 오히려 나를 위로했다.

375미터 재킷 입찰 위해 400미터 작업장을 만들다

그로부터 3개월쯤 지났을까? 쉘사의 재킷보다 거의 두 배에 가까운 375미터 높이의 재킷을 미국의 석유 회사 엑손(Exxon)에서 입찰에 붙일 계획이라는 정보가 들어왔다. 그렇다면 이번에는 더 철저히 준비해서 꼭 승자가 되어야겠다는 생각이 나를 사로잡았다. 두 번 다시 경쟁에서 패자가 될 수는 없었다.

엑손사의 프로젝트를 따내기 위해서는 무엇을 더 치밀하게 준비해야 하는지 검토하기 시작했다. 지금까지 한 번도 만들어진 적이 없는 초대형 철구조물을 제작하고 시설할 때 우리가 특별히 고려해야 할 것이 무엇인지 분석했다.

재킷 프로젝트의 과정을 크게 둘로 나누면 구조물의 조립과 운반이다. 현대중공업이 가장 먼저 넘어야 할 산은 100만 시간 이상을 요하는 용접 작업이었다. 거대한 철구조물 제작에 필요한 엄청난 용접량, 용접 인원, 용접 시간, 그리고 조립 장비 등 모든 분야에서 면밀한 검토에 들어갔다. 구조설계는 엑손사에서 직접 맡을지도 모르나 우리 나름대로 확보한 정보를 가지고 연구를 거듭했다. 이미 쌓아놓은 경험을 바탕으로 컴퓨터까지 총동원했다. 아직 엑손사의 프로젝트가 정식으로 발표되지도 않았는데 설계부터 조립까지 모든 분야에서 치밀하게 예상하고 계획했다.

사실 그것은 그리 난해한 일이 아니었다. 그때까지 우리는 여러 건의 크고 작은 프로젝트를 진행하면서 각 분야에 필요한 기초 설계 분석 자료들을 이미 보유하고 있는 실정이었다. 구조설계 프로그램, 파이프 설계 프로그램, 설계에 규정되어 있는 철판 두께에 따르는 용접량, 용접공이 1시간 동안 할 수 있는 작업량, 파이프 조립 절차, 토털 프로젝트 공정 등 모든 것을 업무에 적용해왔기에 별 문제 없이 준비해나갈 수 있었다.

그러나 해양철구사업본부에서 마련할 수 없는 것이 하나 있었다. 엄청난 규모의 철구조물을 제작 조립할 장소였다. 길이 375미터, 무게 3만 9700톤에 이르는 용접 철구조물을 만들어내려면 축구장 4개를 길게 이어 붙인 넓이의 조립장이 필요했다.

나는 거기에 따른 조립 장소를 물색하기 시작했다. 울산 미포조선소 옆의 '대구머리'라 부르는 야산을 잘라내어 앞바다를 메우면 400미터 규모의 조립장을 확보할 수 있을 것 같았다. 그 같은 계획안을 청사진으로 떠서 매달 서울에서 열리는 현대그룹 사장단 회의에 가지고 갔다.

사장단 회의가 끝난 뒤 개인 면담을 하려고 정주영 회장실로 갔다. 나는 앞으로 2년 뒤에 시장에 나올 375미터 대형 해양 철구조물에 대해 보고했다. 이 사업은 역사적으로 매우 중요한 프로젝트가 될 수 있다고 덧붙였다. 말없이 듣고만 있던 정 회장은 책상 위에 놓인 청사진을 들여다보더니 물었다.

"딸 수 있을 것 같아?"

"400미터 규모의 작업장만 있으면 따낼 기회를 얻을 겁니다."

"알았어."

정 회장은 그 자리에서 현대건설의 이명박 사장에게 전화했다.

"손 부사장에게 해양 프로젝트에 필요한 작업장을 만들어줘."

가장 큰 문제로 여겼던 조립 장소가 해결되었다.

당시 내가 알기로는 그 같은 조건에 맞춰 무리 없이 작업을 해낼 수 있는 회사는 아무데도 없었다. 해변의 암벽을 깎아 400미터 길이의 조립장을 마련한다는 것은 정말 특별한 경우였다. 375미터 철구조물의 조립이 끝나면 이를 그대로 밀어 바지선에 실을 수 있기 때문에 절묘한 작업 장소가 될 수 있었다.

정주영 회장이 부하 직원을 믿고 내린 결단이었다. 이제 공이 내게로 넘어왔다. 나는 그 프로젝트를 꼭 따지 않으면 안 된다는 부담감에 휩싸였다. 마침내 미포조선소 옆 대구머리 바닷가에 400미터에 이르는 드넓은 작업장이 마련되었다.

수주한 회사의 사업 설명회 같은 프레젠테이션

입찰일이 다가오고 있었다. 엑손사로부터 하모니 재킷 프로젝트 매니저가 입찰 희망 회사들을 방문한다는 소식이 들어왔다.

이제 입찰까지 얼마 남지 않은 때였다. 나를 도와주던 지인이 현대중공업 단독으로 입찰에 들어가기보다는 세계적으로 잘 알려진 미국 기술자문회사와 컨소시엄을 구성해서 같이 참여하는 것이 더 확실하지 않겠느냐는 의견을 내놓았다. 그의 조언에 따라 업계에서 널리 알려진 미국의 B 기술자문회사에다 컨소시엄 멤버로 함께 입찰에 응하지 않겠느냐고 의사를 타진했다. 그러자 그들은 이 프로젝트의 경쟁사가 어떤 회사들인지 알아본 뒤에 다시 논의하는 것이 좋겠고 했다.

엑손사 프로젝트 매니저가 한국에 왔다. 예순 살쯤 되어 보이는 중후한 모습의 그는 젊은 시절부터 엑손사에서 일해왔다고 했다. 울산을 방문하기 전에 미쓰비시, 미쓰이 등 일본의 5개 대형 중공업사와 조선소 들을 먼저 거친 뒤였다.

그와 함께 해양철구사업본부의 작업 현장을 둘러본 뒤 세계시장에서 리더 역할을 하고 있는 현대중공업의 선박 조립 도크로 이동했다. 때마침 VLCC라 일컫는 초대형 유조선을 건조 중이었다. 길이 200미터가 넘는 굉장한 규모의 선박이었다.

은근슬쩍 우리의 스케일을 구경시킨 다음 프레젠테이션 장소로 옮겼다. 책상 위에는 컴퓨터 분석 등 여지껏 준비해놓은 자료들이 잔뜩 쌓여 있었다. 마치 수주한 회사가 사업 설명회를 갖는 분위기였다. 나와 각 부서장이 분야별로 나서며 분석 검토한 자료를 바탕으로 발표해나갔다. 그들은 신중히 들으면서 가끔 미소를 짓는 모습도 보였다.

아무리 느낌이 좋아도 쉘사의 200미터 재킷 입찰에서 실패한 경험이 있으므로 자만은 절대 금물이었다. 이미 대학 시절 레슬링 매트 위에서 겪은 터라 자신감과 자만심의 차이는 가슴 깊이 새겨져 있는 교훈이었다. 상대를 만만히 보고 성급히 덤비다가 뜻밖의 일격을 당한 뼈아픈 경험…. 승부가 걸린 경기에 나설 때 자신감을 가지고 계획을 세우고 훈련하는 것은 맞다. 그러나 예상하지 못한 뜻밖의 상황에 맞닥뜨릴 경우까지 고려하지 않으면 안 된다. 당황하지 않고 도리어 올 것이 왔다는 마음으로 돌발 변수에 대응할 전략도 충분히 세워두어야 한다. 여러 상황에 대비해 있다가 그때그때 '나의 다음 대책은 이거다' 하며 적절히 대응할 수 있을 때 승리는 가까워진다. 그것이 승자의 법칙이라는 것을 수많은 운동 시합을 통해 너무나 잘 알고 있었다.

치밀한 계획과 구성원들의 땀방울에 하늘이 내려준 기회

프레젠테이션이 잘 마무리되었다. 저녁 식사 겸 간담회를 위해 엑손사 프로젝트 매니저의 호텔이 있는 부산 쪽으로 자리를 옮겼다. 동래에 있는 한 전통 한식당에서 엑손사 프로젝트 매니저가 말했다.

"오늘 당신네 회사를 둘러보고 나니 마음이 놓입니다. 그런데 당신들의 오늘 발표는 벌써 우리 프로젝트를 수주한 것처럼 들리더군요. 여러 면에서 빠짐없이 잘 준비했습니다."

그의 말에 긴장된 마음이 좀 풀리는 것 같았다.

"고맙습니다. 이 프로젝트는 우리에게 아주 중요한 사업이기에 분야별로 꼼꼼히 준비했습니다. 만족하셨다니 다행입니다."

완성된 '하모니 재킷'. 울산에서 제작된 초대형 철구조물 하모니 재킷이 바지선에 실려 미국 캘리포니아주 산타바바라 해변으로 향하고 있다.

그러고는 우리가 계획한 컨소시엄에 대한 의견을 물었다.

"그런데 기술면으로 도움이 될까 해서 미국의 B사와 컨소시엄으로 입찰할까 하는데, 어떻게 생각하십니까?"

엑손사 프로젝트 매니저는 손을 내저었다.

"오늘 내가 본 바로는 현대중공업 독자적으로 들어와도 충분할 것 같습니다."

나는 또 한 번 고맙다고 말하고는 일본 방문 소감을 들어보려고 슬쩍 운을 던졌다.

"그러면 우리 단독으로 일본의 대기업 컨소시엄과 경쟁해야 할 텐데요…."

그는 나의 말에 답하는 대신 이렇게 물었다.

"당신네 회사가 언제 그 큰 조립장을 만들었나요?"

나는 자신 있게 말했다.

"이 프로젝트를 위해 작년에 건설을 완료했습니다."

그가 웃었다.

"다른 회사는 375미터 재킷을 지상에서 2개나 3개 조각으로 나눠 만든 뒤 바지선 위에 올려서 최종 조립하는 방법을 계획하는데, 당신네 회사는 지상 작업장에서 전체를 조립할 수 있겠네요."

그러면서 이렇게 덧붙였다.

"미스터 손, 준비 잘해서 입찰하세요."

1985년 초, 나는 현대미포조선 사장으로 발령을 받고 현대중공업 해양철구사업본부를 떠나게 되었다. 그해에 해양철구사업본부는 이 프로젝트를 수주하고 대구머리의 400미터 작업장에서 375미터 재킷을 제작해 적시에 선적해서 미국 서부로 가져갔다.

Harmony Jacket

118m×91m×375m

39,700ton

이것이 우리가 만들어낸 미국 캘리포니아주 산타바바라 바다 위의 원유 처리 시설 하모니 재킷의 규모다. 아마도 이보다 더 큰 재킷은 앞으로도 나오기 힘들지 모른다. 이 해양 철구조물은 그야말로 역사에 남을 만한 작품이다.

그것은 운이 좋아서, 또는 의지가 강해서 이룰 수 있었던 것만은 아닌 듯하다. 200미터 쉘 재킷 프로젝트의 실패가 독한 거름이 되었기에 가능했던 일이 아니었나 싶다. 대학 시절 운동 경기에서의 패배가 내 정신을 일깨워주었듯이 실패도 때로는 성공보다 더 훌륭한 스승이 될 수 있는 것이다.

정주영 회장이 부하 직원을 믿고 서슴없이 내린 결단, 그리고 치밀한 계획과 그것을 실행해낸 구성원들의 땀방울에 하늘이 역사에 남을 기회를 내려주신 것이 아닐까 한다.

14

세상의 모든 배를 텅 빈 우리 도크로

현대미포조선 창사 20주년 행사에서 울려퍼진 박수와 함성.
그 소리가 사장으로 일한 2년 반의 시간을 되돌아보게 했다.
텅 빈 도크를 배로 가득 채우기까지 그들은 초인처럼 일했다.

그들은 왜 내게 박수와 함성을 보냈나?

1995년 10월의 어느 가을, 현대미포조선 창사 20주년 한마음대축제의 전야제가 열리는 날이었다. 나는 행사 시간에 맞추기 위해 기차편으로 오후 5시 경주역에 도착한 뒤 회사에서 마련해준 승용차를 타고 경주현대호텔로 이동했다. 전야제는 화려했다. 회사를 떠난 지 8년쯤 지났다. 오랫동안 만나지 못했던 옛 친구들, 한동안 소식이 끊겼던 외국인 지점장들과도 반가운 인사를 나누면서 즐거운 저녁 시간을 보냈다.

다음날 아침 운동복 차림으로 기념 행사가 열리는 울산 현대중공업 운동장으로 갔다. 사원과 가족, 현대그룹의 전현직 임원, 관련 기업의 내빈, 그리고 지역 인사 들이 한자리에 모여 기념식을 가진 뒤

현대미포조선 창사 20주년 행사에서. 역대 사장들을 소개하는 순서에서 들은 사원들의 박수와 함성은 지금도 귓전에 또렷이 남아 있다.

운동회로 이어지는 행사였다.

사장의 기념사가 끝나고 몇몇 인사들이 소개되었다. 자신의 이름이 불리면 본부석에 마련된 자리에서 일어나 인사를 하고 참석자들이 박수로 답했다. 역대 사장들을 소개하는 순서에서 내 이름이 세 번째로 불렸다.

"다음은 3대 손명원 사장님께서 오셨습니다."

나는 일어나 고개 숙여 인사했다. 그러자 운동장에서 요란한 박수 소리와 함께 함성이 터져 나왔다. 좀 당황스럽기도 하고 겸연쩍기도 해서 손을 들어 보이는데 뒤편에 앉아 있던 현대중공업의 조충휘 부사장이 한마디 던졌다.

"아직도 사장님을 많이들 사랑하나 보네요."

나는 자리에 앉으며 생각했다.

'왜 저 많은 사원과 가족 들이 내게 이토록 과분한 호응을 보내주

는 것일까? 내가 무엇을 했다고?'

행사가 진행되는 내내 그런 생각이 머릿속에서 떠나지 않았다. 지금은 현대미포조선에서의 일들이 40년 가까운 아득한 추억이 되었다. 그러나 아직 창사 20주년 행사장에서 들은 박수와 함성은 귀속에 또렷이 남아 있다. 그 소리가 사장으로 몸담았던 2년 반 동안의 시간들을 되돌아보게 한다.

고객과 먼저 친분을 쌓고 믿음을 주는 것이 숙제

1984년 12월 초에 이춘림 현대중공업 회장으로부터 내가 현대미포조선 사장으로 발령이 날 거라는 소식을 전해 들었다. 그리고 곧 '현대미포조선소 대표이사 사장으로 선임함'이라고 적힌 1985년 1월 1일 자 사령장을 받았다. 업무에 들어가기 전 이 회장에게 "앞으로 누구에게 보고해야 합니까?" 하고 묻자 "이제는 정주영 회장에게 직접 보고하면 됩니다"라고 했다.

1월 4일 현대미포조선으로 첫 출근해 중역들과 인사를 나눈 뒤 재무 담당 상무로부터 현 상황에 대한 보고를 받았다. 지난해의 매출은 약 600억 원이었고, 그에 따른 적자는 50억 원이라고 했다. 나는 그때까지 설계, 제작, 현장 건설, 현장 감독 일을 하며 주로 기술을 기반으로 하는 회사를 경영하고 운영해왔다. 하지만 새로 맡게 된 회사의 주업무는 선박의 수리를 전문으로 하는 일종의 서비스업에 해당되었다.

사실 나는 수리조선소의 핵심적인 업무에 대해 잘 몰랐다. 하지만 한 가지 좀 마음이 놓였던 것은 서울고등학교 동기 동창인 홍석의가 부사장으로 있다는 점이었다. 그는 현대중공업에서 가장 비중 있는 선박사업부의 책임을 맡았던 터라 그가 곁에 있으면 이 회사를 관리하고 운영하는 데 별 문제가 없을 거라고 생각했다. 생산 쪽은 그에게 맡기고 나는 영업 부문에 집중하면 되겠다고 생각했다.

시간이 지나면서 회사의 주된 업무가 해외에 흩어져 있는 고객과의 인간관계를 바탕으로 이루어진다는 것을 파악했다. 그리고 오랜 역사를 지닌 일본의 20여 개 수리조선소, 또 유럽과 아시아를 오가는 선박들이 지나는 길목에 자리 잡고 있는 싱가포르와 홍콩의 수리조선소들이 우리의 경쟁사라는 것도 알게 되었다.

나는 누구나 자주 접하는 자동차 정비소에 대입해보았다. 자동차의 수리나 정비가 필요할 때 어느 정비소로 가느냐에 대해 그리 심각하게 고심하지 않는다. 주위에 있는 많은 정비소 중에서 안면이 있고 믿을 만한 곳을 우선 찾아간다. 그처럼 고객들과 어떻게 안면을 트고 믿음을 주느냐 하는 것이 내게 주어진 숙제였다. 어떻게 해야 경력이 오래된 일본, 싱가포르, 홍콩의 30여 개 수리조선소를 따라잡을 수 있을 것인가?

'일과 가족'을 주제로 만든 홍보 영상으로 세계를 돌다

회사 소개 브로슈어를 들고 첫 해외 영업으로 인도네시아 석유 회사의 선주를 찾아갔다. '현대'라는 이름 때문인지 선뜻 면담 시간을 허락해주었다.

부드럽게 시작된 회의가 얼마 지나지 않아 어색한 분위기로 바뀌었다. 내가 내민 용건이 배를 수리할 일이 생기면 한국의 울산으로 와달라는 것임을 알고는 사장의 태도가 돌변한 것이었다. 단지 선박의 수리 문제라면 수리 담당자를 만날 일이지 왜 사장인 자신을 찾아왔느냐며 얼굴을 붉혔다. 그리고는 브로슈어를 놓고 어서 가보라고 했다. 이어서 두어 회사를 더 방문했으나 대화 내용은 별반 다르지 않았다.

나는 몇몇 선주들과의 면담을 마치고 돌아오는 비행기 안에서 생각했다. 이런 식으로는 텅 빈 드라이도크를 채울 수 없을 것 같았다. 수주 활동을 다른 방법으로 바꾸지 않고서는 승산이 없겠다고 결론 내렸다. 그렇다면 정답은 무엇인가? 서비스업에 경험이 없는 나로서는 난감한 노릇이었다.

고심 끝에 선박 건조를 수주할 때처럼 현대미포조선을 소개하는 영상을 제작하기로 마음먹었다. 하지만 재정 면에서 간신히 버티고 있는 입장이고 보면 다른 부자 회사와 같이 큰돈을 들여 홍보 영상을 만들 수는 없었다. CF 제작 경험이 많은 감독을 섭외하고 우리의 형편을 설명한 뒤 선처를 당부했다. 그는 고맙게도 대기업 홍보 영상 제작비의 10분의 1 선에서 합의해주었다. 비용이 적은 만큼 우리가 소개하고 싶은 것을 동영상이든 사진이든 많이 모아서 주면 그것을 활용해보겠다고 했다.

직원들이 조를 짜서 열심히 카메라를 들이댔다. 현장에서 열심히 일하는 모습, 중역 회의와 해외 영업 활동 장면, 전 직원이 한자리에 모이는 조회, 아이를 유치원에 데려가는 엄마, 창사 기념 체육대회, 사원 가족이 함께 참여하는 친목 행사 등 회사와 관련된 다양한 모습을 찍어 모았다. 노련한 감독은 우리가 찍은 영상과 그 자료들을 편집해서 17분짜리 영화 한 편을 만들어냈다.

우리끼리 모여 시사회를 가졌다. 비록 부자 회사의 10분의 1 가격이었지만, 우리로서는 거금을 들여 만든 것을 어떻게 고객들에게 보여주고 어떻게 우리 손님으로 끌어들이느냐 하는 것이 풀어야 할 남은 과제였다.

우리는 홍보 영화의 개봉 장소를 고객이 될 선주가 가장 많이 있는 영국의 런던으로 정했다. 그리고 선주와 선박에 대해 일일이 조사한 뒤 초청자 명단을 작성했다. 런던의 파크레인에 있는 포시즌호텔에서 고객 초청 만찬회를 갖기로 하고 초청장을 만들어 선박 회사 대표와 관계자들 앞으로 발송했다.

나는 런던 지점장을 통해 고객들의 반응을 보고 받았다. 현대미포조선이라는 회사 이름은 들어보지 못했지만, 런던 중심지의 고급 호텔에서 행사를 갖는다니 한번 참석해보자는 것이 대세로 파악된다고 했다. 영업부를 중심으로 만찬 행사 일정을 세밀히 짰다. 부부 동반 참석을 유도하고, 몇 시에 칵테일 파티를 시작하고, 몇 시에 홍보 영상을 보이고, 몇 시에 식사를 하고, 식전 인사말은 어떤 내용으로 하고, 고객 대표 답사는 누구에게 부탁하고, 고객들의 모습을 앨범으로 만들어 다음날 회사를 방문할 때 증정하고….

행사 당일 저녁 7시가 가까워지자 고객들이 속속 도착했다. 일찍 자리한 이들은 같은 업계의 지인들끼리 와인과 칵테일을 마시며 환담을 나누었다. 시끌벅적 분위기가 무르익어갈 때 예정대로 연회장의 모든 불을 껐다. 깜짝 놀라는 소리가 잦아들 무렵, 웅장한 음악이 터져나오고 넓은 벽면에 거대한 파도 사이로 사원들의 함성과 함께 현대미포조선 마크가 클로즈업되었다. 조회를 마친 뒤 두 주먹을 불끈 쥐고 결의를 다지는 사원들, 그리고 가족들의 모습과 각종 행사 장면이 이어 펼쳐졌다.

애초에 우리는 홍보 영상의 주제를 '일과 가족'으로 설정했다. 그것이 한국인의 모습을 잘 보여줄 수 있고, 훈훈한 인간성에 가까이 다가갈 수 있다고 생각했다. 기술이나 능력 따위는 누구나 가질 수 있기에 무엇보다 인간적인 면에다 초점을 맞추었던 것이다.

참석자들과는 지구 반대편에 위치한 현대미포조선의 드라마 한 편이 끝났다. 불이 켜지자 여기저기서 "굿, 굿…" 하는 소리가 들려왔다. 고객들은 방금 본 영화의 주연 배우라도 만난 듯 우리에게 미소 지어 보였다.

이와 같은 행사를 덴마크 코펜하겐, 노르웨이 베르겐, 독일 함부르크와 프랑크푸르트, 프랑스 파리, 이탈리아 로마, 그리스 아테네, 모로코 등지를 돌며 연이어 가졌다. 모로코를 끝으로 유럽 순회 행사를 마무리하고 귀국하는 날 저녁이었다. 부부 동반 행사에서 한몫을 단단히 해준 아내가 말했다.

"나는 당신이 큰 회사 사장인 줄 알았는데 이제 보니 서커스단 단장이었네요."

유럽 투어에 이어 우리의 잠재 고객이 많은 아시아의 여러 항구 도시를 돌았다. 그러는 사이 어떻게 해야 선주들이 좋아하고, 어떻게 해야 갑을 관계가 아닌 서로 돕는 사업 파트너로 만날 수 있는지 조금씩 깨달아갔다.

노르웨이 베르겐에서 생긴 일

노르웨이 베르겐에서 있었던 일이다. 현지 에이전트가 이곳 풍습으로 고급스런 저녁 식사 대접은 리셉션홀, 만찬홀, 그리고 식후 다과홀, 이렇게 세 방을 돌며 이루어진다고 일러주었다. 첫 번째 방에서는 초청한 이와 초대 받은 이가 서로 인사를 나눈다. 그뒤 초청자는 다른 고객을 맞아야 하기에 먼저 온 이들은 어색하게 서서 기다릴 수밖에 없다. 나는 영업 총괄 상무에게 나와 아내가 문 앞에서 손님

현대미포조선 영업 활동. ① 미 해군 수송함 수리 현장 답사, ② 부산 영도 앞바다에서 좌초한 홍콩 컨테이너선 수주를 위해 스쿠버다이빙하는 손명원, ③ 런던 홍보 행사에서 선주 아내를 겨냥한 안방 마케팅, ④ 노르웨이에서의 영업 활동(왼쪽이 오페라 가수).

을 맞을 테니 리셉션홀에 들어가 손님들과 이야기를 나누며 분위기를 잡아보라고 했다.

리셉션이 끝나고 만찬홀로 이동했다. 누가 상석에 앉느냐도 예민한 부분이었다. 바이킹의 후예들이어서 그런지 다소 묵직한 공기 속에서 와인을 곁들인 식사를 마쳤다. 나는 모험을 해보기로 작정했다. 부부 동반 자리에서 외설적인 우스갯소리를 하는 것은 위험할 수 있다는 것을 알면서도 분위기를 좀 띄워보려는 속셈이었다. 술기운 탓인지 나의 유머가 먹혀들어 모두들 크게 웃어주었다. 그러자 선주 한 명이 자기도 하나 하겠다며 나섰다. 썰렁했던 자리가 봄눈 녹듯 풀렸다. 만찬이 끝나고 나는 "한국 사람들에게는 이상한 관습이 있는데 술을 한잔하면 꼭 하는 것이 있다"고 말했다. 사람들은 궁금해하며 그게 무엇이냐고 물었다.

"우리는 술을 한잔하고 노래 한 곡을 안 부르면 좋은 저녁이 아니라고 생각합니다."

참석한 사원들이 모두 일어서서 〈아리랑〉을 신나게 불렀다. 노래가 끝나고 내가 웃으면서 말했다.

"우리만 노래하고 여러분은 안 부르실 겁니까?"

그때 한 여성이 일어섰다. 속으로 다행이다 생각하며 박수를 쳤다. 그녀가 알아들을 수 없는 노르웨이 말로 노래를 시작하자 갑자기 모두 일어서서 크게 따라 불렀다. 그녀는 오페라 가수이고 그 곡은 옛날부터 전해 내려오는 노르웨이의 전통 민요 같은 노래라는 것을 나중에 알게 되었다.

세 번째 방인 다과홀로 옮겼다. 그야말로 화기애애한 분위기가 이어졌다. 대개 11시 반이면 저녁 파티가 끝난다는데 밤 1시 반이 넘도록 아무도 일어날 생각을 하지 않았다. 고단했기에 이제 좀 끝냈으면 싶었으나 잠재 고객들이 즐거워하는 모습을 보니 방전되었던 에너지가 다시 솟는 기분이었다.

이튿날 화학제품 운반선의 수리를 따내기 위해 파티에 참석했던 선주를 찾아갔다. 먼저 지난밤의 모습이 담긴 앨범을 탁자 위에 펼쳐놓았다. 그는 놀란 표정으로 사진들을 넘겨 보면서 어제는 아주 즐거웠다면서 내년에도 그런 파티를 열 거냐고 물었다. 나는 그럴 예정이며 그때도 당신을 초대할 거라고 대답했고 둘은 서로 마주보며 웃었다.

나는 우리가 입찰했던 수리 건에 관한 이야기를 꺼냈다. 그는 현대미포조선이 일본 히타치와 경합하고 있으며 그 배의 엔진은 히타치중공업 제품이라고 말했다.

"히타치는 수리 기간이 8일이고 현대미포조선은 7일입니다. 그런데 당신네가 제시한 가격이 히타치보다 15퍼센트 더 높습니다."

"그러면 우리가 가격을 15퍼센트 내리면 되겠습니까?"

"괜찮습니다. 대신 꼭 7일 안에 작업을 끝마쳐야 합니다. 안 그러면 페널티가 있습니다."

비즈니스 대화는 그것으로 끝났다. 여담은 다시 어제 저녁 행사로 돌아갔다.

드디어 노르웨이의 화학제품 운반선이 울산에 들어왔다. 배가 조선소 도크에 정박하면서부터 7일의 계약 시간이 시작된다. 화학제품 운반선의 수리는 특히나 난이도가 높은 편이다. 며칠 뒤 SRM(ship repair manager)이라 일컫는 선박 수리 책임자가 내 방으로 뛰어 들어와 말했다.

"사장님, 어서 노르웨이에 전화하세요. 화학제품 운반선 수리 작업을 6일 만에 완전히 끝냈습니다."

전 사원이 우리가 누구와 어떤 경쟁을 하고 있는지 잘 알고 있었기에 각 파트에서 서로 합심해 24시간을 앞당길 수 있었던 것이다. 곧바로 선주에게 전화를 걸었다. 그는 깜짝 놀라며 고맙다고 했고 나도 기회를 줘서 고맙다고 했다. 그리고 나는 현장으로 내려가서 이 작업에 참여한 사원들에게도 고맙다고 했다.

선박 수리 수주와 관련된 에피소드는 무수히 많다. 태풍으로 부산 영도 앞바다에 엉덩이를 보이며 좌초한 홍콩의 컨테이너선 수리 일로 생전 처음 스쿠버다이빙을 한 일, 미 해군 군함을 수주하기 위해 워싱턴의 미 국방부 펜타곤으로 가서 해군 제독과의 담판을 통해 입찰 방법을 닫힌 방식(close)에서 열린 방식(open)으로 바꾼 일도 그 가운데 하나다.

수리조선협회를 만들어 업계의 고질병을 바로잡다

잊을 수 없는 일 가운데 한 가지는 '수리조선협회'의 창립이다. 당시 업계의 고질병은 수리를 마친 선주가 대금을 제대로 지불하지 않고 도망가버리는 일이었다. 15~30퍼센트의 계약금만 내고 수리를 마친 뒤 기일 내에 잔금을 치르지 않는 일이 곧잘 발생했던 것이다. 이를 상습적으로 일삼는 고약한 선주도 여럿 있었다. 망망대해를 떠도는 선박을 찾아내는 것도 쉽지 않지만, 어느 항구에 정박해 있는 선박을 찾아 노란 딱지를 붙여도 배의 이름이나 소유주를 바꾼다든지 국제법을 악용해 교묘하게 빠져나가기 때문에 뾰족한 방법이 없었다.

이 같은 악행을 바로잡는 방법이 없을까 고심하다가 생각해낸 것이 수리조선협회의 창립이었다. 협회 차원에서 불량 선박 회사의 블랙리스트를 작성하고 정보를 공유해서 항해와 수리를 막으면 고질병은 고쳐질 수 있을 터였다. 수리조선소가 가장 많이 몰려 있는 아시아에서 서로 손을 잡는 것이 중요했다.

제일 먼저 20여 개의 수리조선소가 있는 일본의 업계 대표를 만났다. 가와사키 수리조선소의 중역이었는데, 나의 의견에 동의하면서도 "싱가포르와 홍콩 쪽하고 먼저 합의를 보면 일본의 회사도 협회에 참여하겠다"는 전제를 달았다. 그러면서 그는 "아마도 싱가포르 측에서는 가담하지 않을 것 같다"고 예상했다.

며칠 뒤 싱가포르로 가서 업계 대표 2명을 만났다. 내가 수리조선협회의 설립 이유와 목적을 설명하자 자신들도 같은 생각을 하고 있었다면서 기꺼이 동참하겠다고 했다. 그날 저녁 식사 후 이들은 나를 볼링장으로 데려갔다. 협회의 회장은 나라 별로 돌아가며 맡기로 하는데 먼저 한국, 일본, 싱가포르 순으로 정하자는 데까지 합의했다.

수리조선협회 창립과 사내 행사 모습. ① 제1회 수리조선협회 창립 기념회, ②~④ 팔도 솜씨 자랑, 마라톤 대회 등 힘들게 일하는 가운데 전 직원이 함께 어우러지던 장면들.

12시간 2교대 주 7일 작업, 우리는 그렇게 일했다

일거리가 늘면서 휑하던 도크가 배로 들어차기 시작했다. 12시간 2교대 주 7일 작업이 이어졌다. 매출 600억 원에 50억 원 적자에서 매출 3,000억 원에 140억 원 흑자 회사로 바뀌었다. 모두들 기꺼이 열심히 일했지만, 그런 만큼 고단함도 쌓여갔다.

하루는 당시 노사협의회의 노측 대표가 나를 찾아와서 "12시간 2교대에서 8시간 3교대로 바꿔달라"고 요구했다. 일이 많아 주말까지 돈을 버는 것도 좋으나 모두들 너무 힘들어한다는 것이었다. 2년 전 사장으로 취임한 뒤 현장을 돌아보다가 누군가 화장실 벽에 적어놓은 낙서가 떠올랐다.

'일을 못하는 것은 지옥이다.'

사원들 모두 그런 아픔이 있었기에 일주일 내내 쉬지 않고 일할 수 있었는지 몰랐다. 120만 톤 도크에 5만 톤 배가 덩그러니 놓여 있던 모습에서 24시간도 모자라는 회사로 탈바꿈했다. 나는 노측 대표에게 말했다.

"만일 우리가 수주를 못해 8시간 3교대를 못 채우게 될 때, 당신이 해고자를 정할 자신이 있습니까?"

언뜻 대답을 못하는 그에게 나는 힘들고 고달프더라도 조금만 더 12시간 2교대로 가보자고 했다. 그는 한참을 말없이 있다가 고개를 끄덕이고는 물러났다. 지금이야 있을 수 없고 상상하기도 어렵지만, 그때 우리는 그렇게 일했다.

그렇다고 해서 힘들게 보낸 시간만 기억나는 것은 아니다. 눈을 감으면 '팔도 솜씨 자랑'이나 마라톤 대회 같은 전 직원이 함께 어우러졌던 모습도 떠오른다. 요즘 들어 '먹방'이다 요리 경연이다 요란하지만, 35년 전에 우리는 그러고 놀았다. 사원들 끼리끼리 나름의 먹거리를 차려놓고 다양한 음식을 나눠 먹고 마시던 날도 있었다. 또 6킬로미터 마라톤 대회에서 사장보다 뒤에 들어오는 사람에게는 벌칙을 주는 희안한 행사도 있었다.

창사 20주년 운동회 때의 박수와 함성은 그 모든 것이 합쳐져 만들어진 소리가 아닌가 싶다. 힘겨운 시간을 함께 나누었던 그리운 얼굴들에게 지금 다시 고마운 마음을 전한다.

15

자동차라는 종합예술품 시장의 대폭풍

독자적인 기술과 설계만이 세계시장에서 살아남을 수 있다.
자동차 시장에 대폭풍이 불고 있지만, 이미 결판은 난 듯하다.
전기 자동차는 우리 삶에 상상하기 어려운 변화를 불러올 것이다.

자동차는 모든 기술을 아우르는 종합예술 작품

최초의 전기 자동차는 1835년 무렵 스코틀랜드의 발명가 로버트 앤더슨에 의해 개발되었다는 것을 아는 사람은 그리 많지 않다. 그는 배터리와 모터를 묶어 말이 없는 마차를 만들고자 했다. 당시의 배터리는 건전지처럼 한 번 쓰고 버리는 일차전지인데다가 19세기 중후반 내연기관이 보급되면서 그의 시도는 실용화되지 못하고 묻혀버렸다. 그리고 150년이 흐른 지금 전기 자동차는 태풍의 눈 속에 놓여 있다.

자동차는 인간이 개발해낸 모든 기술을 아우르는 종합예술 작품이다. 재료공학·화학·물리·전기·기계 등 온갖 과학기술에다 미술까지 더해져서 만들어지는 것이 자동차다.

자동차 회사의 기술자는 고객이 원하는 차를 설계하고, 각 부분별로 분석해서 계산해낸 수치를 부품 회사에 전달한다. 300여 부품 회사는 자신들의 경쟁력 있는 기술을 바탕으로 2만여 개의 부품을 만든다. 이들 부품은 다시 자동차 회사로 옮겨져 조립됨으로써 고객이 원하는 자동차라는 종합예술 작품이 완성된다.

"저 차의 강력해 보이는 모습이 마음에 들어."

"저 차 색깔이 바로 내가 원하던 그 색이야!'

"저 차는 아내가 아이들을 태우고 다니기에 안전해 보여."

"나는 내 차에 앉으면 행복해!"

그런 여러 가지 조건을 만족시키는 작품이 바로 내가 많은 돈을 내고 구매한 '나의 차'인 것이다. 차를 사는 사람이라면 다 그런 말을 하지 않을까?

내가 그토록 원하던 스포츠카를 처음 샀을 때를 생각해본다. 막 건네받은 차 키를 꽂은 뒤 지붕을 열고 기어를 1단, 2단, 3단, 4단으로 바꾸며 달려 나가는 기분은 지금도 잊을 수가 없다. 1단은 베이스 소리, 2단은 바리톤 소리, 3단은 테너 소리, 고속도로에 오르며 마지막 4단으로 올리고 가속페달을 밟으면 차는 환상의 소프라노 소리를 냈다. 나만의 공간, 얼굴을 스치는 바람, 흥분된 피가 콸콸 흐르는 내가 앉아 있는 자동차. 그 안에서 "나는 행복해!" 하고 외치던 내가 생각난다.

대학 시절부터는 생활필수품이면서 동시에 행복을 가져다주는 대상인 자동차와 늘 가까이 지냈다. 토목 구조 기술자의 길을 택한 나는 자동차라고 하는 살아 움직이는 물체의 기술에 대해 조금씩 알아갔다. 자동차에 대해 눈을 뜨면서 그를 존중하며 사랑하게 되었다고나 할까?

대학 졸업과 동시에 타고 다니던 조그만 승용차를 팔고 그전부터 타고 싶었던 중고 스포츠카를 샀다. 트라이엄프(Triumph)라는 영국산 스포츠카였다. 주말이면 내 손으로 세차한 뒤 왁스를 발라 반짝반짝 빛나게 닦아주고, 보닛을 열어 서툴지만 성능을 올리기 위해 엔진 튜닝도 직접 했다. 모든 준비가 끝나면 차의 지붕을 열어젖히고 고속도로를 달렸다. 시원한 바람이 머리카락을 흐트리면 노랫소리가 절로 흘러나왔다. 돌아올 때는 워싱턴 DC 인근 락크릭공원 사이로 난 꾸불꾸불한 길을 택했다. 숲속 아늑한 곳에 차를 세우고 라디오의 볼륨을 올렸다. 푸른 나무들 사이에서 좋아하는 음악을 듣고 있으면 나도 모르게 웃음이 나왔다.

독자적인 개발만이 우리 모두를 먹여 살릴 것

한국으로 돌아와서 건설 회사와 중공업 회사를 거친 뒤 자동차 회사의 대표이사 사장을 맡게 되었다. 대학 시절부터 설계사 일을 했던 나는 무엇을 제작하는 과정에는 반드시 그에 따른 절차가 있음을 경험적으로 잘 알고 있었다.

먼저 완성시킬 목표를 정하고 그 제품의 그림을 머릿속으로 그려본다. 생각이 현실화되면 어떻게 나타날지 상상하는 것이다. 다음에는 이 그림을 일일이 수치로 표시한다. 만일 생각하는 제품을 수치로 표시할 수 없으면 그것은 자기 것이 될 수 없다. 이 수치를 남이 잘 알아볼 수 있게 청사진으로 옮긴다.

우리가 자주 접하는 고층건물을 예로 들어보자. 건축가의 스케치가 구조·기계·전기 설계사 들에게 전해진다. 구조설계사는 건축가의 그림을 바탕으로 콘크리트 기둥, 보, 바닥의 깊이 등을 밀리미터

단위까지 계산해낸다. 또 거기에 들어가는 철근의 굵기와 간격 등을 산출한다. 그리고 외부로부터 가해지는 바람의 강도, 상주 인원과 주차 차량의 무게 등 최대 하중을 지탱할 수 있는 구조를 계산하고 이를 청사진으로 옮긴다. 번쩍이는 고층건물은 눈에 보이지 않는 콘크리트와 철근 등으로 안에 있는 사람들을 안전하고 편안하게 지켜낼 수 있어야 한다.

자동차도 그와 같은 공정을 따른다. 최종 제품의 완성을 목표로 정해진 절차에 따라 만들어진 부품들을 조립하는 것이 자동차 회사의 일이다. 부품 회사도 개발을 주도하는 설계자의 생각을 완전한 제품으로 만들어내기 위해 각각의 부품에 필요한 설계·분석·계산이라는 과정을 거친다.

1970~1980년대 한국의 자동차 회사는 대개 독자적으로 분석하고 계산한 수치를 바탕으로 자동차를 만들었다기보다는 남이 분석하고 계산한 수치를 들여와 외형만 조금 바꾸어 내놓는 식이었다. 자동차 회사 사장이 된 나는 우리가 세계시장에서 살아남기 위해서는 우리 자신의, 즉 우리가 계산하고 분석하고 설계하고 시험한 우리만의 독특한 차를 만들어야 한다고 생각했다. 그렇지 않으면 이미 확고하게 자리 잡고 있는 다른 거대 자동차 회사들과 경쟁할 수가 없다고 판단했다.

당시 쌍용자동차의 설계개발실에는 150명 정도의 엔지니어와 제도사가 일하고 있었다. 따라서 독자적인 신모델을 개발하기보다는 남이 만들어놓은 것을 빌려와 이리저리 변형하고 수정하는 일을 주로 했다.

쌍용자동차의 자체적인 독자 모델로 세계시장에 소개된 SUV '무쏘(Musso)'를 비롯해서 다른 신차들을 생산하기 위해 새로 구성한

'무쏘' 양산 1호차 기념식. 우리만의 독특한 차를 만들어야 세계시장에서 살아남을 수 있다는 집념으로 설계개발 팀을 대폭 늘려 신모델 SUV '무쏘'를 만들어냈다.

설계개발 팀에는 약 1000명이 채용되었다. 이들은 설계부터 테스트까지 직접 맡아 일했다. 그 무렵 임금 협상을 마치고 회의장을 떠나려 할 때 노조 위원장이 내게 말했다.

"사장님, 설계개발실 인원을 왜 그렇게 많이 채용합니까? 인원이 필요 이상으로 많은 것이 아닌가요?"

나는 이렇게 답했다.

"걱정하지 마세요. 얼마 안 있으면 이 사람들이 우리 노조원들을 먹여 살릴 겁니다."

나는 대학 시절부터 설계사무소에서 일하면서 각종 수치들을 계산해내고, 이를 청사진으로 옮기고, 건설 현장에서는 설계도를 바탕으로 현장 감독을 맡아왔다. 모든 제품의 제작은 다 같은 길을 걷는다는 생각이 몸에 배어 있었다. 짧은 시간에 제품을 개발하고 싶지만, 필요한 수치들을 계산해낼 능력이 없으면 결국 돈을 내고 남이 산출하고 설계한 것을 사서 쓸 수밖에 없다. 장기적인 안목으로 볼 때 세계시장에서 생존하기 위해서는 자신만의 독특한 설계가 있어야 한다.

기술자 생활을 안 해 본 사람은 이 절차에 대해 큰 비중을 두지 않을 수 있다. 나는 독자적인 기술과 설계만이 세계시장의 경쟁에서 살아남는 길이라고 굳게 믿었다. 독자적인 기술 개발 없이 세계시장을 공략하겠다는 것은 기초공사 없이 모래 위에 고층건물을 짓겠다는 것과 같다. 이러한 생각과 많은 기술자들의 노력으로 태어난 우리의 첫 작품이 무쏘였다. 무쏘는 영국 자동차 박람회에서 2년 연속 최고 디자인 차로 선정되었다.

가장 힘들었지만 가장 보람된 쌍용자동차 9년

1987~1997년까지 10년 남짓 쌍용자동차와 주식회사 쌍용의 대표이사로 일했다. 내 경력 중 가장 어렵고 힘겨운 시간이었지만, 가장 많은 것을 배운 기간이기도 했다.

1987년 노태우 정권이 들어선 이후 노동조합 운동이 허락되면서 한국의 기업들은 이전에 겪지 못한 경영 환경에 직면하게 되었다. 대한민국의 GDP는 급성장을 거듭했다. 1960년에 100달러에 못 미치던 1인당 개인소득이 1980년에 들며 1000달러 선을 넘었다. 개인소득이 1000달러에 이를 때 자가용 차가 팔리기 시작한다는 통계가 있다. 먼저 현대자동차의 '포니'가 한국 시장에서 개인 승용차로 팔려나가기 시작했다. 그전까지 차주는 대개 회사였으나 그즈음부터 개인 차주가 크게 늘어났다. 말하자면 '오너드라이버'의 세상을 맞은 것이다. 지금은 개인소득 3만 달러 시대다.

1987년부터 '노사협의회' 시대가 '노동조합' 시대로 바뀌었다. 노사는 전에 걸어보지 못한 새 길을 만들면서 걸어야 했다. 노동운동에 있어서 노(勞)도 사(使)도 모두 초보였다. 어떻게 보면 대한민국 산업의 격동기는 노동운동의 시기와 맞물려 있지 않나 싶다.

인간은 감정의 동물이어서 격한 감정끼리 맞부딪칠 때는 이성을 잃게 마련이다. 당시 노와 사의 협상도 극적인 감정 대립을 피할 수 없었다. 이 땅에서 일어났던 격변기의 여러 운동들이 극단의 감정 대립으로 치달으면서 '죽기 아니면 살기(all or nothing)' 식의 양상을 보인 것이 사실이다. 그런 분위기 속에서 노와 사 양측은 모두가 잘 살 수 있는 성숙한 방법들을 찾아야만 했다.

이제 대한민국은 한 치의 양보도 없는 세계시장에서 생존을 넘어 성장하기 위해 감정이 앞서는 대립에서 이성과 법에 따라 노와 사가 서로 윈윈(win-win)하는 관계를 정착시켜야만 한다. 자동차산업에서 우리와 경쟁하는 나라들, 즉 독일·미국·일본·프랑스 등의 노사관계를 검토하면서 한국이 세계 리더가 될 수 있도록 함께 노력해야 할 것이다.

1987년 쌍용자동차 대표이사가 되었을 때, 노사문제에 있어 양측은 모두 경험이 부족한 상태였다. 그때를 돌이켜보면 처음 1~2년은 임금 협상 과정에서 감정적인 대립을 피하지 못했다. 새벽 2시에 눈만 보이는 백색 가면을 쓰고 쇠파이프를 휘두르며 버스 조립 공장에 들어가려는 노조 행동대원들을 몸으로 막아서던 일, 밤새워 협상을 마치고 아침 8시 30분 합의서를 작성했을 때 노조 위원장이 서명을 못하겠다며 일어나는 것을 협상위원 중 한 사람이 큰소리로 "앉으세요!" 하고 꾸짖자 아무 말없이 의자에 앉던 일, 2개월간의 어려운 협

신모델 '무쏘'의 개발 과정과 현장 작업. ① 무쏘 개발 초기의 스타일 선정 과정, ② 무쏘 진흙 모델을 살펴보며, ③ 노르웨이의 빙판 위 ABS 테스트, ④ 생산 라인에 직접 투입되어 작업 중인 손명원.

상 끝에 최종 합의서에 서명을 한 뒤 노조 협상위원들과 악수할 때 그들의 눈에 고여 있던 눈물….

내가 보낸 쌍용자동차 9년은 경영이 무엇이고, 생산 라인에서 똑같은 일을 반복하는 근로자가 삶의 힘을 어디에서 찾는지를 습득하게 된 귀한 시간이었다. 한국의 모든 기업은 세계시장에서 여러 강국의 선두주자들과 싸워야만 한다. 회사 구성원 모두가 하나 되어 일할 때 그들을 따라잡고 마침내 앞서갈 수 있다. 우리는 회사의 생존과 근로자의 인간다운 삶을 위해 치열한 협상을 벌일 수밖에 없었다. 리더의 경영 철학이 구성원의 인생 철학이 되고, 이 두 철학을 통해 공통분모를 찾아내야 회사도 개인도 생존과 성장이 가능해진다. 다시 말해 뚜렷한 경영 철학이 없는 리더가 이끄는 회사는 무한 경쟁의 세계시장에서 꼬리를 감출 수밖에 없는 것이다. 회사 직원의 80퍼센트가 노조원으로 등록되어 있을 경우는 노조와의 화합된 운영만이 회사 성장의 기반이 된다.

나의 행동이 미래에 무엇을 가져다줄 것인가?

자동차 산업의 메커니즘과 노조원들의 고충을 보다 넓게 이해하기 위해 생산 라인에 들어가 1주일 동안 같이 일하기로 했다. 아침 7시 30분 직원 식당에서 노조원들과 어울려 아침을 먹고 작업 장소로 갔다. 나는 12명의 조원 중 한 사람으로 투입되었다.

내가 할 일은 손잡이를 문짝에 붙이고 그 아래에 플라스틱 보호대를 설치하는 작업이었다. 선 자세로 문짝 위쪽에다 손잡이를 고정하기 위해 나사 4개를 박고, 쭈그려 앉아 문짝 아래쪽에 플라스틱 보호대를 설치한다. 플라스틱 보호대는 손으로 탕탕 두 번 치면 끝난다. 되풀이되는 작업 소요 시간은 23초. 그 안에 나사 4개를 박고 플라스틱 보호대를 설치해야 다음 차를 맞을 수 있다. 문제는 전동공구로 4개의 나사를 제시간에 박는 일이었다. 전동공구가 조금만 어긋나도 나사가 튕겨 나갔다. 그러면 묵직한 전동공구가 막 페인트 칠을 해서 반짝이는 표면에 흰 줄을 그어버리고는 했다. 내가 불량품을 낸 것이었다. 1센티미터밖에 안 되는 작은 흠집이어서 이를 감추는 꼼수를 생각해냈다. 엄지손가락에 침을 묻혀 흰 줄에다 문질렀더니 흠집이 감쪽같이 사라지는 것이 아닌가? 불량품을 만든 사람은 나니까 나 이외에는 아무도 모른다고 생각하고는 흰 줄이 생길 때마다 침을 발라 문질렀다. 작업을 마친 차가 조립 라인을 따라 흘러가면서 침이 말라버려 그 흰 줄이 다시 드러날 줄은 미처 몰랐다. 또 공구에서 튕겨 나간 나사가 윤활제가 발린 문 안쪽 바닥에 떨어지게 되면 그 나사의 행방을 아는 사람은 나 하나밖에 없다. 그대로 조립되어 나가면 결국 고객에게 불량품이 전해지는 셈이다.

내가 맡은 공정의 40미터 앞에 있는 작업 주임이 우리 파트 주임을 찾아왔다. 그가 문 손잡이 작업을 마무리하다 보니 계속 불량이 나오고 있다는 지적을 우리 주임에게 했다. 두 주임이 같이 내 앞으로 왔다.

"사장님, 불량품을 만드시면 안 됩니다."

나는 그에게 일부러 그런 게 아니라 나사를 박으려고 전동공구를 밀면 나사가 튕겨 나가면서 표면에 흰 줄을 그어버린다고 말했다. 그때 주임이 말했다.

"힘주어 밀기 전에 손가락으로 방아쇠를 살짝 당기면 공구 끝이 돌면서 나사가 박힙니다. 그 뒤에 꾹 밀면 됩니다."

주임이 시키는 대로 먼저 손가락에 살짝 힘을 주었더니 나사가 잘 박혔다. 진작 알았더라면 좋았을 텐데 생각하면서 우리 주임에게 고맙다고 하고 다른 주임에게 미안하다고 사과했다. 그 뒤 일은 순조롭게 진행되었다. 이 경험을 통해 기술보다 더 중요한 것은 최고의 품질을 만들겠다는 마음가짐이라는 사실을 깨닫게 되었다.

23초마다 반복되는 똑같은 동작으로 무릎에 통증이 느껴지기 시작했다. 견딜 만은 했지만 강한 의문이 떠올랐다.

'너는 이 일을 일주일만 하면 되지만, 작업자들은 1년 내내 같은 작업을 하고 있어. 어떻게 생각해?'

나는 로봇같이 똑같은 동작을 되풀이하는 사람, 그런 일에 미래가 무엇일까 하는 생각이 들었다. 이들은 반복되는 일을 통해 특별한 기술을 배우고 있는가? 기계와 같은 일을 하는 사람의 미래에는 어떤 삶이 주어지는가? 작업자들은 이런 작업을 어떤 마음으로 대하고 있는가? 이 사람들에게 일의 보람을 느끼게 하려면 무엇을 어떻게 해야 하나?

23초마다 되풀이되는 일을 계속하면서 나는 강하게 다가오는 이 질문에 스스로 답을 요구했다. 얼핏 마음에 떠오르는 것은 골프였다. 골프 선수는 하루에 1000~2000번씩 똑같은 스윙을 연습하지만, 누가 시켜서가 아니라 자신이 원해서 기꺼이 되풀이한다. 왜냐하면 작업의 문제가 아니라 그 동작이 자신에게 무엇을 가져다줄지 잘 알기 때문이다. 자신의 행동이 미래에 무엇을 가져다줄지 알게 되면 되풀이되는 작업이어도 더 열심히 정성스럽게 할 수 있겠다는 생각이 들었다. 그렇다면 그런 생각, 그런 자부심을 어떻게 작업자의 마음에 심어줄 것인가?

전 세계 자동차 회사의 평균 수익률은 3~5퍼센트 사이다. 따라서 조립 라인의 효율적인 생산 방법과 비용 절약이 회사의 경쟁력에 큰 영향을 미친다. 일본의 닛산(日產) 자동차를 방문했을 때다. 공장의 조립 라인에서 쉬지 않고 움직이는 직원들을 한참 지켜보다가 책임자에게 물었다.

"저렇게 고강도로 일하면 15분마다 쉬나요, 아니면 30분마다 쉬나요?"

그때 그의 대답은 나를 놀라게 했다.

"아닙니다. 1시간 15분 일하고 15분 쉽니다."

"아니 저렇게 빨리 움직이면서 1시간 넘게 계속할 수 있나요?"

"저 작업 속도와 시간은 조원들 스스로 제시한 생산 방식에 따라 정해진 것입니다."

조원들이 작업 개선안을 내놓으면 회사 측은 안을 제시한 모든 조

독일의 메르세데스 벤츠사와 기술 개발 협약. 자동차 회사는 독특한 기술 개발, 시장 개척, 그리고 경영 능력의 합성어라 할 수 있다.

원에게 감사의 뜻으로 얼마를 내놓고, 조원들은 그 돈을 모아 한 달에 한두 번씩 회식을 한다고 했다. 효율적으로 일할 수 있는 아이디어는 그 작업을 오래 지속하고 있는 숙련공만이 제시할 수 있어서 각자가 자부심을 가지고 일한다는 것이었다. 우리도 그런 제안 제도를 실행해야겠다는 생각이 들었다.

자동차 회사는 곧 독특한 기술 개발, 시장 개척, 그리고 경영 능력의 합성어라 할 수 있다. 그중 가장 중요한 점은 모든 직원이 하나가 되어 한 덩어리로 움직여야 한다는 것이다. 수많은 부품이 합쳐져서 자동차라는 하나의 제품으로 완성되는 것과 같이….

〈손자병법〉은 전쟁을 시작하기 전에 반드시 분석해야 할 5가지 항목으로 도천지장법(道天地將法)을 꼽고 있다. 목표와 비전을 공유하고(道), 외부 환경을 고려하고(天), 지형 조건을 파악하고(地), 적절한 책임자를 선정하고(將), 규칙을 엄정히 적용해야(法) 한다는 것이다.

전투에서 이기기 위한 전략과 전술이 세계시장에서 살아남기 위한 기업의 전략과 전술하고 같은 것이 아닐까 한다.

전기 자동차, 이미 결판은 났다

요즘 들어 자동차 분야에 대폭풍이 불고 있다. 전기 자동차와 내연기관 자동차 사이의 대결이다. 하지만 곧 결판이 날 것 같다. 아니, 벌써 결판났다고 볼 수도 있다. 승부는 이미 전기차 쪽으로 기울어졌다고 봐도 무리가 아니다. 전기차의 에너지 원천은 배터리에 저장된 전기다. 배터리의 전기가 떨어지면 차는 재충전을 해야 달릴 수 있다. 앞으로의 전기차를 생각하면 숨이 가빠온다. 슈퍼컴퓨터가 동원되는 전기차의 개발이 우리 삶을 얼마나 어떻게 바꾸어놓을지 사뭇 궁금하다.

전화기의 발전 과정을 되돌아보자. 사무실이나 가정에서 유선전화 한 대로 여러 명이 사용했던 것이 엊그제 같은데, 어느새 개인 소유의 휴대전화기 시대로 변했다. 지금은 노인부터 어린아이에 이르기까지 1인 1기의 세상이 되어 있다.

전기차의 미래는 어떻게 될까? 버스, 택시, 승용차, 화물차 할 것 없이 목적지를 입력하면 화물이나 우편물처럼 사람을 어디에나 데려다주는 시대가 오고 있다. 무서운 속도로 변화하고 있다. 그런 전기차의 시대는 5단계를 거쳐 우리 앞에 실현된다고 한다. 현재는 2단계쯤 와 있다고 한다. 마지막 5단계가 우리 앞에 나타날 날이 그리 멀지 않을 것 같다. 이 변화에 앞장서기 위해 자동차, 컴퓨터, 투자 관련 회사 들이 경쟁에 참여할 것이다.

20여 년 전 세계 이동통신 시장의 94퍼센트를 차지했던 모토로라

사는 당시 경쟁 상대가 없음을 자타가 공인했다. 그러나 이 회사는 아날로그에서 디지털로 전환되던 시기 잠시 잠깐 방심한 탓에 불과 5년 만에 모습을 감추고 말았다. 슈퍼컴퓨터를 이용해 개발되고 있는 물체 이동 방식이 어떤 모습으로 우리 앞에 나타날지 기다려지는 오늘이다.

자가발전으로 달리는 자동차, 통신망과 함께하는 AI 내비게이션 자동차…. 이동통신 회사의 서열이 순식간에 뒤바뀐 것과 같이 자동차 산업에도 예측하기 힘든 큰 변화의 물결이 밀려오고 있다. 세계시장에서의 전기차의 경쟁은 결국 배터리 재충전 방법에서 판가름나지 않을까 한다.

자가발전하는 전기차가 새로운 역사를 쓰게 될 것이 틀림없다. 집집마다 자가발전에 필요한 충전기와 이를 저장하는 배터리가 갖추어지는 날, 우리 삶은 물론 지구 환경에도 상상하기 어려운 변화가 올 것이다.

16

노와 사의 거리 2미터 사이에서

오늘의 한국은, 작은 기회라도 있으면 세계 어디든지 달려가
기꺼이 자신을 내던졌던 이들이 만들어낸 빛나는 창작품이다.
우리가 탄 배를 이끄는 이들에게 그런 '걸레정신'이 필요할 때다.

본사 건물로 쳐들어오는 노측 대표들

쌍용자동차 대표이사 사장을 맡은 지 5년이 된 1992년의 일이다. 그해 어느 봄날, 새로 당선된 쌍용자동차 노동조합 위원장이 임금 협상 문제를 그룹 회장과 직접 대화하겠다며 대의원들과 함께 서울로 출발했다는 소식이 들려왔다. 나는 그룹 기획조정실에 이 사실을 알리고 평택 공장으로 가는 대신 서울 명동에 있는 본사로 출근했다.

노무 담당 부장이 다급한 목소리로 말했다.

"서울역 광장에서 노조 대의원들이 회사를 비난하는 내용이 담긴 전단지를 행인들에게 나눠주고 있습니다. 저희가 나가서 그를 막아볼까요?"

나의 한마디에 따라 사측의 행동이 개시되겠기에 신중을 기해야

했다. 현재 길거리에서 전단지가 뿌려지고 있다. 폭우로 수위가 높아진 저수지에 비유하자면 오래된 둑에서 물이 새고 있는 것을 발견한 것이다. 그것이 앞으로 어떻게 발전하고 어떤 영향을 끼칠지 재빨리 판단한 뒤 보수 작업이 필요하다면 작업에 소요될 인력과 장비 등을 고려해서 대처해야 한다. 지금 노조원들의 행동을 멈추려면 몸싸움을 면치 못할 것이다. 시민들이 보는 앞에서 노측과 사측이 맞붙어 싸운다면 볼썽사나운 장면이 연출되고 회사의 이미지도 상처를 입는다. 한편으로는 사기업 노조 측의 임금 협상 관련 전단지를 읽고 거기에 동조하는 이는 거의 없을 것이어서 그들의 행위는 오래가지 못하리라는 데까지 생각이 미쳤다. 긴장해 있는 노무 담당 부장에게 말했다.

"아무것도 하지 마세요. 곧 그만둘 것입니다."

기획조정실에서 노조 대의원들의 본사 건물 진입을 막으려고 정문의 셔터를 내렸다.

쌍용자동차의 경영을 책임지고 있는 나는 이들의 본사 방문 주목적이 실질적인 임금 협상에만 있지 않다고 보았다. 그보다는 새로 구성된 집행부의 힘을 안팎으로 내보이겠다는 의도가 더 클 거라고 짐작했다. 위원장이 나서서 직접 그룹 회장과 상대하는 모습을 보이겠다는 생각에서 비롯된 행동이라고 판단했다. 일부 언론에서 대기업의 노조 활동을 비중 있게 다루기 때문인지 새 위원장은 대외 활동에 신경을 쓰는 것 같았다.

70여 명의 노조 대의원들이 서울역을 떠나 그룹 본사로 향하고 있다는 소식이 들어왔다. 다른 회사의 전례를 보아 큰 사고가 일어날 수도 있다고 생각해서 사태를 미연에 방지하기 위해 관할 경찰서에 그 사실을 알렸다. 노조 대의원들이 사전 허락 없이 본사 건물 진입을 시도하면 그것을 막아달라고 요청했으나 경찰 측은 난색을 표했다. 이유는 직원이 그가 속한 회사 건물에 들어가는 것은 그 회사의 내부 사정이기 때문에 경찰이 강제할 방법이 없다는 것이었다. 따라서 폭력적인 행위가 발생했을 때만 경찰이 개입할 수 있다고 했다.

불행한 사태가 일어나기 전에 막아달라는 것이지 일어난 다음에 처리해달라는 것이 아닌데도 회사의 요청은 묵살되었다. 상황이 급박하게 돌아가는 마당에 누가 옳고 그르냐를 따질 겨를이 없었다. 다만 경찰은 만약의 사태에 대비해 출동 대기하겠다고 했다.

경찰 버스가 본사 건물 주차장 옆길에 도착했다. 전투경찰들은 한 명도 밖으로 나오지 않고 모두 차 안에 앉아 있었다. 그룹 기획조정실에서 3개 회사의 관리인 200여 명을 동원해 주차장에서 빌딩 안으로 통하는 계단을 막았다.

일촉즉발의 2미터 사이에서 내린 결단

노조 위원장과 대의원들이 나누어 탄 차량 행렬이 본사 건물 주차장에 도착했다. 승합차 지붕에 설치된 대형 확성기에서 〈철의 노동자〉 노래가 요란하게 울려 퍼지면서 자신들의 존재를 온 동네에 과시했다. 대의원들이 속속 차에서 내렸다. 모두 붉은 머리띠와 붉은 조끼 차림이었다. 대개가 군 복무를 마친 사람들이어서 그런지 마치 군사 작전을 펼치듯 일사불란했다. 대의원 한 명이 인화성이 강한 시너 통을 들고 나와 그 위에 앉았다. 그리고 정렬한 대의원들은 절도 있는 동작으로 노동가를 불러댔다.

그룹 사옥을 지키겠다는 200여 명의 직원이 긴장된 표정으로 그 모습을 지켜보고 있었다. 초청하지 않은 손님들이 자신의 터전으로 쳐들어오는 것을 반드시 막아내고야 말겠다는 자세로….

노동가 제창이 끝나자 나는 노조 위원장 앞으로 다가갔다. 그는 그룹 회장을 만나서 자신들의 요구 사항을 전해야 한다고 강한 어조로 주장했다. 나는 임금 협상 대상은 그룹 회장이 아니고 내가 회사의 대표이사이며 회사와 관련된 모든 사항을 처리하는 최종 결정권자라고 설명했다. 하지만 노조 위원장은 자신들이 회장 면담을 위해 서울까지 왔기에 꼭 만나야 한다는 점만 강조했다. 회장은 현재 출장 중이며 이 건물 안에 없다고 말했으나 그 사실 여부는 자신이 직접 확인하겠노라고 대들었다. 나는 그런 대화가 아무 의미 없는 말싸움에 지나지 않는다고 판단했다.

어렸을 때 골목에서 권투 시합을 하던 기억이 떠올랐다. 겨루기 전에는 잘해낼 것 같으나 실제로 맞붙어 싸우고 기진맥진한 채 한계를 내보이면서 이기는 것보다는 그전에 둘 다 명예스럽게 마무리하는 것이 더 중요하다는 충고가 생각났다.

나는 노조 위원장에게 하고 싶은 대로 하라고 말한 뒤 유일한 진입로인 계단 위로 올라섰다. 노조 대의원들은 노동가를 부르며 몰려왔다. 계단 위에 서 있는 나와의 거리는 2미터 남짓 되었다. 그들은 계단을 막고 있는 직원들에게 비키라고 소리쳤다. 마침내 맨 앞줄 사람들 간에 힘겨루기가 시작되었다. 순간 사측의 대오가 흐트러지는가 싶더니 위쪽의 직원들이 가담하면서 한 발짝도 밀리지 않았다.

노조 대의원 가운데 한 명이 장마 때 물막이용으로 쓰이는 모래포대를 들어 사원들 쪽으로 던졌다. 이를 받아낸 사원이 다시 아래로 던졌다. 아래에서 콜라병이 날아왔다. 그것을 맞은 사원 한 명의 이마에서 피가 흘렀다. 그때까지는 상사가 시켜서 의무감으로 계단을 막고 서 있던 사원들의 태도가 돌변했다. 동료의 피를 보자 갑자기 흥분했던 것이다.

"야 이놈들아!"

이성과 감정의 대립에서 이성은 사라져버리고 이제는 감정과 감정의 대립으로 변했다. 험한 말이 오가고 제어하기 힘든 집단 행동이 벌어지기 시작했다. 계단 위에 서서 지켜보고 있던 나는 얼른 뛰어내려가 몸싸움이 벌어지는 가운데에 섰다. 두 편이 모두 볼 수 있는 위치였다. 이때 노조 대의원 한 명이 나를 감싸며 외쳤다.

"사장님, 다치십니다!"

그러고는 사원들을 등지며 나를 자신들 쪽으로 밀쳤다. 나는 큰소리로 말했다.

"이제 그만합시다!"

일단 몸싸움이 멈추었다. 전투경찰 지휘관으로 보이는 이가 한 켠에서 이 광경을 지켜보고 있었다.

나의 개입은 험한 몸싸움을 그칠 수 있는 명분을 제시했다. 지금 돌아보면 권투와 레슬링을 통해 주먹이 오가고 몸이 부딪치는 것에 대한 두려움을 극복했기에 가능한 행동이 아니었나 싶다. 순간의 움직임은 격렬해도 항상 다음 동작을 대비하는 습관이 몸에 배어 있었다. 거기에다 명예와 자존심이 걸린 시합의 경험들이 양쪽의 입장을 헤아리게 했을 수도 있다.

70명 대 200명의 계단 충돌은 휴전에 들어갔다. 노조 대의원들은 좁은 계단을 통해 건물 안으로 들어가지 못한다고 판단한 뒤 대책을 논의하는 것 같았다. 나는 위원장에게 협의 없는 빌딩 진입은 불가하며 회장은 지금 안에 없다고 재차 일렀다. 그는 회장을 만나지 못하더라도 꼭 본사 빌딩 안으로 들어가야 하며, 최소한 임금 협상 팀 대

표 12명만이라도 들어가게 해달라고 요구했다. 내가 문제를 일으키지 않고 돌아나오겠다고 약속할 수 있느냐고 물었고 그는 그렇게 하겠다고 답했다.

이 상황을 경찰 지휘관에게 전하자 12명은 절대 안 되며 3명 이상은 책임질 수 없다고 했다. 몸싸움이 벌어지고 피가 터지는 장면을 목격한 경찰은 다소 긴장된 모습이었다. 이제 사장인 내가 결단을 내려야 했다. 위원장이 원하는 대로 12명의 임금 협상 팀과 함께 건물 위층으로 올라갔다가 내려오면 그들에게 서울 본사 방문의 명분을 살려주는 모양새가 될 것이었다. 그 뒤 조용한 제3의 장소로 이동해서 협상을 시도할 수 있겠다는 판단이 섰다. 나는 위원장에게 아무 문제 없이 들어갔다 나올 것을 또다시 다짐 받고 경찰 지휘관에게 간곡히 부탁해서 승낙을 받았다.

나는 12명의 임금 협상 팀과 함께 2층 매점으로 올라갔다. 그리고는 음료수를 나눠 마시며 10여 분을 보낸 뒤 내려왔다. 아무 일도 일어나지 않았다. 노사 양측은 곧 구로동에 있는 서비스센터 공장으로 이동해 임금 협상을 진행했다.

노와 사가 어울려 만들어낸 대협주곡

노조 대의원들의 상경, 그리고 2미터 공간을 두고 벌어졌던 노사의 팽팽한 대립 속에서 CEO가 내려야 했던 결단은 두 가지였다. 하나는 서울역 광장에서 전단지를 뿌리는 행위를 막느냐 마느냐 하는 문제였고, 또 하나는 본사 빌딩 계단 앞 일촉즉발의 상황에서 어떻게 대처하느냐 하는 문제였다.

그때 CEO인 내가 내린 결정이 과연 최선이었는지 아닌지는 모르

생산 라인의 작업자들과 함께. 노와 사는 대한민국호를 안전한 곳으로 유도하는 데 다같이 노력해야 한다.

겠다. 하지만 적어도 양측이 큰 사고 없이 임금 협상을 진행할 수 있었다는 것은 다행한 일이었다. 한 기업의 CEO라면 누구나 언제든지 당면할 수 있는 일이다. 자신이 그런 상황에 놓인다면 어떤 방법을 택할 것인가?

세계경제는 가히 전쟁이라고 할 만큼 숨 막히는 속도로 변화하고 있다. 힘의 중심이 유럽에서 미국으로, 미국에서 아시아로 이동하고 있다. 인터넷이라는 통신 미디어는 예측하기 어려운 방향으로 시장과 유통망을 뒤흔들고 있다. 지구상 가장 가난한 나라에서 손가락으로 꼽을 수 있는 나라가 된 대한민국이 지금 그 태풍의 눈 속에 놓여 있다.

샴페인을 일찍 터트렸다가 쓴맛을 본 기억을 지워서는 안 된다. 성공의 꿀맛에 취해 마음을 풀어놓고 있을 때 절망의 느닷없는 싱크홀에 빠질 수도 있다. 하늘이 무너질 것을 걱정하는 기우가 절대로 아니다. 세상은 시시각각 알 수 없는 모습으로 얼굴을 달리하는 오늘이다.

우리의 발전은 기적이 아니다. 작은 기회라도 있으면 세계 어디든지 달려가 기꺼이 자신을 내던졌던 이들이 만들어낸 창작품이다. 아낌없이 주는 나무처럼 몸과 마음을 아낌없이 내놓았던 노동자와 경영자들이 어울려 만들어낸 대협주곡이다. 하지만 이제 많이 변했다. 노동력으로 경쟁력을 확보하던 시기는 지났다. 남들이 만들어놓은 기술과 기교에 기대어 성장을 꾀하던 시기는 끝났다. 우리가 만들어내는 기술과 기교에 우리의 성실한 노동력이 더해질 때 우리는 바람에 흔들리지 않는 뿌리 깊은 나무로 우뚝 설 것이다.

노와 사는 세계경제의 치열한 경쟁 구도 속에서 함께 대한민국호를 안전한 곳으로 유도하는 데 다같이 노력해야 한다.

17

그때 나는 왜 적극 나서지 않았던가?

1994년, 예정되었던 남북 정상회담은 2주를 앞두고 무산되었다.
이제 나는 강변에 서서 흐르는 강물을 지켜볼 따름이다.
그때 왜 적극적으로 나서서 행동하지 않았나 후회스럽기만 하다.

"넥타이 매시지요"

나이가 80이 되어 30년 전 평양을 방문했던 때를 되돌아본다. 그때 그분들의 나이가 모두 80 즈음이었다.

1993년 가을 아침, 최 선생이 숙소 응접실에 들어서며 삼촌과 내게 말했다.

"넥타이 매시지요."

아, 드디어 그 시간이 왔구나. 어디로 가는지는 몰라도 그 사람을 만나러 가는 시간이 가까웠다는 것을 직감했다.

나는 정장을 차려입고 삼촌을 따라 나섰다. 그리고 대기하고 있던 승용차에 올랐다. 그 사람은 어떻게 생겼을까? 사진에서 보던 그 모습일까? 아니면…. 이런저런 생각을 하는 동안 우리가 탄 차는 침묵

속에 미끄러져 갔다.

커다란 돌집 앞에 차가 멈추었다. 나는 다소 긴장된 마음을 가라앉히며 그저 삼촌이 잘 아는 옛 친구를 만나는 데 함께한다는 기분으로 대문을 들어섰다. 바로 그 사람이 층계 위의 널찍한 공간에 서서 우리가 오는 모습을 바라보고 있었다. 삼촌은 그에게 다가가 오랜만에 친한 친구를 만난 듯 반갑게 인사를 나누었다. 나이가 80이라는데 얼굴에 주름도 없고 매우 건강해 보였다.

"얘가 명원이야요."

삼촌은 김성주, 그러니까 김일성으로 알려진 그 옛 친구에게 나를 소개했다. 삼촌은 두 살 많은 그를 옛 지린(吉林) 거리에서 마주친 동네 형같이 대했고 그도 삼촌을 다정한 동생 대하듯 했다. 그를 따라 집무실로 보이는 방으로 들어갔다. 김 주석이 삼촌에게 말했다.

"그래. 그동안 잘 있었어?"

"네, 잘 있었어요."

"무어라고 불러야 하나?"

김 주석이 나를 보며 묻자 삼촌이 답했다.

"명원이라고 하세요"

"그래, 명원. 사장인가?"

내가 가볍게 목례를 하자 삼촌이 대신 나섰다.

"네, 쌍용에서 일하고 있어요. 손명원 사장이지요."

"그래 명원 사장, 잘 왔어. 내가 할 말이 많아."

처음 만난 내게 그는 빨치산으로 백두산에 숨어 일본군과 싸운 일이며, 할아버지 손정도 목사에 관한 이야기를 이어나갔다. 한참 동안 계속되는 추억담을 들으면서 나는 기억력이 대단하다는 느낌을 받았다. 거의 100명의 인물이 등장했는데 그들의 이름을 모두 또렷이

주석 집무실에서. 삼촌 손원태와 김 주석은 서로 옛 지린 거리에서 만난 동네 형 동생처럼 스스럼없었다. (오른쪽부터 김일성 주석, 강석숭 최고인민회의 대의원, 손원태)

기억하고 있었다. 나는 이름 석 자를 기억하고 있는 사람이 몇이나 될까 하는 생각이 들었다.

"백두산에서 만난 아주머니, 이름이 ○○○이었어. 그 아주머니가 차려준 밥상에 처음 보는 나물이 있어서 내가 나물 이름을 물었는데 그이도 모른다고 하잖아. 아주머니 이름을 물었지. 그리고 앞으로 이 나물은 '○○○나물이라고 하세요' 하면서 그이의 이름을 따서 나물 이름을 지어주었어."

우리는 같이 웃었다. 이야기의 주제는 동서고금을 넘나들었다. 긴장된 마음이 좀 풀어질 즈음 삼촌의 누이, 그러니까 나의 큰고모 손진실에 관한 이야기가 나왔다.

"서울 장안에서 친일파 부자라고 소문난 윤씨 집안에 손진실이 시집갔다는 소식이 들렸지. 장인이 길림에 계시니 윤치창이 색시를 데리고 신혼 인사를 드리려고 찾아왔던 거야. 그때 나는 항일 투쟁한다고 학생 독립군을 이끌고 나가 있었어. 그런데 광복군이 윤치창을 친일파 가족이라고 잡아 감옥에 가뒀어. 돈 많은 친일파 부자가 왔다고 납치한 거야. 그 소식을 듣고 내가 광복군 사무실로 갔어. '아무리 그래도 손정도 목사님의 사위가 장인에게 인사하러 온 것을 알면서 붙잡아 어떻게 돈을 받아내려고 합니까? 당장 풀어주십시오' 하고 대들었지. 그랬더니 '우리는 목숨 바쳐 싸우는데 친일파 사람들은 용서 못해' 하고 딱 자르더군. 그 광복군 장교는 나에게 아저씨 같은 분이었지만, 내가 '만일 윤치창을 당장 놓아주지 않으면 우리 학생 대원들을 동원해서라도 빼낼 겁니다' 하고 윽박질렀어. 그랬더니 나보고 돌아가 기다리라고 하더군. 다행히 그날 저녁에 풀어줘서 둘이서 목사님을 뵙고 돌아갔어. 손정도 목사님은 내 생명의 은인이야."

김 주석은 말을 이어나갔다.

"내가 열일곱 살 때 학생 독립단을 이끌고 있었어. 그러다가 중국 경찰에 붙잡혀서 감옥에 갇혔는데, 그때 손정도 목사님이 친구 아들인 나를 위해 애쓰셔서 석방되었지. 내가 석방되고 난 뒤 감옥에 있던 독립군들이 일본 경찰에 넘겨져 대부분 죽었다는 소식을 들었어. 목사님이 나를 구해주지 않았더라면 내가 오늘 여기 없을 거야. 그러니까 목사님은 생명의 은인이지."

나는 두 사람이 나누는 옛이야기를 들으며 생각했다.

삼촌과 김 주석은 어릴 때 한동네에서 장난치며 뛰놀다가 오래전 헤어진 사이다. 이제 나이 80이 되어 다시 만났다. 두 사람의 정치 이념은 다르다. 두 사람 사이에는 서로 다른 점이 많을 것이다. 인생의 기쁨과 슬픔, 사랑과 증오, 그리고 삶의 높고 낮은 굴곡을 다 겪었을 터다. 이제 이 세상을 떠날 날이 그리 멀지는 않을 지금, 두 사람은 무엇을 남겨두고 갈 것인가 하는 문제를 가장 중요하게 여기는 것 같다.

이야기는 쉼 없이 계속되었다. 그러다보니 어느새 점심시간이 되어 있었다. 김 주석이 식사를 하자고 했다. 바로 옆방에 밥·국·생선구이·채소 반찬 등이 가지런히 놓인 식탁이 차려져 있었다. 점심을 먹고 차 한잔을 마신 뒤 삼촌과 나는 숙소로 돌아왔다.

"내 말을 남쪽에 잘 전해주면 좋겠어"

아버지의 바로 아래 동생인 손원태 삼촌은 평양에서 소학교에 입학한 뒤 중국 - 일본 - 한국 - 미국 등 여러 나라에서 공부했다. 1940년 사상범으로 체포되어 나가사키 감옥과 동대문경찰서 유치장에 투옥되기도 한 그는 연세대 의과대학을 졸업하고 미국으로 건너가 노스웨스턴대학교 의과대학 석사과정을 마치고 오마하에서 의사 생활을 하고 있었다. 삼촌은 내게 할 말이 많았다.

"명원아, 맨 처음 내가 여기 어떻게 오게 되었는지 얘기해줄게. 어렸을 때 길림 남산에서 병정놀이를 하며 가깝게 지냈던 성주 형이 궁금해서 편지를 썼지. 그것을 뉴욕에 있는 북한 UN 대표부에 전했어. 그 편지가 북으로 가서 김 주석에게 전해졌고, 곧 평양에 한번 오라는 전갈이 왔어. 나는 네 숙모와 함께 평양에 도착했는데, 내가 어릴 때 같이 놀던 그 손원태인지 아닌지 확인할 일이 생긴 거야. 그래서 어릴 때 어울려 같이 놀던 여자아이를 찾아서 확인하도록 했대. 할머니가 된 그이가 비행장에 와서 창문 너머 몰래 나를 보았는데 70년 전에 같이 놀던 그 사람인지 아닌지 잘 모르겠다고 했다는 거야. 그래서 자기들끼리 가짜 손원태일 수도 있다고 결론을 내렸어. 하지만 그냥 되돌려 보내자니 만일 진짜 손원태면 낭패잖아. 해결 방법은 그 할머니와 대면시켜 옛날 이야기를 나누게 하는 수밖에 없다고 생각했대. 둘이서 만나 이야기를 했지. 그제야 그이도 나를 알아보고 정말 오랜만이라고 서로 반가워했어. 그길로 미리 마련해둔 이 숙소에 들어왔고 김 주석을 만나게 되었단다."

삼촌이 처음으로 평양에 왔을 때의 이야기였다. 그 이후로 삼촌은 여러 차례 평양을 방문했고, 이번에는 나를 데리고 온 것이다. 나는 그저 죽기 전에 평양이고 금강산이고 구경이나 한번 해볼 심산으로 따라나선 것이었지 김 주석을 만나게 될 줄은 미처 생각하지 못하고 있었다.

우리가 머무는 내내 최 선생이라는 분이 안내 역할을 해주었다. 그의 이름은 최상순으로 역사연구소 부소장을 맡고 있으며, 서울에서 열린 남북학술대회에 참석한 일이 있다고 했다. 최 선생은 늘 가까이 있으면서 우리에게 불편한 것은 없는지 친절히 배려해주었다. 평양에 머무는 동안 나는 그가 또 언제 "넥타이 매시지요"라고 할지 긴장하며 지냈다. 넥타이를 매어야 하는 날이 곧 김 주석을 만나는 날이었다.

처음 김 주석을 만난 이틀 뒤 아침 나절에 최 선생이 숙소로 와서 말했다.

"넥타이 매시지요."

우리가 묵고 있는 숙소는 10여 개의 방이 딸린 대저택이었다. 아마도 외부 손님을 접대하는 게스트하우스인 듯했다. 나는 옷장에 걸어두었던 정장을 차려입은 뒤 삼촌을 따라나섰다. 김 주석은 최 선생을 통해 하루에 한 번은 우리가 잘 지내고 있는지 챙기는 것 같았다.

우리는 다시 예의 그 돌집으로 갔다. 이번에는 김 주석이 방 안에서 기다리고 있었다. 평양 시내 구경과 금강산 관광 소감 등 가벼운

이야기를 나누던 중 그가 문득 나를 보며 말했다.

"명원 사장이 내가 하는 말을 남쪽에 잘 전해주면 좋겠어."

나는 무슨 말을 하려는지 내심 긴장되었다. 여행을 한답시고 그저 가벼운 마음으로 삼촌을 따라왔기 때문이었다. 당시 평범한 대한민국 국민으로서 평양이나 금강산을 구경한다는 것은 가당찮은 일이었다. 그저 대동강이 이렇구나, 금강산이 저렇구나 하며 이곳저곳 둘러볼 관광객일 따름이었다. 정치적인 일에는 한 번도 개입한 적이 없는 나였다.

그런 내게 자신이 하는 말을 남쪽에 전해달라고 하니 그것이 무엇을 뜻하는지, 또 어떤 영향을 끼치게 될지 몹시 당황스러웠다. 정치와는 거리가 먼 나로서는 그의 말을 따를 수 있을지, 누구에게 전하라는 것인지 몰랐으나 대답하지 않을 수 없었다.

"네, 알겠습니다."

"나는 남쪽과의 협상은 미국과 먼저 협상을 마치고 해야 한다고 생각해. 아무리 남북이 합의를 본다고 해도 미국이 허락하지 않으면 안 돼. 그렇기에 나는 먼저 미국과 협상해서 큰 테두리를 잡은 다음 남쪽과 협상할 생각이야. 남쪽과는 모든 것을 다 열 것이야. 문화·체육·상업, 아무런 장벽이 없이 서로 다니게 할 거야. 그리고 정치는 다음 세대에 맡기는 거지. 첫째는 서로 장벽 없이 왔다 갔다 하게 하는 거야. 김영삼 대통령이 취임식에서 백두산에서 한라산까지 어디에서나 만나서 악수하자고 한 말을 나는 믿어. 만나자고 하면 만날 거야. 그런데 아직 초청하지는 않았어. 머지않아 만나게 되겠지."

삼촌, 숙모, 김 주석, 최 선생, 그리고 나 다섯 명이 식당으로 옮겨 같이 점심을 먹었다. 식사하는 동안 두 사람이 나누는 대화를 듣기만 했다. 옆자리의 김 주석이 나를 보며 말했다.

"인실이 고모님은 잘 계시는가? 다음에 올 때는 꼭 모시고 와."

옛 친구의 안부를 묻는 목소리에 애틋한 그리움이 느껴졌다. 한 인간으로서 나이가 80에 이르면 가까이 다가온 종착점을 생각하게 된다. 삶의 이유가 평안과 기쁨이며, 전쟁보다는 평화, 증오보다는 사랑과 용서를 취하게 되는 때가 80이라는 것을 내가 그 나이에 이르러서야 비로소 깨닫는다. 80이 넘은 이 사람이 바라는 것은 이제 평화인가? 중국의 등소평이 말년에 획기적으로 추진했던 것처럼 장벽 제거의 일을 정말 시작하려는 것인가?

"네, 서울 가서 인실이 고모님께 안부 전하겠습니다. 또 말씀하신 것도 남측에 전달하겠습니다."

점심을 마치고 작별 인사를 나눈 뒤 숙소로 돌아왔다. 오늘 중요한 말을 들은 것 같은데 누구에게 어떻게 전할 수 있을지 고민스러웠다. 떠오르는 사람이라고는 방북 절차를 밟으며 알게 된 안기부 직원 한 사람뿐이었다. 그는 또 내 말을 누구에게 어떻게 전하게 될지 알 수 없는 일이었다. 나는 숙소에 돌아와 그동안 들은 이야기를 최대한 자세히 적어나갔다.

화요일 오후 평양에 도착해 토요일까지 5일을 머물렀다. 우리가 평양공항 VIP실로 들어서려 할 때 최 선생이 내가 알 만한 사람이 미국에서 왔는데 같은 비행기로 베이징에 간다는 말을 전해주었다. 그분은 언론계에서 많이 알려져 있는 기자였다. 내가 평양에 온 것을 아는 사람은 관계 당국의 몇 명뿐이었다. 만약 그 기자가 알게 된다면 뉴스거리가 될 수도 있겠기에 가능하면 만나지 않았으면 좋겠다고 했다. 최 선생의 배려로 먼저 비행기 맨 뒷좌석에 자리 잡고 앉았다.

나는 베이징으로 가는 고려항공과 서울로 가는 대한항공 비행기 안에서 5일간의 경험들을 기록하기 시작했다. 북한의 간부들과 어울릴 때면 늘 부르던 노래 〈우리의 소원〉이 생각났다. 정말 통일이 올 수 있을까? 정말 우리의 소원은 통일인가?

남과 북은 삶의 방식이 너무나도 달랐다. 굳이 누가 말해주지 않아도 피부로 느낄 수 있었다. 인간은 다른 인간을 사랑하고 미워하고 경쟁하고 보호하고 죽이고 살리며 역사를 이어왔다. 끊임없이 변화무쌍한 관계를 가지는 것이 인간의 삶이다. 극과 극의 시간을 겪은 두 쪽이 만나 하나가 될 수 있을까? 어쩌면 극과 극이 오히려 큰 힘이 될 수도 있겠다. 인간은 생각하는 동물이다. 태어날 때부터 누가 가르쳐주지 않아도 해야만 하는 일을 동물적인 감각으로 해내며 살아간다. 극과 극이 서로 만나도 본능적으로 공통점을 찾아낼 것이다. 수십 년간 서로 다른 삶의 환경으로 인해 생각의 차이가 있다고 해도 또 다른 삶의 환경이 또 다른 생각을 만들어낼 수 있다. 인간은 교육을 통해 철학의 노예가 되기도 한다. 이것만이 옳은 길이고 이것에 어긋나는 사상과 행동은 그른 길이라고 비판하고 비난한다. 그런 비판과 비난이 분열과 전쟁을 불러일으키지 않았던가?

이런저런 생각으로 머리가 지끈거리기 시작할 때 비행기가 요란한 굉음을 내며 활주로에 내려앉았다. 바로 왔으면 1시간도 안 걸릴 거리를 빙빙 돌아 5시간이나 걸렸다.

공항 대합실로 나오자 안기부 직원이 나와 있었다. 그의 차를 타고 정해놓은 호텔로 갔다. 나는 그간의 일정을 밝힌 다음 김 주석이 말한 내용을 전했다.

나는 한쪽의 지도자가 보낸 메시지를 다른 한쪽의 지도자가 잘 이해해서 부디 대화의 장이 열리기를 바랐다. 그 말이 누구에게 어떻게 전달될지는 알지 못했다. 그 이후 아무런 얘기도 듣지 못했다.

하늘이 정해주는 그날까지 기다리는 수밖에

또 한 번 평양을 방문할 기회가 왔다. 첫 방문 때 내가 전한 김 주석의 메시지에 대한 우리 측의 응답이나 반응은 한마디도 들은 바 없었다. 그때까지 나를 보자는 사람도, 이쪽의 생각이 어떠하다고 일러준 사람도 없었다.

삼촌으로부터 다시 평양 갈 기회가 있다는 연락을 받고 나도 동행하기로 했다. 떠날 날이 다가왔을 때 안기부 직원에게 지난번 전한 북쪽의 메시지가 어떻게 처리되었는지 물었다. 그는 여전히 검토하고 있다는 말만 했다.

나는 아무런 답서도 갖지 않고 평양에 도착했다. 숙소에 짐을 푼 뒤 삼촌과 숙모와 함께 테니스를 치러 갔다. 붉은 진흙으로 다져진 천연 테니스장이었다. 삼촌은 얼마 전 평양에 왔을 때 김 주석과 대화 도중 자신은 일주일에 두어 번은 테니스를 친다는 말을 했더니 금강산 관광을 다녀오는 2~3일 사이에 테니스장이 떡하니 만들어져 있더라고 했다.

우리는 테니스장에서 한참을 놀았다. 숙모는 학창 시절 테니스 선수였고, 두 분은 테니스장에서 만나 결혼하게 되었다.

하루를 그렇게 쉬며 보낸 다음날 오전, 예의 그 최 선생이라는 분이 와서 말했다.

"넥타이 매시지요."

이제 그 말이 익숙해졌다. 우리는 정장 차림으로 차를 타고 저번의 그 돌집으로 갔다. 김 주석은 삼촌과 반갑게 대화를 나누다가 나를 보며 물었다.

"김영삼 대통령을 만났나?"

백두산 가는 길에. 역사연구소 최상순 부소장은 우리 일행을 여행 기간 내내 친절히 안내해주었다. (삼촌 손원태 부부, 북한 인사들과 함께)

"아뇨, 못 만났습니다."

그는 더 이상 묻지 않았다.

"자, 점심하러 갑시다."

이전과 같은 식당으로 갔다. 감자로 만들었다는 까만 냉면이 나왔다. 부드러우면서도 쫄깃한 것이 맛있었다.

"고모님께서 오실 수 있다고 해?"

"YWCA 일이 바빠서 오시기가 어렵다고 하더군요."

김 주석은 다음날 서해갑문에 가서 배를 타고 대동강을 거슬러 올라오자고 했다.

이튿날 삼촌, 숙모, 나 셋이서 서해갑문으로 갔다. 김 주석은 벌써 배에 올라 있었다. 2시간 가까이 배를 타고 대동강을 오르는 동안 강변에 보이는 공장들에 대해 설명했다.

"저것은 벽돌 공장인데 지금은 전기가 없어서 30퍼센트밖에 못 돌리고 있어. 우리는 전기가 필요해."

그리고 서해갑문을 왜 만들었는지 얘기도 했는데, 그 내용은 이랬다. 매년 장마 때마다 밀물이 들면 수면이 올라가 대동강 물이 둑을 넘어 농사에 큰 피해를 입었다. 뿐만 아니라 평양 부근도 홍수로 애를 많이 먹었다. 서해갑문은 바닷물의 역류를 저지해서 대동강의 범람을 막는다. 서해갑문을 설치함으로써 그런 걱정을 덜게 되었다.

카메라가 곁에 붙어서 우리가 배 위에서 대화하는 모습을 찍었다. 서해갑문에서부터 평양에 도착할 때까지 한 편의 기록 영화를 찍은 셈이었다. 세월이 지나가며 그때 일들이 점점 흐릿해진다. 서울 어디엔가 그 영상이 보관되어 있을지 모른다. 당시 내가 받은 자료들을 모두 당국에 넘겼는데 이후 필요가 있어서 문의했지만 찾을 수 없다는 말만 들었다.

지금 돌이켜보면 그때 왜 내가 직접 나서서 적극적으로 행동하지 않았나 하는 것이 몹시 후회스럽다. 어쩌면 통일의 초석이 될 수 있는 기회를 그냥 흘러가게 만든 것은 아닌지 안타깝기만 하다. 기회가 왔을 때 준비된 사람은 그것을 기회로 알고 행동하나 준비가 안 된 사람은 그것이 기회인 줄도 모르는 것이다.

대화는 인간 관계의 밑바탕에 믿음이 있을 때 결실을 보게 된다. 그때 남도 북도 서로를 못 믿었다. 나는 두 쪽이 서로 믿고 대화를 나눌 수 있게 하는 데 보탬을 주고 싶었다. 그러나 결과적으로 그렇게 되지 못했다. 복잡하게 얽히고설킨 정치적 힘겨루기는 새 길을 모색하는 데 도움이 되지 않았다.

이제 나는 강변에 서서 흐르는 강물을 묵묵히 지켜볼 작정이다. 강을 거슬러 노를 저어보았자 배가 어디까지 가겠나 하는 심정이다. 이처럼 방관하는 태도는 사실 나의 성격과는 거리가 멀다. 하지만 그런

금강산 오르는 길에. 지금 돌이켜보면 그때 왜 내가 적극적으로 행동하지 않았나 후회스럽기만 하다. (북한 안내인과 함께)

지난 경험을 통해 남북통일도 하늘이 정해주는 그날까지 기다리는 것이 정도가 아니겠나 하고 생각하기로 했다.

한반도의 평화 협상을 2주 남짓 남겨두고

삼촌의 방북길에 또 한 번 동행했다. 이제는 여행 채비도 상당히 빨라졌다. 우리가 평양공항에 내리자 이전과 같이 최 선생이 나와 맞이해주었다. 그분의 안내로 묘향산도 가고 평양 근교 여러 곳을 구경 다녔다. 돌아오기 전날 아침이었다. 식사를 막 끝냈을 때 최 선생이 와서 말했다.

"넥타이 매시지요."

우리는 돌집으로 갔다. 응접실에 앉아 이야기를 나누던 중 김 주석이 말했다.

"손명원 사장, 오늘 판문점에서 열리는 남측과의 대화는 30분도 안 갈 거야. 협상 안건은 아무 조건 없이 남북의 정상이 만나자는 내용이야. 오늘 남쪽에서는 이홍구 부총리가 나온다지? 이번 회의에서 정할 것은 두 가지뿐이야. 아무 조건 없이 언제, 어디서 만날 것인지만 결정하면 돼. 아마 7월 말쯤 되겠지."

그날 저녁 김영삼 대통령과 김일성 주석이 7월 25일 만나 2박 3일 일정으로 정상회담을 갖기로 했다는 뉴스를 들었다. 이제 정말 변화가 오는 것일까?

이튿날 아침 떠날 준비를 하고 있을 때 전화벨이 울렸다. 김 주석의 전화였다.

"남조선에서 대형 선박 엔진도 만들 수 있나?"

"네, 만들 수 있습니다."

"앞으로 우리는 조선산업을 키워야 해. 조선소, 발전소, 시멘트 공장을 지어야 해. 그리고 수출을 많이 해야겠어. 오늘 떠나지?"

"네."

"다음에 올 때는 명원 사장 가족도 함께 와서 금강산 구경도 같이 가도록 해."

"고맙습니다. 안녕히 계십시오."

서울에 도착한 며칠 뒤 고모와 통화를 하고 다음날 워커힐호텔 한 식당에서 만나기로 약속했다. 점심을 먹으면서 평양에 갔던 이야기를 들려주었다. 고모와 헤어진 뒤 차에 올랐다. 라디오에서 흘러나오는 아나운서의 목소리가 몹시 고조되어 있었다.

"북한의 김일성이 오늘 사망했다고 합니다."

김일성이라는 존재는 북한에서 거의 신이나 다름이 없었기에 예정되었던 정상회담은 한반도의 안정에 큰 영향을 미칠 터였다. 하지만 2주일을 남겨두고….

한반도의 평화 협상은 2주 남짓 앞두고 다시 50년 전으로 돌아가 버렸다.

이제 내 나이가 80줄에 들어섰다. 삼촌이 처음 평양을 방문했던 때와 엇비슷하다. 30년 전 삼촌과 함께 김일성 주석을 만난 일을 떠올리면서, 만일 할아버지 손정도 목사님이 여기 이 자리에 계시다면 무슨 말을 할까 하는 질문을 스스로 던져본다.

"너희는 서로 걸레정신으로 평화통일을 추진하거라."

18

CEO는 누구인가? — 세월이 가르쳐준 경영 철학

CEO는 기업 경영의 예술가이며 창의적인 리더십은 그 예술 작품이다.
법적·도덕적 문제까지 모두 책임져야 하기에 그 임무는 실로 막중하다.
트루먼 대통령의 금언 '책임은 내가 진다'라는 말을 늘 상기해야 한다.

기업의 최고 경영 책임자가 갖는 직함—CEO

나는 1963년부터 1974년까지 10년 동안 미국의 중소기업과 대기업에서 토목 기술자로 일했다. 그 뒤 워싱턴 DC에 구조설계 회사인 '손컨설팅컴퍼니'를 설립해서 6년 동안 경영하다가 1980년에 귀국했다. 미국에서 6년, 그리고 한국에서 24년, 모두 30년을 CEO로서 회사를 운영했다. 이제 CEO로서 직접 경험한 것들을 되돌아보면서 CEO란 누구이며 그 역할과 책임은 무엇인지 살펴보려고 한다.

그동안 내가 몸담았던 기업은 기술자문, 건설, 해양 플랜트 중공업, 선박 수리 및 건조, 자동차, 통신 장비, 반도체 생산 등 여러 분야였다. 그런 회사들을 경영하면서 겪고 느낀 점을 중심으로 CEO에 관한 정의를 요약해본다.

CEO는 영어 'Chief Executive Officer'의 줄임말로 기업의 '최고 경영 책임자'가 갖는 직함이다. 주주총회의 결의나 이사회의 선임으로 정해지는 대표이사, 그리고 회사의 책임자를 뜻하는 사장의 일을 한꺼번에 맡기 때문에 CEO의 임무는 실로 막중하다. 그렇다면 CEO는 어떤 책임을 감당해야 하는 사람인가? 그 책임이라는 말 속에는 법적인 문제와 아울러 그보다 더 큰 도덕적인 문제까지 모두 포함되어 있다.

지난 40여 년간 수많은 변화의 바람이 우리 곁을 스쳐갔다. 그 크고 작은 바람을 같이 맞아온 사람으로서 나의 생각과 행동이 옳다 그르다를 따지기보다는 그간의 경험으로 얻어진 것들을 정리한 것으로 봐주면 좋겠다. 이 글은 기업의 최고 경영 책임자로서 현장에서 예고 없이 닥친 문제들을 나름의 방법으로 풀어나갔던 기록이다. 당면한 사건들에 대한 당시의 선택에 따른 결과를 요약한 글이다.

"경영은 예술인가요?"

국가라는 조직의 CEO는 대통령이고, 회사라는 조직의 CEO는 대표이사 사장이며, 한 부서의 CEO는 부장이다. 단지 기업만이 아니라 크든 작든 어떤 조직을 이끄는 사람에게는 '최고 책임자'라는 임무가 주어진다.

대통령의 책임에 관해 미국의 트루먼이 남긴 명언이 있다. 그의 백악관 집무실 책상 위에 놓여 있던 팻말에 적힌 'The buck stops here'라는 말이다. '책임은 여기서 멈춘다'라는 말은 곧 '책임은 내가 진다'라는 의미다. 그가 보여주고자 한 것은 모든 어려운 결정은 자신의 책상 위에서 마무리된다는 강한 의지였다. 즉, 최종 결정권자는 자신이며 또한 자신의 최종 결정에 대해 스스로 책임지겠다는 것을 공언한 말이었다.

CEO의 역할과 책임을 말하기 전에 내가 몸담았던 회사에서 가진 한 인터뷰에서 받았던 질문에 관해 이야기하기로 한다.

나는 1985년 1월에 현대미포조선 사장으로 임명받았다. 이후 나는 매일 오전 6시 30분에 중역들과 조찬을 같이 하며 간단한 회의를 했다. 5월 초 어느 날, 재무 담당 상무가 조찬을 마치고 나오며 내게 말했다.

"사장님, 붉은 잉크가 검정 잉크로 변했습니다."

그즈음 텅 비어 있던 드라이도크가 여러 국적의 선박들로 차기 시작했다. 건도크라고도 하는 드라이도크는 선박의 최종 조립이나 수리를 하는 장소를 말한다. 현대중공업 해양철구사업본부에서 현대미포조선으로 온 지 4개월되던 때였다. 4개월 만에 회사의 재무 상태가 처음으로 적자에서 흑자로 돌아선 것이었다. 이후 2개월이 지난 6월에는 영업이익이 더 크게 나서 이전에 은행에서 차입했던 자금을 조금씩 갚을 정도가 되었다. 주식 값도 많이 오름에 따라 회사 형편도 나아지고 있었다.

한 잡지사로부터 인터뷰 요청이 와서 회사 홍보도 할 겸 그에 응하기로 했다. 인터뷰 전에 예상되는 몇 가지 질문을 검토해보았다. 기자에게 전해지는 대표이사의 말이 한번 신문이나 잡지에 실리고 나면 어떤 이유가 있더라도 수정하기는 매우 어렵다. 따라서 질문에 대한 답변은 신중해야 한다. 또 그 답변에는 CEO의 경영 철학이 들어 있을 뿐 아니라 회사 이미지에도 영향을 미치기 때문에 한마디 한마디에 신경을 써야 한다.

기자의 예상되는 질문으로 '어떻게 매출을 급성장시켰나?', '조직에 어떤 변화가 필요했나?' '앞으로의 시장을 어떻게 전망하나?', '그에 대한 대책이 무엇인가?' 등 여러 문항을 준비했다. 주로 영업과 회사 운영에 관련된 내용이었다.

약속 시간에 맞춰 사무실로 찾아온 기자와 간단히 인사를 나눈 뒤 인터뷰를 시작했다. 녹음해도 되느냐고 물어 그렇게 하라고 했다. 기자의 첫 질문이었다.

"경영은 예술인가요?"

예상 문제와 너무 동떨어진 엉뚱스러운 질문이었다. 미리 준비한 답변은 회사에서 일어나는 여러 상황과 그에 따른 업무 처리 사항에 관한 것들이었지만, 기자는 경영 철학의 기초와 관련한 추상적인 질문을 했다. 대답하기가 막막했다. 경영은 예술인가라는 물음은 경영은 예술이 아닌가라는 물음과 같은 의미였다. 거기에 답을 하려면 먼저 예술이 무엇인지 그 정의부터 가려내야 할 것 같았다.

머리가 복잡하게 돌아갔다. 한 명의 CEO가 정해진 구조, 즉 같은 인원, 같은 시설, 같은 재료, 같은 환경에서 적자를 내던 회사를 흑자를 내는 회사로 변화시켰다면 그의 경영 방법은 예술이라고도 할 수 있겠다는 생각이 들었다. 그래서 나는 기자에게 말했다.

"경영도 예술일 수가 있겠네요."

그리고 많은 질문과 답변이 오갔으나 기억에 깊이 새겨진 것은 '경영은 예술인가?'라는 그 첫 질문 하나였다.

이후 오랫동안 '경영은 예술인가?'라는 말이 머릿속에서 떠나지 않았다. 예술이란 곧 창조하는 일이 아닌가? 이미 만들어놓은 길을 생각 없이 따라가는 것이 아니라 새로운 길을 만들어 걸어가는 것이 예술가의 일일 것이다. 그렇다면 경영은 새로운 길을 만들어가는 창조인가 하는 물음과 같다고 할 수 있다.

예술가는 남이 생각하지 못한 것을 자기만의 방식으로 의미 있게 표현해낸다. 감동이 진할수록 훌륭한 예술이 된다.

"저 사람은 정말 대단한 예술가야!"

"저 작품은 아주 기가 막힌 예술이야!"

화가는 백지 위에, 작곡가는 오선지 위에, 문학가는 원고지 위에 이전에 없던 아름다움을 창조해낸다. 이탈리아의 조각가 미켈란젤로는 성당 한쪽에 방치되어 있던 바윗덩이에서 완벽한 남자의 모습을 보았다. 그리고는 망치와 끌로 남자가 아닌 부분을 깎아내기 시작했다. 2년 뒤 마침내 힘줄과 핏줄이 꿈틀거리는 강한 청년의 모습이 완성되었고, 피렌체 사람들은 '다비드(David)'라는 이름의 그 조각상에 감동했다.

이처럼 무에서 유를 창조하되 감탄할 정도의 작품이 만들어질 때 우리는 그 사람을 '예술가'라고 부르며 그의 행위를 '예술'이라고 말한다.

CEO는 경영 예술가가 되어야 한다

그때 그 기자가 던진 질문은 어디를 가든지 나를 따라다녔다. 내가 책임을 맡은 회사마다 '나는 지금 경영 예술가로서 이 조직을 운영하고 있나?' 하고 자신에게 물었다.

회사 운영과 심포니 오케스트라의 운영은 유사한 점이 많다는 생각이 들었다. 35년간 베를린 필하모니 오케스트라의 상임 지휘자를 지낸 카라얀(Herbert von Karajan)의 경우를 예로 들어본다.

1시간이 넘는 베토벤 교향곡 9번 〈합창〉의 연주가 끝나고 관객들은 자리에서 일어나 박수를 치며 환호를 보낸다. 그 환상적인 연주는 완벽주의자 카라얀의 독특한 노력으로 이루어진 것임을 청중들은 잘 안다. 그에게는 자신만의 지휘법이 있었다. 그는 단원들의 상당수를 중년 이상의 남성들로 구성했고, 무대 위에서는 연주자를 보지 않고 혼자 음악에 심취한 듯 눈을 감고 지휘했다. 단원들이 지휘자만 쳐다볼 것이 아니라 다른 연주자와 호흡을 맞추며 자율적으로 소리를 만들어가기를 원했던 것이다. 그리고 자신은 눈을 감고 연주자 한 사람 한 사람과 교감하고자 했다.

"내가 오케스트라에 끼칠 수 있는 가장 큰 잘못은 단원들에게 명확한 지시를 내리는 것이다."

카라얀은 그런 말을 한 적이 있다. 운영 방식이 옳고 그름을 떠나 그것이 카라얀의 운영 방식이라고 인정해야 한다. 중요한 것은 그가 만들어낸 연주의 결과이기 때문이다. 교향곡 9번이 절정에 이를 때 합창단원 중 악보를 보는 사람은 아무도 없다. 처음부터 끝까지 외워서 노래하기 때문에 그들은 지휘자의 손끝에 집중할 수 있고 모두가 하나의 소리를 만들어낼 수 있다. 그 같은 집중력에 의해 카라얀이라는 지휘자가 원하는 바로 그 음악이 연출되는 것이다.

오케스트라 단원의 선정과 연습과 훈련은 지휘자의 몫이다. 만일 단원 중 어느 한 사람이 박자를 놓치거나 악보에 없는 음을 낸다면 개인의 실수에 그치는 것이 아니라 청중은 지휘자의 능력과 결부시켜 오케스트라의 수준을 평가하게 된다. 한 치의 실수도 용납되지 않는 것이 오케스트라의 퍼포먼스다. 아무리 사소한 실수라 해도 청중은 그것을 알아차리고 그 오케스트라의 기록에 영원히 남는다. 1시간이 넘는 연주를 완벽하게 해낼 때 관객은 지휘자와 모든 연주자에게 감탄의 환호성을 보낸다.

그처럼 회사 운영에 있어서 지휘자와 같은 역할을 하는 사람이 바로 CEO, 즉 대표이사 사장이다. 뛰어난 지휘자가 되기 위해서는 여러 악기를 다루는 연주자 모두 능숙한 경지에 이르러야 한다. 그 후에 어떤 음을 만들고 어떻게 하모니를 이룰 것인가에 몰두하면서 자신의 독특한 예술을 만들어내는 것이다.

회사 운영의 책임자인 사장은 지휘자가 단원들의 상황을 일일이 파악해야 하듯이 모든 작업 현장의 경험을 쌓는 것이 필요하다. 각각의 부서원이 맡은 일을 완전히 익히도록 하고 이를 바탕으로 사장이 원하는 목표를 달성할 수 있게끔 모두를 하나로 이끌고 가는 것이다.

한 부서의 잘못으로 회사가 원하는 결과가 나오지 않았다면 이 역시 사장의 책임이다. 이를 빨리 포착하고 그 부서장을 적절한 시기에 교체하든지, 아니면 훈련을 통해 목표하는 결과를 만들어낼 인재로 성장시키는 것이 바로 사장의 책임인 것이다.

"경영은 예술인가?" 하는 질문은 "CEO는 경영 예술가인가?" 하는 질문과 같다. 그에 대한 나의 대답은 "CEO는 경영 예술가가 되어야 한다"이다. 지휘자 하나의 손끝에 따라 많은 이가 영향을 받기 때문에 CEO는 뛰어난 경영 예술가여야만 한다.

CEO가 책임져야 하는 경영 업무를 ① CEO와 조직, ② CEO와 기획, ③ CEO와 생산, ④ CEO와 노조, ⑤ CEO와 영업, ⑥ CEO와 기업 문화, ⑦ CEO와 3C 등 7개 분야로 나누어 분석해보았다.

1. CEO와 조직

일반적으로 회사의 조직도를 피라미드 형태로 나타낸다. 그러나 다음의 그림처럼 둥근 바퀴 형태의 그림으로 표시해보면 조직의 구성과 운영을 더 쉽고 정확하게 파악할 수 있다.

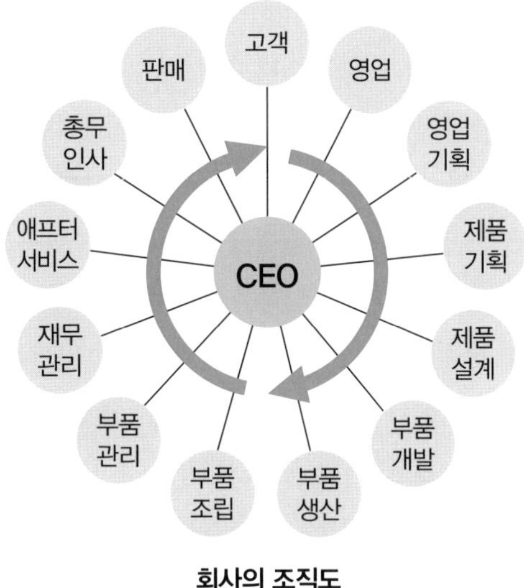

회사의 조직도

조직 운영의 예를 들어보자.

회사에서 가장 중요하게 생각하는 것은 고객이고, 이를 어떻게 관리하느냐는 회사 성장과 직결된다. 고객과 가장 가까운 부서는 영업부다. 먼저 영업 직원들은 고객들의 요구 사항을 파악하고 이를 정리해 매일 영업 활동을 함과 동시에 미래 계획을 세운다. 그리고 이 사항을 단기 계획, 중기 계획, 장기 계획으로 분류해 사장에게 보고한다. 사장은 이 보고된 내용을 영업 관련 중역들과 함께 검토한다. 이 계획을 원활히 추진하기 위해 사장은 검토한 내용을 회사 기획실에 전달한다. 기획실은 회사 각 부서의 단기 계획과 장기 계획에 이를 반영하도록 한다.

이 시점에서 중요한 것은 영업 부문의 미래 계획에 CEO의 경영 방침이 포함된다는 점이다. 각 부서에서 미래 계획을 보고할 때마다 CEO의 경영 철학과 아이디어가 반영된다. 즉, 회사의 전반적인 운영 절차에 CEO의 선택과 경영 철학이 개입되고, 그것이 시장 경쟁에 큰 영향력을 미치게 되는 것이다.

한국 시장은 이미 세계시장화되어 있다. 이 시점에 만일 CEO가 세계시장의 움직임에 대한 경험과 식견이 부족하다면 그 회사는 경쟁에서 어려움을 당할 수밖에 없다. CEO의 경영 철학은 회사의 움직임에 크든 작든 지속적으로 영향을 미치며, 결국에는 상상 이상의 힘으로 회사를 변화시킨다. CEO가 모든 분야를 다 잘 아는 달인이 될 수는 없다. 따라서 그가 믿고 일할 수 있는 담당자를 잘 선택해야 한다. CEO가 경영 전반을 책임지므로 CEO가 아닌 최대 주주나 다른 실권자가 인사권을 갖는다는 것은 CEO의 팔다리를 묶어버리는 것과 같다.

CEO는 회사 운영의 린치핀(linchpin, 핵심축) 같은 역할을 한다. CEO는 각 부서에서 올리는 아이디어를 검토하고 각 부서에 업무를 지시한다. 즉, 회사의 모든 중요 진행 상황은 CEO의 책상 위에서 결정된 사항들이고, 여기에는 CEO의 경영 방침이 반영된다. 예를 들자면 영업 총괄의 보고 내용이 사장을 건너뛰어 바로 설계 부서나 생산 부서로 전달되는 경우는 없다. 따라서 CEO는 굴러가는 바퀴에서 린치핀과 같은 역할을 한다. 만일 바퀴에서 린치핀을 빼버리면 그 순간 바퀴살들을 잡아주는 중심이 없어져서 바퀴의 기능을 수행할 수 없게 된다. CEO가 없으면 회사는 바퀴 없는 자동차가 된다.

CEO의 조직 운영에 대한 책임은 무한대다. CEO는 회사 운영의 모든 일에 관여하기 때문에 결과에 대한 책임은 모두 그에게 돌아갈 수밖에 없다. 앞서 언급한 '내가 책임진다'라는 트루먼 대통령의 명언이 이를 말한다. 회사의 모든 문제를 책임져야 하기 때문에 CEO의 능력과 지혜는 더 말할 나위없이 중요하다.

하나의 기업이 3대를 이어가기가 어렵다는 말을 가끔 듣는다. 회사가 커질수록 CEO의 능력도 지혜도 함께 커지고 깊어져야 한다. 기업의 규모는 몇 배로 커졌는데 대를 잇는 CEO의 마인드는 그대로라면 더 이상의 발전은 기대할 수 없다. 회사 운영 전반에 참여하는 CEO가 모든 영역을 아우르는 지혜와 능력의 소유자가 아니라면 그 회사는 머지 않아 세계시장 경쟁에서 사라져버릴 것이다.

어떤 조직이든 꼭 기억해야 할 단어는 린치핀이다. 기업에서 CEO는 그 린치핀 역할을 해야 한다. 린치핀의 역할을 제대로 수행하기 위해서는 단순히 남들이 걸어간 길만 가려고 해서는 안 된다. 남들은 이미 앞서 있기 때문이다. 경영 예술가로서 새로운 길을 계속 찾아내고, 창조적인 길을 계속 만들면서 나아가야 한다.

2. CEO와 기획

CEO는 2~5년 앞의 회사 미래를 책임진다. 중역과 임원은 1~2년 앞의 일을, 현장 과장은 6개월 앞의 일을, 현장 주임은 2~3일 앞의 일을, 현장 직원은 오늘의 일을 책임진다.

사장은 2~5년 앞을 내다보며 회사의 경쟁력, 영업, 기술개발 등을 계획하고 진행해야 한다. 예를 들어 향후 생산될 신차가 만들어지는 절차를 살펴보자. 사장은 앞으로 4~5년 후에 시장에 나올 컨셉트 카를 기획하는 일에 참여한다. 이때 제시되는 여러 아이디어 중 하나를 선택한다. 그날의 선택은 4~5년 뒤의 결과로 나타난다. 오늘의 선택으로 사업이 진행되기 때문에 만약 그것이 잘못되었다면 4~5년 뒤에 나올 결과는 고쳐지기 어렵다. 오늘의 선택이 4~5년 뒤에 그 결과를 볼 수 있다는 것은 무서운 일이다. 그러므로 오늘의 선택 앞에서 우리가 해야 할 가장 중요한 것은 미래를 내다볼 수 있는 인재들로 팀을 구성하는 일이다.

다른 경쟁 회사들도 마찬가지다. 비슷한 노력과 공정을 통해 만들어진 제품이지만, 하나는 성공하고 하나는 실패할 수 있다. 가까운 예로 일본의 렉서스(Lexus) 자동차와 인피니티(Infiniti) 자동차를 들 수 있다. 렉서스는 엄청난 이익을 창출했으나 인피니티는 회사를 넘겨야 하는 상황에 빠졌다. 두 회사 모두 설계부터 판매까지 그 방법과 계획은 이미 4~5년 전에 세워둔 것이었다. CEO는 사업의 중요성에 대해 잘 알고 있었기에 처음 기획 단계에서부터 적극적으로 참여했고 최선의 안이 채택되도록 유도했다. 사업이 성공했든 실패했든 결과에 대한 책임은 CEO의 몫이었다.

자동차를 예로 들어보자. 과거에는 기술 면에서 가장 앞서 있는 차를 설계 제작하면 그것이 곧 고객이 원하는 차로 인식했다. 그러나 요즘은 먼저 고객이 원하는 차를 만들어내는 회사가 시장점유율을 올리게 된다. 다시 말해 기술의 차이는 점점 줄어들기 때문에 이제는 얼마만큼 고객의 취향에 맞추어 설계 제작하느냐가 승자의 자리를 차지하는 가장 중요한 요인이 되었다. 따라서 이 같은 기획의 아이디어를 사장이 지켜주지 못하면 4~5년 후에 생산되는 차는 시장에서 외면받는 차가 될 수 있다. 따라서 처음 기획 단계부터 CEO가 적극 참여해서 자신의 경영 철학을 반영하는 것이 매우 중요하다. 4~5년 뒤의 신차 시장 점유율의 높고 낮음은 결국 CEO의 책임이 되는 것이다.

영업 기획, 제품 기획, 자금 기획, 인사 기획 등 모든 것은 CEO의 책임이고 이 기획에 따라 만들어진 제품은 성공의 기반이 된다. CEO의 자신감과 신념은 본인의 몫이다. CEO가 선정하는 제품이나 아이디어에 자신이 없으면 다른 이들 역시 자신감을 가지기 어려울 것이므로 결국 불을 보듯 뻔한 결과로 귀결될 것이다.

3. CEO와 생산

생산은 회사가 가지고 있는 모든 능력이 집중되는 부분이다. 그 회사의 영업 기획 능력, 제품 기획 능력, 설계 능력, 부품 개발 능력에다 최종 생산 라인의 품질 관리 능력과 기업 문화가 녹아 있는 산물이 완제품이다.

고객이 원하는 제품은 영업, 설계, 부품 개발과 회사의 최종 조립 라인을 거쳐 고객에게 전달된다. 생산 라인을 떠난 제품은 활시위를 떠난 화살과 다름없다. 제품이 고객에게 전달되면 이제 남은 것은 고객의 냉철한 평가뿐이다.

나는 건설 현장에서는 많이 일했지만, 쌍용자동차 일을 맡기 전까지는 자동차 생산 현장의 경험이 전혀 없었다. 자동차를 이해하기 위해서는 생산 라인에서 일해보는 것이 좋겠다고 생각하고 일주일 동안 작업자들과 같은 환경에서 일했다. 그들과 똑같이 23초마다 반복되는 일을 하면서 여러 차례 실수도 하고 불량품도 발생시켰다. 그 같은 문제를 해결하려면 먼저 생산에 임하는 나의 마음 자세를 바로 잡는 것이 무엇보다 우선되어야 한다는 점을 깨달았다. 이를 체험하면서 품질 관리와 품질 향상은 생산 현장에서 일하는 작업자의 의지에 달려 있음을 절감했다.

기업 문화의 한 예를 메르세데스 벤츠에서 찾아볼 수 있다. 그들이 내건 슬로건은 'Only the best!'이다. '단지 최고만을!'이라면서 최고가 아니면 안 한다는 것을 그들의 가치 기준으로 삼았다. 설계부터 생산, 그리고 애프트서비스까지 전 회사가 '최고'라는 하나의 기업 가치에 입각해 일할 때 고객이 만족하고 칭찬하는 제품이 나올 수 있는 것이다.

또 한 가지 생산 라인에서 일하며 느낀 것은, 되풀이되는 작업을 하는 나 자신을 보며 내가 인간 로봇이 된 것 같다는 생각이었다. 같은 일을 반복하다보니 기계가 된 기분이었다. 매일 이렇게 되풀이되는 일을 하면서 삶에 대한 희망과 행복을 찾을 수 있을까? 나처럼 일주일만 하고 끝나는 것이 아니라 앞으로도 10년, 20년을 계속해야 한다면 어떤 마음을 가져야 할까? 이들에게 희망을 주려면 CEO는 무엇을 해야 할까? 그런 생각을 하면서 시야를 넓혀 표본이 될 만한 몇몇 기업을 둘러보게 되었다.

운동선수가 똑같은 동작을 반복 연습할 수 있는 것은 그에 따른 보상이 돌아온다는 것을 알기 때문이다. 명예는 물론 프로로 인정받고 나면 금전적인 대가가 따르고, 반복 훈련의 횟수와 강도는 보상의 크기와 비례할 수 있으므로 기꺼이 고통을 감수한다.

나는 일본 기업에서 실시하고 있던 제안 제도를 벤치마킹했다. 생산 라인의 개선 방안을 작업자가 제시하면 회사는 이에 따른 포상을 실시하는 방식이었다. 어떤 답을 찾았다기보다는 내가 생산 현장에서 일하는 작업자들의 현실과 고충을 알게 되었다는 것이 더 중요했다. 생산 라인에서 일했던 그 일주일이 나에게 가르쳐준 진리는 참으로 컸다. 최고의 품질은 기술도 뒷받침되어야 하지만 먼저 작업자의 마음에서부터 그 의지가 우러나와야 한다는 것이었다. 개개인의 마음에 심어진 기업 문화와 최고가 되고자 하는 마음가짐이 합쳐질 때 경쟁에서 이길 수 있는 제품이 생산된다는 것을 몸으로 깨달은 일주일이었다.

노동조합과 노동관계 조정법에 노동조합은 '근로자가 주체가 되어 자주적으로 단결해 근로조건을 유지, 개선, 기타 근로자의 경제적·사회적 지위의 향상을 도모함을 목적으로 조직하는 단체 또는 그 연합단체'라고 명시되어 있다.

일반적으로 대기업의 경우 신입사원은 입사와 동시에 노동조합에 가입하며, 대리 직급 이상의 관리자가 된 이후에는 자의로 노조를 탈퇴할 수 있다. 그러나 일정 기간 노조에 남아 활동하기도 한다. 대개는 사원의 80퍼센트 이상이 노조원이다. 이는 회사 업무는 노조의 도움 없이는 힘들다는 것을 말한다. 또한 노조도 자신의 판단과 행동이 회사의 미래에 큰 영향을 끼칠 수 있다는 것을 알아야 한다. 밥그릇이 깨지면 그것이 다시 만들질 때까지 가장 큰 어려움을 겪는 쪽은 노동자들이다. 일상생활에 직접적인 영향을 받기 때문이다. 신입부터 대리까지 모든 부서의 사원이 노조원이기 때문에 회사에서 일어나는 일에 대한 내용을 자세히 알고 있다. 사장과 중역의 지시 사항과 그 결과에 대해서도 노조 측은 잘 파악하고 있다고 봐야 한다.

임금 협상은 노와 사의 생존 조건에 대한 담판이다. 노조원은 삼시 세끼를 넘어 자녀를 교육시키고 나아가 최소한의 문화 생활을 할 수 있는 수입을 확보하기 위해 협상한다. 반면에 회사 측은 한 치 양보 없는 치열한 세계시장에서 살아남기 위해 경쟁력 높은 제품을 만들고 이를 고객으로부터 인정받아야만 한다. 고객이 원하는 가격에 맞추고 고객의 눈에 띄게끔 훌륭하게 설계된 제품을 제시해야 한다. 이와 더불어 회사는 고객이 선호하는 회사 이미지를 제품과 함께 만들어가야 한다. 이 모든 것을 실현시키기 위해서는 그에 따른 적절한 자금이 필요하다. 회사 측 입장에서 임금 협상은 세계시장 경쟁에서 살아남아야 하는 회사의 생존을 위한 협상이다. 회사의 생존과 노조원의 생존이 부딪치는 곳이 임금 협상 테이블이다. 두 쪽이 다 뒤로 물러날 수 없는 협상이므로 매번 감정의 대립을 피하기 어렵다.

세계 유명 자동차 업체를 예로 들어보자. 이들의 평균 수익률은 3~5퍼센트 선이다. 그런 마진으로 다른 쟁쟁한 자동차 업체들과 경쟁한다. 그 이상의 이익을 추구하게 되면 가격 경쟁력 면에서 다른 업체에 밀리기 때문이다. 조금의 실수가 그 이윤을 순식간에 잠식해 버린다. 노와 사가 적정선을 현명하게 선택해서 회사가 세계시장에서 먼저 살아남고 앞서갈 수 있도록 함께 노력해야만 한다.

이전에 겪었던 참으로 힘겨웠던 협상이 생각난다. 천신만고 끝에 협상을 마치고 양쪽 대표가 최종 합의서에 서명했다. 그때까지 양쪽은 책상을 사이에 두고 마치 전쟁을 치르듯이 감정에서 이성으로, 이성에서 감정으로 오르내리며 격렬하게 논쟁했다. 하지만 서로 100퍼센트 만족할 수 있는 합의는 불가능했기에 씁쓸한 여운을 느낄 수밖에 없었다. 나는 12명의 노측 협상 위원들 한 사람 한 사람과 악수를 나누었다. 어려운 협상을 마치고 나서인지 모두의 눈은 붉게 물들어 있었다.

"수고 많으셨습니다."

"이제 함께 열심히 일합시다."

노조와의 협상 결렬로 파업이 지속되면 생산이 중단될 수밖에 없고, 생산이 중단되면 제품을 판매할 수 없기 때문에 회사의 적자는 늘어가게 된다. 이 모든 책임은 CEO에게 있다. CEO가 가지고 있는 협상 카드는 무노동 무임금 원칙밖에 없다. 하지만 CEO는 회사 운영의 최종 책임자다. 받아들일 수 없는 제안과 요구를 노조가 계속하는 상황에서도 회사가 정상적으로 운영될 수 있도록 이끌어가는 것이 CEO의 책임인 것이다.

5. CEO와 영업

미국의 한 대기업 CEO와 만날 기회가 있었다. 나는 그에게 "회사 운영에 있어서 가장 중요한 부분이 무엇이라고 생각하나?"라고 물었다. 그는 잠시의 망설임도 없이 "영업"이라고 대답했다. 그는 회사를 사람에 비유한다면 영업은 사람이 먹는 음식에 해당한다고 말했다. 음식을 먹지 않고 사람이 살 수 없듯이 회사 역시 영업 수익 없이 존재할 수 없다는 것이다. 거기에 대해 충분히 공감했다. 나 역시 영업 활동이 회사에서 가장 중요한 부분이라고 생각하고 있었다.

나는 6할 이상의 시간과 열정을 영업 활동에 쏟았다. 해양철구사업본부에서 본부장을 할 때나 현대미포조선 사장을 할 때나 영업에 집중했다. 회사의 여러 부서 중 가장 많은 관심을 기울여야 하는 곳이 영업 부서라고 생각했다. 고객이 정말 소중하다면 고객과 가깝게 접하는 영업 부서가 중요할 수밖에 없다.

영업 활동에서 많이 사용되는 방법이 'B to C'와 'B to B'이다. C는 불특정 고객이고 B는 특정 회사나 기관이다. 회사를 대표해서 고객을 만나는 사람이 바로 영업 사원이다. 회사 연 매출의 20~30퍼센트 규모의 프로젝트를 수주할 때는 CEO가 영업부 총괄 역할을 해야 한다. 30년 동안 CEO의 일을 하며 내가 원하든 원하지 않든 CEO는 회사 영업의 총괄 책임자라는 것을 여러 차례 느꼈다. 수주한 뒤에는 회사 내부에서 정해진 대로 일이 추진된다. 하지만 수주는 항상 경쟁사가 있기 때문에 우리가 바라는 대로 되지는 않는다. 경쟁사와 겨루어 이길 때만 가능한 수주는 100퍼센트 아니면 0퍼센트라는 극단의 결과만 있다. 수주에는 99퍼센트 성공이란 없다.

최대한 경쟁을 줄이기 위해서는 자신의 능력을 높이는 것이 중요하다. 그 능력 중의 하나가 자금력이다. 자금력이 뒷받침될 때는 큰 프로젝트에 그것을 동원해 수주 방식을 회사에 유리하게 이끌 수 있다. 경쟁입찰 방식에서 수의계약 방식으로 유도할 수도 있다. 많은 입찰에 참가하면서 오로지 수주를 위해 이익도 없는 프로젝트를 가져오기도 했다. 그것만이 규모가 큰 프로젝트를 따내기 위한 방법인 줄 알았다. 기술과 가격 경쟁력만 가지고 있으면 회사가 성장한다는 생각에서 지금은 많이 변했다.

기술과 경쟁력 있는 가격에다가 자금력이 충분해야 이익을 남기는 수주를 할 수 있다. 고객은 회사가 장비를 구매하고 그것을 운영하는 데는 관심도 없고 알지도 못한다. 고객은 그 장비가 만들어내는 최종 제품만을 원한다. 발전소를 세우는 회사는 거기에서 나오는 전기를 확보하는 것이 목적이다. 전기를 만드는 데 필요한 고가의 장비는 소비자와 관련이 없다. 소비자는 오로지 발전소에서 나오는 전기를 사들일 뿐이다. 1킬로와트당 적절한 가격으로 소비자와 장기 계약을 맺으면 전기 회사는 안정되게 발전소를 운영할 수 있다. 여유 있는 장기 계약을 바탕으로 상호 이익을 창출할 수 있는 환경이 갖추어지는 것이다.

영업은 회사의 생존과 성장에 가장 중요한 부분이며, CEO는 영업 부서 최고 책임자라는 것을 잊어서는 안 된다. 대내적으로 일어나는 일은 각 부서장이 맡을 수 있으나 대외적인 일은 회사를 대표하는 CEO가 맡아야 한다. 세계시장의 치열한 경쟁 구도 속에서는 CEO가 영업 부서를 총괄하는 역할을 할 수밖에 없다.

6. CEO와 기업 문화

앞에서도 언급했지만, CEO는 회사의 이미지를 앞세워 영업을 한다는 사실을 잊어서는 안 된다. 〈사장학〉이라는 책의 첫 장에서 '만일 당신이 CEO라면, 당신 회사에서 무엇을 팔고 있는지 알아야만 한다'라는 문장을 읽은 적이 있다. 나는 속으로 '사장까지 된 사람이 자기 회사에서 무엇을 판매하는지 모른다면 어떻게 사장이 될 수 있지?'라며 어리석은 말이라고 생각했다. 그 책의 다음 문장은 이렇게 적혀 있었다.

'당신이 당신 회사의 상품이 자동차, 냉장고라고 생각했다면 당신은 사장 자격이 없는 사람이다.'

이 부분에서 나는 멈칫했다. 그리고 글은 이렇게 이어졌다.

'당신 회사의 이미지가 당신의 회사 제품을 팔아주고 있다.'

이때 문득 백화점에 가서 텔레비전을 살 때가 떠올랐다.

'A사의 TV는 고장이 잘 난다는데, B사의 TV는 고장도 잘 안 나고 애프터서비스도 좋다더라.'

어떻게 만들어진 이미지인지는 몰라도 진열대에 전시된 텔레비전들을 보며 그런 생각을 했다. 그리고 그런 이미지에 따라 제품을 선택했다.

그 회사 이미지는 어디에서 오는 것일까? 광고만 열심히 하면 되는 것일까? 세계시장의 많은 경쟁자들과 싸워 이기려면 기술 이외에 더 필요한 것은 무엇일까? 이 '무엇'은 바로 기업 문화에서 나오는 것이다.

기업 문화는 전 사원이 추구하는 그 회사의 정신이다. '우리는 최고의 상품을 추구하고, 따라서 우리가 만드는 것은 최고의 상품이다'

라고 자부할 때 기업의 목표는 달성된다. 모든 면에서 최고가 아니면 안 된다는 기업 문화를 가지고 일을 할 때 꿈은 이루어진다.

CEO는 자기 회사의 상품이 고객의 눈과 마음에 어떤 이미지를 심어줄 것인가를 전 사원에게 알리고 그 실행 방법을 제시해야 한다. 기업 문화는 하루아침에 만들어지지 않는다. 세밀한 계획을 세우고 그 실행에 모든 구성원이 함께 참여할 때 기업 문화가 고객의 눈과 마음에 새겨질 것이다.

쌍용자동차에서 야심차게 준비한 SUV '무쏘'가 거의 완성되어 출시를 앞두고 있을 무렵이었다. 일단 출시되면 세계적으로 유명한 자동차 회사들과 경쟁해야 하고 또 이겨내야만 한다는 부담감이 나를 짓눌렀다. 어떻게 하면 이길 수 있을까 하는 고민에 빠져 있을 때 〈사장학〉에서 보았던 '당신은 당신 회사의 이미지를 파는 것이다'는 말이 생각났다. 그 이미지는 기업 문화로 만들어진다는 것을 곱씹었다. 그리고 세계시장에 확고하게 자리 잡고 있는 독일과 일본의 유수 자동차 회사들의 기업 문화와 그들이 앞세우는 이미지를 분석해 나갔다.

회사의 모든 부서는 중요 결정 사항들을 CEO에게 신속히 보고하고 다음 일정을 CEO와 협의하고 추진해야 한다. 이 과정에서 CEO는 기업 문화와 자신의 경영 철학을 반영해서 업무를 지시한다. 기업 문화 창조자도, 그 기업 문화를 정착시키는 것도 CEO의 몫이다.

7. CEO와 3C

기업 경영의 린치핀으로서 회사 운영의 모든 면에 개입하는 CEO에게 필요한 자세는 '3C'라 하겠다. 3C란 용기(courage), 자신감

(confidence), 솔선수범(commitment)을 말한다.

이 3C를 잘 실천해 보인 인물로 이순신 장군을 들 수 있다. 임진왜란 당시 그는 참으로 어려운 상황에서 일본 함대와 싸워 23전 23승이라는 대기록을 남겼다. 노량해전에서는 불과 12척의 배로 130여 척의 일본 함대와 전투를 벌여 승리했으나 장군은 안타깝게도 전사하고 말았다. 그의 용기와 자신감과 솔선수범은 어려운 역경 속에서도 부하들이 자신을 따르도록 이끌었다. 장군을 전적으로 신뢰했기에 부하들은 기꺼이 배에 올라 적과 맞섰다.

서양 금언에 '존경은 요구하는 것이 아니라 얻어져야 한다(Respect cannot be demanded, it has to be earned.)'라는 말이 있다. 부하 직원으로부터의 존경심은 상사의 행적을 통해 마음에서 우러나오는 것이지 지시하고 요구한다고 해서 생겨나는 것이 아니다. CEO가 용기와 자신감을 가지고 솔선수범하는 모습을 보일 때 부하 직원은 마음으로 그를 존경하게 된다.

현대중공업의 해양철구사업본부 본부장으로 있을 때였다. 1984년 대형 태풍이 울산을 강타했다. 2년에 걸쳐 제작한 대형 해양 철구조물이 바지선 위에 실려 말레이시아로 떠날 시간을 기다리고 있었다. 쉴 새 없이 밀어닥치는 파도로 바지선이 암벽에 부딪치는 사태를 막아주는 것은 '요코하마 튜브'라는 직경 3미터의 고무 튜브였다. 하지만 거센 파도에 고무 튜브를 고정하고 있던 쇠줄마저 끊어져버렸고, 해양 철구조물을 실은 바지선은 몹시 위험한 지경에 빠졌다. 커다란 고무 튜브는 마치 바다 괴물같이 파도를 타고 암벽 위로 솟구쳤다가 다시 바다에 빠지기를 거듭했다.

엄청난 위력의 태풍 앞에서 우리는 아무것도 하지 못하고 파도와 바지선이 암벽에 부딪치면서 내는 굉음만 듣고 있었다. 바지선이 곧

침몰할 것만 같았다. 이 위기를 막을 방법은 요코하마 튜브를 잡아 바지선과 암벽 사이에 다시 끼우는 것뿐이었다.

이때 암벽 위로 치솟았다가 바닷물 위로 떨어지는 튜브 위로 현장 주임이 뛰어올랐다. 그가 손을 들자 크레인 기사가 후크를 내렸고 주임은 재빨리 그것을 튜브의 그물에 걸었다. 주임이 엄지손가락을 치켜올리자 크레인 기사가 후크를 들어올렸다. 빗속에서 이 광경을 숨죽이며 지켜보는 가운데 주임이 검은 튜브와 함께 허공으로 솟구쳤다. 불과 10~20초의 아주 짧은 시간이었지만, 주임은 우리가 2년 동안 애써 제작한 철구조물을 구해내려고 미친 듯 날뛰는 튜브 위로 뛰어올랐다. 그야말로 목숨을 건 그의 용기에 나는 머리를 숙이지 않을 수 없었다.

본부장인 나는 현장 주임이 보여준 솔선수범의 행동에 감탄했다. 생각을 행동으로 옮길 수 있는 시간은 매우 짧았다. 하지만 그는 3미터 직경의 튜브를 어떻게 잡을 것인지 계획하고 있었고 이를 곧장 실천했다.

거기에서 100미터쯤 떨어진 곳에 묶여 있던 바지선의 쇠줄이 끊어지면서 또 한 번 위기가 닥쳤다. 나는 조금 전에 보고 배운 솔선수범의 행동을 실행에 옮겼다. 바지선은 암벽에서 1미터까지 접근했다가 다음 순간 30미터 바다 쪽으로 떠밀리기를 반복했다. 나는 바지선이 가까이 다가올 때를 기다렸다. 암벽과 바지선 사이의 허연 파도는 성난 상어의 이빨 같았다. 나는 흰 거품을 일으키며 다가온 바지선 위로 뛰어올랐다. 순간 태풍 속에서 이를 지켜보던 30여 명의 사원이 모두 따라 바지선 위에 올랐다. 그렇게 해서 우리는 함께 위기를 수습했다.

위기에 처한 CEO를 진정으로 도울 수 있는 동반자는 명령으로 얻어지지는 않는다. 그의 용기와 자신감과 솔선수범하는 자세 때문에 주위에 모인다.

존경받는 CEO 곁에 제갈공명이 나타난다

CEO는 기업 경영에 있어서 예술가다. 그리고 창의적인 리더십은 그로부터 우러나온 예술 작품이다.

CEO는 누구인가?

이 물음의 답은 CEO는 기업 경영의 최종 책임자이며, 기업의 성장뿐만 아니라 파산에 대한 책임자라는 것이다. 그 책임은 조직 운영의 기반이 되는 인재들과 함께한다는 사실을 잊어서는 안 된다. 따라서 확실한 인사권은 CEO의 필수적인 권리임을 구성원 모두가 인식해야 한다. 존경받는 CEO 옆에 뛰어난 전략가 제갈공명이 나타나는 법이다.

그리고 CEO는 트루먼 대통령의 집무실 책상 위에 놓여 있던 '책임은 내가 진다'라는 글을 늘 상기해야 한다.

'경영은 예술인가?'

크든 작든 한 조직의 CEO라면 이 질문에 어떻게 답할 것인지 생각해보기 바란다.

19

인생에서 가장 중요한 것은 무엇인가?

뜻하지 않은 일로 불안과 초조의 날들을 보내던 어느 날,
어둠 속에서 고요히 그분과 대화를 나누다가 깨달았다.
그 무엇보다 평안한 마음이 행복의 주춧돌이라는 것을.

암흑 속에서 고요히 그분과 주고받는 대화

한국리더십센터에서 주최하는 3박 4일 일정의 세미나에 참석했다. 행사의 마지막 날 저녁에 참석자들에게 주어진 과제는 '당신 인생에서 가장 중요한 것이 무엇입니까?'라는 질문에 대한 답을 작성하는 일이었다. 그 발표는 다음날 아침에 하기로 되어 있었다.

처음에 이 과제는 아주 만만하게 보였다. 하지만 막상 펜을 들었을 때, 나는 그런 아주 근본적인 물음에 쉽게 답할 수 없다는 것을 깨달았다. 마음에서 우러나오는 솔직한 생각을 종이 위에 적기가 어려웠다. 당시 내 나이가 65세임에도 말이다.

호텔 방 책상 앞에 앉아 나의 삶에서 가장 중요한 것이 과연 무엇일까 생각했다. 얼른 5분 만에 글을 작성하고 아래층 바에 모여 맥주

나 한잔하려 했는데 손이 마치 무엇에 붙들린 듯 한 글자도 쓸 수 없었다.

시간이 흐르면서 초조감마저 들었다. 마음속에서 '쓰기 어려우면 그냥 아무렇게나 상식적인 이야기라도 적어' 하는 소리가 울려왔다. 나는 그러기로 작정하고 이튿날 발표할 내용으로 몇 자 적은 뒤 친구들이 기다리고 있는 맥줏집으로 내려갔다.

다음날 아침, 여느 사람들이 말하는 것처럼 나에게 가장 중요한 것은 가족이라는 내용의 글을 읽었다. 하지만 내가 정말 나의 인생에서 가장 중요한 것이 무엇인지 진정한 답을 찾지 못했다는 것이 마음에 걸렸다. 그 이후로도 이 질문은 잊히지 않고 계속 머릿속을 빙빙 맴돌았다. 그럴 때마다 나는 언젠가는 답을 찾을 수 있을 거라고 위로하며 하루하루를 넘어가고는 했다.

어느 날 날아든 낯선 우편물 하나

어느 날 예금보험공사로부터 우편물 하나를 받았다. 쌍용자동차를 떠난 지 8년이 지난 때였다. 이미 다른 일을 하면서 쌍용자동차에 대한 기억이 희미해질 무렵에 받은 이 우편물은 나와 아내를 절망에 빠뜨렸다. 그 안의 서류에는 내가 쌍용자동차 대표이사로 재직하던 시절에 업무와 관련한 비리가 있어 보이므로 이를 밝히기 위해 2개월간 10명의 수사관을 평택 공장에 파견해 조사를 시작한다는 내용이 적혀 있었다. 다른 후임 사장과 중역 들도 비슷한 내용의 우편물을 받았다고 했다. 다른 그룹의 회장, 사장, 간부 들도 그와 같은 통지를 받았다는 소식을 들었다. 많은 대기업 경영자들이 줄줄이 소환되어 조사 받고 때로는 구치소를 드나들고 있었다. 정권이 바뀌고 대기업 총수들이 수사의 표적이 되던 무렵이었다.

1960년대와 1970년대를 거치면서 산업의 기초가 다져졌고, 그로부터 50년 사이에 한국 기업들은 국내시장에서 세계시장으로 보폭을 크게 넓혀 나갔다. 산업화가 빠르고 활발히 진행되면서 많은 한국 기업이 새로운 별로 떠올랐다. 모두들 전력투구했고 미국과 유럽의 내로라하는 기업들로부터 당당한 경쟁자로, 또는 유력한 파트너로 인정받기에 이르렀다. 이들 기업들의 성과는 대한민국 경제 발전의 원동력이자 견인차 역할을 했다. 그 과정에서 은행 대출은 기업들이 성장할 수 있게 하는 샘물이요 단물이었다. 은행 대출은 기업으로서는 인간에게 꼭 필요한 피와 같은 존재였다.

당시 쌍용자동차는 연간 생산량 5000대에서 20만 대로의 변신을 꾀하고 있었다. 신형 자동차를 우리 손으로 자체 개발하기 위해 노력했고, 그 목표를 이루기 위해서는 많은 인력과 새로운 설계실, 연구개발실, 그리고 조립 공장 등이 필요했다. 여기에는 은행 대출이 필수적이었고 그것 없이는 답을 찾을 수 없던 시절이었다. 자금 운영에 있어서 불법 정치자금 조달이나 위법 행위가 들어설 여지는 조금도 없었다. 오로지 기업의 성장만이 절박한 상황이었는데 과거의 비리를 조사하고 불법 행위를 밝히겠다는 통보를 받게 되니 도무지 이해할 수가 없었다.

그 무렵 기업들의 일반적인 부채 비율은 300퍼센트에서 많게는 700퍼센트에 이르기도 했다. 하지만 부채 비율이 높다고 하더라도 급성장하는 회사는 문제 없이 갚아나갈 수 있었다. 50년 사이에 200배가 넘는 경제성장을 보인 나라는 없었다. 하지만 그런 기적 같은 일을 일으킨 나라가 한국이었다.

쌍용자동차는 그룹 차원의 도움도 제대로 받지 못해 은행에서 대출을 받으려고 많은 노력을 기울였다. 따라서 어렵게 마련한 자금을 관련 기관에 뇌물로 바친다든지 정치자금으로 쓴다는 것은 어림도 없는 일이었다. 과거 사장이었던 나를 아무리 조사한다 해도 어떤 비리나 잘못은 찾아낼 수 없을 것이라고 생각했다. 하지만 기업 차원에서 많은 일을 추진했기 때문에 그 와중에서 어떤 불법적인 행위가 아예 개입되지 않았다고 단정하기는 어려웠다. 먼지를 털려고 작정했다면 한 톨의 먼지도 나오지 않을 수는 없는 노릇이었다. 회사를 떠난 지 8년이나 지난 일을 들추어서 현재의 법에 비추어 심판한다는 것은 납득하기 어려운 처사였다. 하지만 그것 역시 대표이사가 지고 가야 하는 짐이기도 했다.

그런 통보를 받고 눈물을 보이는 아내에게 할 말이 없었다. 거의 모든 집안 일은 아내가 맡아서 꾸려온 터였다. 늘 고생하는 아내에게 어처구니없는 소식을 듣게 한다는 것이 마음 아플 따름이었다. 잠도 제대로 오지 않았다. 선잠이 들었다가 한밤중에 눈을 뜨면 초조와 불안으로 심장은 쿵쾅거리며 거칠게 뛰었다. 이런 상황에서 평온한 마음을 찾는다는 것은 불가능했다.

'이 사람들이 정말 내가 모르는 무엇인가를 찾아내면 어떡하지?'

하는 생각으로 불편한 날들을 보냈다.

조사가 이어지는 불안과 초조의 2개월

마침내 검찰에서 조사 장소와 시간을 통보해왔고, 나는 시간에 맞춰 검찰에 출두했다. 조사실 바로 옆방에서 검사와 쌍용자동차 임원 사이에 묻고 답하는 소리가 어렴풋이 들렸다. 마치 죄인을 데려다놓고 심문하는 것 같았다. 검사는 사실 관계 여부를 집중적으로 물었고 나는 아는 그대로 대답했다.

조사를 마치고 나왔으나 마음은 좀처럼 진정되지 않았다.

'도대체 내가 무슨 죄를 지었단 말인가? 새벽 5시 30분에 일어나 출근해서 밤늦게까지 회사를 성장시키려고 정신없이 몰두한 일밖에 없는데, 내가 왜 이런 조사를 받아야 하나? 만일 내가 이 일로 감옥에 가게 된다면 세상은 정말 공평하지 않은 것이다!'

바늘방석 같은 하루하루였다. 아내마저 혹시나 내가 무슨 큰 잘못을 저지른 것은 아닌지 불안해했다. 나는 도대체 나와 연관된 사건의 실체가 무엇인지 몹시 궁금했다. 얼마 뒤 알게 된 내용은 이랬다.

손명원 사장이 7000억 원에 가까운 쌍용자동차 관련 은행 대출 서류에 개인 인감도장을 찍었고, 그중 3000억 원은 정리가 되었으나 아직 4000억 원은 정리되지 않았다. 따라서 만일 어떤 잘못이 발견되면 4000억 원에 대한 책임을 져야 할지도 모른다.

회사를 떠난 지 8년이 지난 시기에 이런 산술은 정말 믿기 어려웠다. 하지만 당시 은행의 요구에 따라 어쩔 수 없이 개인 인감을 찍었다 하더라도 법률적 책임은 피할 수 없다고 했다. 세상이 원래 공평하지만은 않다는 것은 알고 있었지만, 나에게 그런 터무니없는 일이 닥칠 거라고는 생각해본 적이 없었다.

조사가 이어지는 2개월 동안 조마조마한 시간을 보냈다. 결과가 나오는 마지막 날이 어서 오기만을 초조하게 기다렸다. 나와 함께 회사를 위해 최선을 다하던 이들이 불려 다니며 조사를 받는다는 것이 몹시 마음 아팠다.

이제 예정되었던 2개월의 조사 기간이 이틀 남았을 때, 나를 위해 노심초사 애써주시던 친척으로부터 전화가 걸려왔다. 사건 이후 일이 잘 풀리도록 매일 새벽기도를 나갔는데 감기에 걸려 내일은 못

가겠으니 대신 나가달라는 부탁이었다. 너무나 감사했다. 당사자인 나조차도 하나님께 살려달라고 기도하지 않았는데 남이 나를 위해 매일같이 기도하고 있었다니….

"네, 꼭 나가겠습니다."

이튿날 새벽 5시에 알람 소리를 들으며 일어났다. 집에서 멀지 않은 교회를 향해 걸어가며 '나는 왜 불안한 마음을 안정시켜달라고 기도하지 않았지?' 하는 생각을 했다. 일평생 한 번도 죄인 취급을 받은 적이 없는 내가 왜 이런 형편에 처하게 되었는지를 자신에게 묻고 또 물었다.

새벽기도 시간, 목사님의 말씀은 내 마음을 어느 정도 안정시켜주었다. 예배가 끝나고 교회 안의 불이 꺼졌다. 눈을 감자 암흑이 내 몸을 감쌌다. 아무것도 보이지 않았다. 마치 나 자신이 끝없이 까만 허공에 떠 있는 것 같았다. 맨발로 뛰지만 발이 땅에 닿지 않고 그냥 허공에 헛발질을 하는 듯했다. 나는 나 자신과, 그리고 아주 가까이 있지만 보이지 않는 분, 그 하나님과 대화를 나누었다. 그분이 이렇게 말씀하셨다.

"명원아, 네가 너의 것이라고 생각하고 있는 모든 소유물은 나의 것이지? 내가 원하면 언제든지 나의 것으로 만들 수 있지?"

나는 조용히 답했다.

"네, 그러네요. 4000억 원은 제가 소유하고 있는 모든 것을 합쳐도 그것의 100분의 1도 안 되겠네요."

"명원아, 너의 건강도 나의 것이지?"

"지금까지 저는 열심히 운동하고 건강히 살려고 노력해왔지만, 요즘 마음이 불안해진 이후에는 운동도 하기 싫은 것이 사실이에요. 정말 건강도 하나님의 것이네요."

새벽기도를 마치고 어둠 속에서 바라본 십자가. 삶에서 가장 중요한 것은 마음의 평안이다. 캄캄한 어둠 속에서 그분과 조용히 대화를 나누었다. 그동안 답을 찾지 못했는데 이제는 자신 있게 말할 수 있다. 인생에서 가장 중요한 것은 마음의 평안이라고.

긍정적인 마음 자세를 가지고서 하겠다는 의욕이 있을 때나 건강을 지키기 위한 운동도 할 수 있는 것이다. 불안하고 포기하고 싶은 상황에 있는 사람은 건강을 챙기는 일도 어렵다는 것을 시인할 수밖에 없었다.

얼마 전 한국리더십센터 세미나에 갔을 때, 마지막 날 던져졌던 질문이 떠올랐다.

'당신 인생에서 가장 중요한 것이 무엇입니까?'

그 질문에 대한 진심 어린 답을 찾지 못했던 일이 생각났다. 짙은 어둠 속에서 고요한 마음으로 1 대 1의 대화를 나누고 있는 그분에게 물었다.

"삶에서 가장 중요한 것이 무엇이지요?"

나는 또 나에게 물었다.

"인생에서 가장 중요한 것이 무엇인가?"

그때 그분이 나에게 이야기했는지는 몰라도 이제는 자신 있게 답할 수 있었다.

"인생에서 가장 중요한 것은 마음의 평안이다!"

평안한 마음은 너그러운 눈으로 세상을 보게 하고, 긍정적인 마음으로 일하게 하고, 적극적인 마음으로 건강에 힘쓰게 하고, 사랑과 용서로 주위 사람들과 하나가 될 수 있게 한다.

그 다음 질문은 '어떻게 하면 이 소중한 마음의 평안을 가질 수 있는가?' 하는 것이다. 나는 한참 생각했다. 옆에 계시던 그분이 답하는 것 같았다.

"너의 소유와 너의 건강은 다 나의 것이야. 하지만 내가 가져가지 못하는 것이 하나 있다. 그것은 네가 지금까지 쌓아온 인간관계야. 그것은 온전히 너의 것이야!"

삶에서 차곡차곡 쌓인 인간관계가 바로 '나'

마음의 평안을 누리는 것은 좋은 인간관계에서 온다. 사람은 태어나서 죽을 때까지 다른 사람과 어울리며 살아간다. 주위의 모든 사람과 갈등이나 분쟁 없이 살아가는 원만한 관계는 결국 나를 평안하게 만들어주는 것이다.

쌍용자동차에서 함께 일하던 이들이 나에 대한 검찰의 질문에 "그 사람은 열심히 정직하게 일한 사람이다"라고 증언하면 나는 평안해질 것이고, 만일 그들이 "그는 매우 이기적이며 자기 욕심만 채우려고 불법 행위를 서슴지 않은 사람이다"라고 대답한다면 나는 곤란을 면하기 어려울 것이다.

인생은 나뭇가지에 붙어 함께 자라는 잎과 같은 것이 아닌가 싶다.

봄이 되면 앙상한 가지에 연푸른 새잎이 나오고, 그 조그만 잎이 점점 자라 여름이 되면 초록으로 바뀌면서 강한 힘을 자랑한다. 그리고 가을이 오면 잎은 황금빛으로 변한다. 이 아름답고 고귀해 보이는 단풍잎은 겨울이 가까이 왔음을 알려준다. 싸늘해진 바람과 햇살을 받으며 황금빛의 단풍잎은 마지막 계절을 예고한다. 차가운 겨울바람이 스치면 그 잎은 지난 추억을 영원히 함께하자고 약속하며 굳게 잡고 있던 손에 살며시 힘을 푼다. 흩날리며 떨어진 나뭇잎은 결국 거리를 청소하는 이의 손에 의해 쓰레기 포대에 담겨 아무도 거들떠보지 않는 곳으로 조용히 사라진다.

한 잎의 시작과 끝을 생각하며 우리의 인생을 돌아본다. 흰머리와 메마른 피부는 삶의 마지막을 준비하라는 신호가 아닌가? 모든 것을 포기하고 버릴 줄 아는 것도 삶의 아름다움이 아닌가? 내가 걸어온 길을 다시 혼자서 조용히 돌아가는 것이 하늘이 내려준 마지막 선물이다. 우리가 가야 하는 그 길을 평안히 걸어가고 싶다. 하늘이 허락한 인생을 귀한 선물처럼 감사히 여기며 사는 것이 평안한 삶 아닌가?

눈을 감고 암흑 속에서 그분과 주고받는 대화 중에 나의 생에서 가장 중요한 것은 마음의 평안이고, 그것은 주위 사람과의 평안한 관계를 통해 만들어진다는 것을 알았다. 이 평안은 사랑과 용서와 겸손을 삶의 원칙으로 삼고 따라야만 이루어진다는 것을 깨닫고 불안과 초조에 떨던 날들을 뉘우쳤다. 그리고 나의 나뭇잎이 높은 가지에서 떨어질 때 지나가는 바람이 그것을 안아다 넓은 바다로 흘러가는 시냇물에 떨어뜨려주기를 바랐다.

캄캄한 교회 안에서 그런 생각에 잠겨 있다가 눈을 떴다. 그제야 새벽기도가 끝난 지 오래라는 것을 알고 자리에서 일어섰다. 빛이 없는 고요한 교회에서 삶의 빛이 무엇인지를 깨달은 것 같았다.

새벽기도 다음날 예금보험공사로부터 통보를 받았다. 2개월에 걸친 조사 결과 검찰로 넘길 만한 사안이 없음을 알리는 내용이었다. 2개월 동안 조바심과 불안감 속으로 나를 밀어넣었던 이 사건은 마치 쓰나미가 휩쓸고 간 듯 우리 가정을 황폐하게 만들어버렸다. 이 사건은 믿고 있던 가장이 범죄의 혐의자가 되었다는 점에서 아내의 마음에 깊은 상처를 남겼다.

그 뒤 아내는 암이라는 질병과 싸워야 했다. 수술대 위에 누워 있는 환자는 자기의 생명 전부를 의사의 칼에 맡긴다. 인간은 주위의 많은 사람과 함께하고 서로 도울 때 마음에 평안을 얻을 수 있다. 평안한 마음이 행복의 주춧돌이다. 황금빛 잎사귀는 곧 겨울바람이 다가오고 있음을 알리는 메신저다. 나의 삶에서 차곡차곡 쌓인 인간관계가 바로 나다.

20

아버지와 어머니의 영원한 해군 사랑

해군사관학교 생도들의 전투 수영 원영 훈련에 참가했다.
어머니에게 진해 '원일다락방'은 당신 마음의 고향이었다.
두 분의 해군 사랑은 손원일선교센터에서 영원히 함께할 것이다.

잊지 못할 진해 앞바다의 하얀 점들

2015년의 이른 봄, 해군 참모총장 이취임식이 끝난 뒤 몇 분과 차를 마시는 자리였다. 대화 중 장성 한 분이 해군사관생도들이 매년 여름 방학 전에 갖는 장거리 전투 수영 훈련 이야기를 꺼냈다. 듣고 있던 나는 다섯 살 무렵의 기억이 떠올랐다.

그때 어머니는 해군사관학교 1, 2기 생도들에게 직접 작곡하신 군가와 교가를 가르치셨다. 한번은 어머니와 함께 해군사관학교에서 멀지 않은 돼지섬이라 불리는 저도에 간 적이 있었다. 그때 생도들이 줄지어 바다 멀리 수영해 나가는 모습이 무척 인상적이었다. 흰 모자를 쓴 생도 아저씨들이 한 줄로 늘어서서 하얀 물거품을 일으키며 수영하는 광경이 수영을 할 줄 모르는 어린 눈에 무척이나 멋있게 보였다. 바다 위에 떠 있던 그 하얀 점들은 70년이 지나도록 지워지지 않고 머릿속에 선명하게 남아 있었던 것이다.

"저도 생도들과 함께 수영할 수 있을까요?"

나도 모르는 사이에 해군 장성에게 묻고 말았다.

"네, 원하시면 함께 수영하실 수 있습니다. 하지만 너무 장거리라 반만 하셔도 좋습니다. 반환점인 섬에서 출발하시면 됩니다."

어려서 본 그 멋진 광경을 떠올리며 이제 나도 바다 위의 그 하얀 점들 속에 끼어 같이 수영할 수 있게 되었다는 설렘을 안고 서울로 돌아왔다. 해사 생도들의 그 행사는 전투 수영 훈련의 마지막 관문인 '원영(遠泳) 훈련'이었다.

나는 실내 수영장에서 자유형과 평영을 번갈아가며 연습하기 시작했다. 그리고는 그것만으로는 부족할 것 같아 바다 수영의 실전 훈련 계획을 세웠다. 연습 장소를 진해에서 멀지 않은 부산으로 정하고 현지에서 사업을 하고 있는 지인에게 부탁했다. 5킬로미터쯤 배를 타고 나가 헤엄쳐서 해변으로 돌아올 작정이었다.

태풍 전날 부산 앞바다에서의 수영 연습

부산의 지인으로부터 준비가 되었다는 연락을 받고 들뜬 마음으로 KTX를 타고 내려갔다. 그리고는 부두에 마련된 베이스캠프에서 노란 형광빛 긴팔 상의에 발목까지 내려오는 검정 수영복으로 갈아입은 뒤 곧장 바다로 나갔다. 방파제 옆의 부두에 조그만 어선이 기다리고 있었다. 나와 일행이 배에 올라탔을 때 선장이 닻을 건져 올리면서 말했다.

"내일 태풍이 온다는 예보가 있습니다. 그러니까 오늘 파도가 좀 클 수도 있어요."

그러나 나는 그러려니 하며 별로 심각성을 느끼지 못했다. 배가 방파제를 빠져나오자 잠잠해 보이던 바다가 출렁이기 시작했다. 얼마 지나지 않아 흰 거품이 뱃전을 넘나들었다. 뱃머리가 하늘로 솟았다가 아래로 뚝 떨어지기를 되풀이했다. 생각보다 파도가 심했다. 선장이 오랜 세월 배를 몰았지만, 이런 날 굳이 바다로 수영하러 가는 사람은 처음이라며 껄껄 웃었다. 그 이유는 얼마 남지 않은 원영 훈련 때문이지 그저 즐기자는 것은 아니라고 말하려다가 그저 미소로 답하기만 했다.

배가 바다 한가운데로 나왔다. 해변이 꽤 멀어 보였다. 선장이 배의 속도를 줄이며 물었다.

"여기가 어떻습니까?"

우리가 좋다고 하자 선장이 줄사다리를 뱃전에 내렸다. 그러나 나는 뱃전에서 곧장 바다로 뛰어내렸다. 찬 기운이 온몸을 감쌌지만 이내 적응이 되었다. 함께 뛰어든 지인은 준비운동이 없었던 탓인지 다리에 쥐가 났다며 다시 배 위로 올라갔다. 방파제를 지나올 때 뱃머리를 때리던 파도는 이제 거대한 덩어리로 보이면서 조그만 어선을 천천히 들었다 놓았다 하고 있었다. 나는 3킬로미터쯤 될 듯한 방파제 끝의 등대를 목표로 삼고 바다 수영을 시작했다.

파도가 나를 등 위에 싣고 달리는 기분이었다. 평소의 수영 실력보다 훨씬 빠른 것 같았다. 고리원자력발전소에서 그리 멀지 않은 방파제 끝 등대 부근까지 1시간이 채 안 걸렸다. 나는 다시 어선에 올라 선장에게 파도가 적은 곳으로 가보자고 하자 그가 울산 쪽으로 방향을 틀었다.

배는 속력을 내며 파도 속을 내달리다가 얼마 뒤 멈춰 섰다. 선장이 뱃전에서 뛰어내리기에는 물이 차가울 거라며 줄사다리를 내려 주어 이번에는 그것을 딛고 내려갔다. 파도는 이전보다 훨씬 약했다. 발목을 물에 담그는 순간 깜짝 놀라 도로 발을 뺐다. 수온이 조금 전과 너무 달랐다. 북쪽에서 내려오는 한류는 마치 냉장고에서 막 꺼낸 물처럼 차가웠다. 수영을 그만둘까 잠시 망설이다가 훈련하려고 여기까지 왔는데 춥다고 돌아간다는 것은 옳지 않다는 생각이 들어 그대로 바다에 몸을 담갔다.

1분가량 수영했는데 벌써 몸이 떨리기 시작했다. 조금만 더 있다가는 무슨 일이 일어날 것만 같아 배 쪽으로 돌아와서 줄사다리를 딛고 배 위에 올랐다. 선장에게 오늘 연습은 이것으로 마치겠다고 말했다. 배는 파도를 헤치며 처음 출발한 방파제 쪽으로 달렸다. 진해의 해군사관학교 앞바다는 섬들이 방파제 역할을 해서 파도가 적을 것이라 생각했다.

서울로 돌아온 나는 다음날부터 다시 실내 수영장에서 자유형과 평영을 번갈아가며 연습했다.

해군 가족과 함께 아버지를 추억하다

디데이가 하루 앞으로 다가왔다. 전투 수영 원영 훈련 전날 아침 어머니를 모시고 5시간이 걸려 진해로 갔다. 고단하셨는지 계속 주무시기만 하던 어머니가 창원에 도착할 때쯤 눈을 떴다. 금세 어머니의 얼굴이 미소로 가득 찼다.

"명원아, 진해 공기는 달라."

어머니는 마치 어린아이가 놀이동산에 온 듯이 좋아 어쩔 줄을 몰라했다. 해군 창설 시 아버지와 함께 젊음을 바친 진해였다. 나는 그런 어머니를 보자 70년 전의 우리 집 풍경이 그려졌다. 피아노 앞에 앉아 밤새워 작곡을 하던 모습, 해군사관학교 1기생에게 교가와 해군가를 가르치던 모습…. 그때 노래를 배우던 생도가 어린 내게 하던 말도 생각났다.

"얘, 엄마한테 너무 고음으로 작곡하지 말라고 해. 배고파 목소리 안 올라간단 말이야."

이런저런 추억을 떠올리는 동안 자동차는 해군통제부 앞 로터리를 돌고 있었다.

우리는 공관에 마련된 숙소에 짐을 푼 뒤 학교장을 비롯한 몇 분과 저녁 식사를 했다. 방으로 돌아온 나는 다음날 있을 원영 훈련의 스케줄을 살펴보았다. 7시 아침 식사, 7시 45분 신체검사, 8시 30분 수영 시작, 12시 점심 식사 등으로 짜여 있었다.

드디어 원영 훈련 당일 오전 7시, 아침 식사 뒤 해군사관학교로 갔다. 간단한 신체검사를 마치고 생도들이 준비체조를 하고 있는 운동장으로 가서 몸을 풀었다. 모두 3개 팀으로 나뉘어져 있는데 나는 A팀에 속해 있었다.

8시 30분, 생도들이 바다로 걸어 들어가기 시작했다. 나도 그들 틈에 섞여 바닷물에 몸을 담갔다. 수영을 한 지 얼마 되지 않아 해파리 떼가 눈앞에 나타났다. 순간 손등이 따끔하더니 이어 얼굴도 따끔거렸다. 해파리 떼 안에 들어온 것이었다. 나에게는 아무런 선택권이 없다. 내가 할 수 있는 것이라고는 어서 이 포위된 해파리 부대에서 탈출하는 것뿐이었다. 그냥 수영해서 앞으로 전진하는 것 외에는 달리 방법이 없었다. 물을 힘차게 팔로 당기고 발로 찼다. 상의와 하의가 긴 수영복을 입고 있어서 그나마 다행이었다.

30미터쯤 지나자 해파리 떼는 사라졌는데 쏘인 곳이 바늘에 찔린

해군사관생도의 전투 수영 훈련에 참가. 마음만으로 누군가를 도울 수 없다. 수영을 모르면서 무작정 뛰어들어 물에 빠진 사람을 구할 수는 없다. (2017년 8월 4일)

듯 따갑고 쓰렸다. 그렇다고 수영을 그만둘 수는 없었다. 이런 일이 있기에 전투 수영 원영 훈련이라 하지 않는가 싶었다. 나는 쉬지 않고 헤엄쳐 나갔고 스치는 바닷물은 따갑고 쓰린 상처를 조금씩 씻어주었다. 얼마 안 있어 하얀 점들이 반환점인 서도를 돌기 시작했다. 섬을 돌아 출발점인 학교 운동장으로 들어오면 끝난다.

평영을 하면서 머리를 물속에 넣었다 뺐다 수없이 반복하다보니 목과 어깨 근육이 뻐근했다. 팔과 다리도 점점 묵직해졌다. 긴 시간 되풀이되는 움직임은 모든 근육을 무겁게 했다. 하지만 학교 운동장이 가까워지는 만큼 마음은 점점 가벼워졌다. 마침내 해군사관학교 충무관 건물이 눈에 들어왔다. 2시간 남짓 수영을 한 것 같았다. 전투 수영 원영 훈련을 완수하게 되어 몹시 뿌듯했다.

몸은 힘들었으나 생도들과 함께 수영한다는 것 자체가 나를 기쁘게 했다. 이 많은 해군 가족과 같이 훈련에 참가하면서 아버지를 추억할 수 있어서 고마웠다. 손원일이라는 이름은 나의 아버지이기 이전에 대한민국 해군 모두의 아버지였다.

수영을 마치고 어머니를 모시고 교내 식당에서 모두 같이 어울려 점심 식사를 했다. 5킬로미터 수영이 2시간 30분 걸렸다고 했다. 생도들에게 특강을 해달라는 학교장의 부탁을 받고 '꿈과 전략'이라는 주제로 간략히 몇 마디 전했다. 나는 이 수영을 생도들처럼 4년을 참가하고 졸업했다.

어머니의 또 다른 고향 '원일다락방'

어머니와 함께 진해 '원일다락방'에 들러 거기 계시는 몇 분과 인사를 나누었다. 어머니의 숨결이 배어 있는 그곳은 젊은 해군들의 쉼터이자 예배를 보며 믿음을 나누는 곳이었다. 1970년대 초 사관학교를 졸업하고 임관한 장교들이 작전을 마치고 귀항했을 때 일부는 당시 옥포선교회의 허름한 기도실에서 예배도 보고 휴식도 취했다. 그를 본 어머니는 새 건물을 짓기로 마음먹고 주위에 도움을 요청했다. 국방부 장관을 지낸 김성은 4대 해병대 사령관이 땅을 희사했고 순복음교회 조용기 목사가 건축비를 헌납해 1983년 2층짜리 건물을 신축했다. 그 뒤 어머니는 30년 넘도록 한 달에 한 번은 이곳 원일다락방에 오셨다. 거기서 해군 신도들과 예배도 보고 여러 모임을 주선하기도 했다. 어머니로서는 매우 소중한 장소였다.

오래된 건물 안의 어머니 방에 들렀다. 곳곳에 당신의 해군 사랑과 믿음이 묻어 있는 귀한 공간이었다. 휠체어 타기를 마다하시는 98세의 어머니는 방 안에 들어서자 나의 손을 잡더니 같이 기도하자고 했다. 어머니는 마음의 고향을 이곳 진해 원일다락방에 두고 있었던 것이 아니었나 싶었다.

어머니는 기도를 마치고도 무슨 생각에 잠긴 듯 한참을 그대로 앉아 있었다. 그런 뒤 나의 손을 잡으며 말했다.

"명원아, 이제 떠나자."

어머니 홍은혜 권사는 2017년 4월 19일 101세를 일기로 조용히 눈을 감으셨다.

이후 해군·해병대 선교 관계자들이 해군 선교 70주년을 맞아 재단법인 '손원일선교재단'을 설립했다. 그리고 낡은 건물을 헐고 현대식 4층 건물인 '손원일선교센터'를 새로 짓기로 했다. 손원일선교센터 건물은 2021년 7월 기공식을 가진 이후 준공을 앞두고 있다. 이제 또 다른 다락방이 완공되면 아버지와 어머니의 해군 사랑, 진해 사랑은 거기서 오래도록 함께할 것이다.

21

가슴으로 만든 노래 <대한민국 해군아!>

해군 창립 70주년을 기념해 새로운 군가를 만들고자 했다.
어릴 때부터 들어온 이야기를 바탕으로 글을 쓰고 곡을 붙였다.
노래를 듣고 100세의 어머니는 옛날 생각이 났는지 눈물을 흘리셨다.

어머니와 아버지의 마음으로 해군 군가를 만들다

2015년 봄이었다. 어머니의 나이는 100세에 가까웠다. 해군 창립 당시 어머니는 여러 개의 해군 군가를 작곡했다. 그중 손원일 작사의 〈바다로 가자〉, 이은상 작사의 〈해군사관학교가〉 등은 널리 알려져 있다. 우리 가족은 해군인 아버지를 따라 바닷가에서 많이 살았다. 다섯 살 무렵 내가 모래밭에서 놀고 있으면 어머니는 곁에서 공책에 무엇인가 적었고 집에 와서도 그것을 열심히 들여다보고는 했다. 나는 그때 어머니가 바닷가에서 작곡을 하고 있는 줄을 몰랐다.

그해 11월 11일은 해군 창립 70주년이 되는 날이었다. 해군 창립 70주년과 어머니 나이 100세에 맞춰 새로운 해군 군가를 만든다면 특별한 의미가 있을 거라는 생각이 들었다. 하지만 한 가지 염려스러웠던 것은 천안함 피격 사건이었다. 5년 전의 참사였으나 어머니는 천안함 이야기만 나오면 "내 새끼, 내 새끼…" 하며 오열했다. 새로운 해군 군가 작곡에 대해 말씀드리려 했는데 때마침 TV에서 천안함에 관한 뉴스가 흘러나왔다. 어머니는 또 울기 시작했다. 나는 작곡에 대한 말을 꺼낼 수 없었다. 며칠 뒤 어머니에게 해군 창립 70주년을 기념해 새로 군가를 만들면 당신이 그토록 사랑하는 해군에게 주는 좋은 선물이 되지 않겠느냐고 했다.

"그래, 그거 좋은 생각이구나. 작사는 네가 해보렴."

아버지의 뜻을 이어 아들이 노랫말을 쓰는 것도 의미 있을 것 같아 나는 어릴 때부터 두 분에게서 들은 이야기를 바탕으로 글을 써보기로 작정했다.

고등학교 3학년 때 어머니는 눈물을 흘리며 해군 창설 당시의 감동적인 이야기를 들려준 일이 있었다. 나는 그 모든 기억을 더듬어 노랫말의 줄거리를 엮은 뒤 어머니에게 읽어드렸다. 우려한 대로 99세의 어머니는 옛날 생각이 났는지 눈물을 흘리셨다. 이런 상태에서 어머니에게 작곡을 부탁한다는 것은 무리라고 판단되어 내가 쓴 노랫말에 직접 곡을 붙여보기로 마음먹었다. 어려서부터 늘 음악과 함께했기에 어머니가 심어놓은 노래의 씨앗이 내 마음 어딘가에서 싹이 트고 있는지도 몰랐다.

작사와 작곡을 다 끝내고 어머니에게 들려드렸더니 좋아했다. 나는 그것을 한 해군 장교에게 들려주었는데, 그는 군가로는 좀 느려 사랑의 노래 같은 느낌이 강하다며 보다 박력이 가미되었으면 좋겠다고 했다. 그의 조언에 따라 용감한 해군이 씩씩하게 부를 수 있도록 템포를 좀 더 빠르게 바꾸었다.

독일에서 전자 음악을 전공한 박재수 교향악단 지휘자에게 내가 완성한 곡을 보였다. 그는 군가에 필요한 반주를 준비해서 녹음을 해 보자고 했다. 완성된 악보를 해군 군악대에 보냈고, 성악대원 3명이 서울로 올라와 이 곡을 처음 녹음했다. 해군 성악대의 독창과 합창을 들으니 가슴이 뭉클했다. 마지막 부분의 아버지가 좋아하시던 구절 '국가와 민족을 위하여 이 몸을 삼가 바치나이다'는 내가 외쳤다.

나는 녹음한 〈대한민국 해군아!〉를 대한민국 해군에 기증했다. 그리고 2018년 11월 9일 심승섭 해군 참모총장으로부터 직접 감사장을 받았다. 1년 반 전 101세를 일기로 숨을 거두신 어머니가 아버지와 함께 그 모습을 흐뭇하게 지켜보고 있을 듯했다.

다음은 내가 쓴 〈대한민국 해군아!〉 가사의 의미를 정리해본 것이다. 1절은 어머니가 들려주신 해군 사랑에 대한 이야기를 중심으로 꾸몄고, 2절은 아버지가 들려주신 해군 사랑에 대한 이야기를 중심으로 꾸몄다.

1절 — 어머니의 해군 사랑에 대한 말씀

경남 진해 흙길 위에서 고무신 신고 목총을 메고 대한민국 해군을 창설한다며 행진하는 70여 명의 젊은이들을 바라보던 것이 엊그제 같은데 벌써 70년이라는 세월이 흘렀다. 너무나도 어려운 시절이었다. 썩어서 냄새 나는 감자, 친척이 팔다 남은 생선을 얻어다 끓여 먹으며 끼니를 때울 때도 있었다. 지내기가 힘들어서 해군을 떠나는 청년을 볼 때면 우리는 이 고난을 꼭 이겨내야만 한다고 다짐했다.

"고향을 향해 앉아! 지금부터 운다! 실시! … 그쳐!"

산봉우리에 올라가 훈련병들에게 그렇게 외로운 마음을 달래줄 때도 있었다.

아무리 어려운 시절이어도 4월이면 어렴풋한 희망과 함께 진해에는 벚꽃 동굴이 만들어졌고 연분홍 벚꽃잎이 함박눈처럼 바람에 날리며 진해의 흙길을 뒤덮었다. 사관생도들이 제복을 입고 군화를 신고 소총을 매고 우렁차게 해군 군가를 부르며 행진하는 것을 보며 우리 해군 가족은 기쁨의 눈물을 흘리고 또 흘렸다. 시작할 때 우리가 소원했던, 멋진 신사 대한민국 해군이 되자던 그 약속을 부디 잊지 말아주기 바란다. 대한민국 해군아!

2절 — 아버지의 해군 사랑에 대한 말씀

조그만 섬나라 영국은 전 세계의 바다를 누비고 다녔다. 우리나라는 영국보다 더 작다. 비록 국토는 작지만 오대양을 호령하는 대한민국의 해군이 되어야 한다. 이 소중한 우리의 꿈은 젊음을 서슴없이 바다에 바치는 사나이들이 있기 때문에 꼭 이루어질 것이다. 세계 어디에서도 한 인간으로서 존경받는 신사, 정의를 위해서는 불의에 무릎 꿇지 않는 무사가 되어주기 바란다. 신사이자 무사가 대한민국 해군이다.

후렴 — 어머니·아버지의 해군 사랑

우렁찬 목소리로 행진하는 내 사랑하는 해군을 바라보고 있으면 북받쳐 오르는 그대들을 향한 나의 사랑을 주체할 길이 없구나. 해군의 미래는 해군사관학교가 그 바탕이며, 해군 창설과 동시에 해군사관학교의 교육을 강조한 것이 우리가 가진 강한 해군의 비전이었다. 해군사관학교를 품에 안고 있는 원일봉은 지난날 그랬듯이 미래에도 항상 그대들을 지키고 사랑할 것이다.

"국가와 민족을 위하여 이 몸을 삼가 바치나이다! 해군의 정신 잊지 말고 영원히 자라거라. 대한민국 해군아!"

대한민국 해군아!

작사·작곡 손명원

국가와 민족을 위하여 이 몸을 삼가 바치나이다!

22

까불지 마! 사업은 팀워크야!

현대그룹 정주영 회장의 1주기 추도식에서 지난 일들을 떠올렸다.
그분은 단단한 팀워크만이 큰일을 해내는 성공의 기반이라는
경영과 인생의 진실을 일깨워주신 큰 스승이었다.

현대그룹 정주영 회장 1주기 추도식에서

간밤에 내린 봄비와 낮게 드리운 회색 구름이 현대그룹 정주영 회장의 1주기 추도식장을 차분하게 감싸고 있었다. 경기도 하남시 선영에 도착했을 때는 이미 여러 대의 버스가 줄지어 서 있었다. 추도식은 조촐한 가족적인 모임일 거라 생각했는데 그게 아니었다. 하기야 한 나라의 경제에 대단한 획을 그은 분의 1주기 추도식이 가족들만의 행사로 치러질 일은 아니었다.

방명록에 서명을 한 뒤 "벌써 돌아가신 지 1년이라는 세월이 지났구나" 하고 혼잣말을 하면서 식장 안으로 들어갔다. 정몽구 회장을 비롯한 여러 가족 분들에게 인사하고 분향대 위에 놓인 정주영 회장의 사진 앞에 섰다. 하얀 백합 한 송이를 바치고 분향을 한 다음 외빈

석에 자리 잡고 앉았다. 은은하게 들려오는 음악 소리를 들으며 20년 전 함께했던 일들을 생각했다. 7년을 모시는 동안 많은 일이 있었으나 나로서는 결코 잊지 못할 두 가지 이야기가 있다. 아직도 그 일들을 추진하던 때의 기억이 어제 일처럼 생생하다. 하나는 세계 최대 규모의 '하모니 재킷 프로젝트'이고, 다른 하나는 '리비아 원유 시추 플랫폼 프로젝트'였다.

하모니 재킷 프로젝트는 앞의 〈역사에 남을 대역사—하모니 재킷〉에서 이야기한 바와 같이 울산에서 제작해 바지선으로 옮겨 미국 캘리포니아 앞바다에 설치한 세계 최대 규모의 해양 철구조물 작업이었다. 입찰 전 부하 직원을 믿고 축구장 4개를 길게 이어 붙인 400미터 길이의 조립장을 마련해주신 분이 정 회장이었다. 당시 그 같은 초대형 해양 철구조물을 조립할 수 있는 부지를 확보한 회사는 현대중공업뿐이었다. 정 회장의 과감한 결단이 아니었으면 하모니 재킷 프로젝트의 수주는 꿈도 꿀 수 없는 일이었다.

그리고 잊지 못할 두 번째 사업이 '리비아 원유 시추 플랫폼 프로젝트'이다. 나는 이 사업을 따내기 위해 리비아 석유부에서 중추 역할을 하고 있는 인물을 울산으로 초청했다. 그에게 이 대형 프로젝트에 참가하겠다는 강한 의지를 보이기 위해서였다. 당시 G7 국가들이 좌지우지하던 해양 건설 분야에 현대중공업이 뒤늦게 뛰어들어 불과 3년만에 세계 굴지의 회사들과 경쟁하는 위치에 서 있었다.

국가원수 카다피의 독단적인 행보 때문에 세계는 리비아 정부가 벌이는 여러 가지 사업에 곱지 않은 눈길을 보내고 있을 때였다. 고립감을 면치 못하는 리비아로서는 업계의 신데렐라로 등장한 현대중공업이 프로젝트에 참여 의사를 밝힌 것에 대해 고맙게 여기면서 일을 맡아서 잘 마무리해줄 것을 부탁하는 입장이었다.

석유 관련 건설 사업은 그 나라의 막대한 수입원을 확보하는 일이기 때문에 공사 대금에 대한 위험성은 거의 없다는 것이 나의 분석이었다. 이제 리비아에 가서 전체 프로젝트에 대한 의견 교환과 계약 사항을 협의하고 입찰에 응하는 일만 남게 되었다.

"내가 하라고 해서 꼭 그렇게 하면 어떡해?"

리비아로 떠날 모든 준비를 마친 나는 정주영 회장실로 갔다. 리비아 프로젝트에 대한 설명과 마지막 지시 사항을 받기 위한 회의가 마련되었다. 둥근 테이블에는 여러 명의 임원이 자리해 나를 기다리고 있었다. 내가 사업에 대한 설명을 시작하고 얼마 안 있어 정 회장이 큰 소리로 말을 가로막았다.

"가지 마. 사업이 되지도 않을 곳에 왜 가?"

이미 프로젝트의 내용을 다 알고 있었는지 내가 자세히 설명할 시간도 주지 않고 당장 출장 계획을 취소하라는 것이었다. 나는 이 프로젝트만큼은 성공할 수 있다고 여겼고, 회사가 많은 이익을 창출하게 될 거라고 자부하고 있던 차였다. 하지만 최고 보스가 하지 말라면 무조건 하지 않겠다고 말해야 하는 것이 당시 기업 상황이었다. 나는 대답 대신 가만히 머리를 숙이고 있었다. 속으로 나의 연봉을 걸고 내기를 해도 자신이 있는데 왜 이렇게 완강히 거부하는지 잘 이해되지 않았다.

"회의는 이것으로 마칩니다. 다들 나갑시다."

정 회장은 다른 회의를 위해 서둘러 회의실을 나섰다. 복도에서 그는 뒤따르는 나에게 나직히 말했다.

"손 부사장, 나하고 같이 차 타고 가지."

나는 아무 말없이 뒤를 따랐다. 머리가 복잡했다. 이탈리아 밀라노에서 갖기로 한 해양 설치 회사 미코페리와의 협의, 리비아 석유부 인사들과의 협상 등 예정된 일정을 취소해야 하는 현실은 예삿일이 아니었다. 같이 가자고 해서 따라가고는 있었지만, 마음은 여간 혼란스러운 것이 아니었다. 1시간 뒤에는 공항에 도착해야만 하는 시점이었다. 승용차 앞좌석에 타려고 문고리를 잡는데 정 회장이 말했다.

"손 부사장, 내 옆에 타세요."

나는 쓸데없이 왜 위험한 리비아 프로젝트를 추진했느냐고 꾸지람 들을 각오로 뒷자리에 앉았다. 그런데 뜻밖에도 조금 전 사무실에서 들은 것과는 전혀 다른 목소리로 물었다.

"손 부사장, 딸 수 있을 것 같아요?"

나는 마치 권투 시합에서 왼쪽 주먹을 내민 뒤 오른쪽 주먹으로 날리는 강펀치를 턱에 맞은 것같이 얼떨떨했다.

"네, 딸 수 있을 것 같습니다."

"수금도 잘 될 수 있을 것 같아?"

"네, 리비아 정부로서는 원유 사업이 가장 중요한 일이기 때문에 수금 면에서도 별 문제가 없을 것이라고 생각합니다."

"손 부사장, 비행기 시간에 늦지 말고 잘 다녀와."

그러면서 정 회장이 차를 세웠다. 나는 뒤따라오던 나의 차를 타고 공항으로 갔다. 정말 큰 노다지를 놓쳤다고 속상해하다가 다시 붙잡은 것 같은 기쁨과 어렵사리 잡은 면담 약속들을 취소하지 않아도 된다는 안도감이 한꺼번에 밀려와서 힘이 쭉 빠졌다.

그런데 정신이 들자 별안간 태도를 바꾼 이유가 언뜻 이해되지 않았다. 왜 여러 사람이 있는 회의 자리에서는 하지 말라고 했다가 조용히 꼭 따내라고 하는지 알 수 없었다.

리비아 석유부 장관의 방문. 정주영 회장은 큰일은 조직의 팀워크에 의해 이루어나가는 것이지 어떤 개인의 능력으로 달성되는 것이 아니라는 점을 가르쳐주었다. (1983년)

출장 일은 순조롭게 진행되어 계약 단계만 남은 상태였다. 나는 그런 현황을 울산 전 지역의 본부장급 회의에서 보고했다. 브리핑이 끝나자 정 회장은 큰소리로 계약을 당장 취소하라고 명령했다.

"당장 지금 나가서 무효라고 통지하란 말이야!"

나는 회의 자리에서 일어나 밖으로 나왔다. 사무실에 전화를 걸어 좀 전의 상황을 동료에게 전했다. 그 역시 말도 안 된다며 야단이었다. 나는 리비아 측에 연락을 취하는 일은 조금 시간을 갖자고 했다. 정 회장의 진심이 무엇인지 파악할 때까지 잠시 기다릴 필요가 있다고 판단했다. 그날 저녁 정 회장이 묵고 있는 숙소로 찾아갔다.

"오후에 지시하신 대로 취소 통보했습니다."

"뭐라고들 해?"

"그러면 안 된다고 펄쩍 뛰고 있습니다."

"내가 하라고 해서 꼭 그렇게 하면 어떡해? 자신이 생각하고 판단해서 행동에 옮기란 말이야."

"알겠습니다."

나는 급히 일어서 나와 사무실로 갔다. 이후 우리는 리비아 원유 시추 플랫폼 프로젝트를 수주하고 작업을 완료해서 많은 이익을 냈다.

단단한 팀워크만이 사업 성공의 기반이 된다

그로부터 20년이 지난 정주영 회장의 1주기 추도식 자리에서 당시의 일들을 떠올렸다. 왜 그분은 많은 사람들 앞에서 좋은 소식을 알렸을 때 잘했다는 칭찬 대신 쓸데없는 일을 한다고 나무랐을까?

큰일은 조직의 팀워크에 의해 이루어나가는 것이지 어떤 개인의 능력으로 달성되는 것이 아니다. 팀의 협력을 고맙게 여기지 않고 자신의 능력만 내세우기 시작할 때 그의 조직 운영 능력은 점차 상실되고 만다. 정 회장은 바로 그런 점을 가르치려 하지 않았나 하는 생각이 들었다.

정주영 회장은 참으로 많은 일을 해냈지만, 그중에서도 현대가 자리를 잡고 세계에 이름을 알리게 된 것은 건설 사업이 아니었나 싶다. 특히 건설 사업의 큰 프로젝트는 튼실한 팀이 형성되었을 때만 그 목표를 온전히 달성할 수 있다. 정 회장은 긴 세월 동안 많은 일을 추진하면서 건설의 실체, 사업의 실체를 파악하고 있었다. 그것을 부하 직원에게 전수함으로써 현대가 추진하는 프로젝트들이 성공이라는 목표를 달성하도록 이끈 것이라는 생각이 들었다. 팀워크가 반드시 사업의 중추 역할이 되어야만 한다는 교훈을 따끔하게 일러준 것이었다.

큰 빌딩을 짓고 싶은 사람이 땅과 자금을 마련하더라도 이를 실현

시키기 위해서는 여러 사람의 협조와 수고가 뒤따라야 한다. 자신의 생각을 건축가에게 전하고, 건축가는 이를 스케치하고, 그 스케치는 다시 측량·토목·구조·기계·전기·장식 등 여러 파트로 나뉜다. 각 분야 별 구상은 숫자화되고, 이 숫자들은 다시 정밀한 청사진으로 만들어져 건설 현장에서 쓰이는 도면이 된다. 이 도면을 정부의 건설 담당 부처에 제시하고 공사 착수 허가를 받으면 시공에 들어간다. 허가 받은 도면을 바탕으로 건설 회사가 필요한 자재를 구매하면 각 공정의 전문 작업자들이 그것을 조립하고 공사를 시행한다. 건축가의 구상이 마침내 우리가 보고 만질 수 있는 실물이 되고, 처음 땅과 자금을 제공한 사람은 비로소 원하는 빌딩을 얻게 되는 것이다.

많은 세월을 건설 현장에서 보내며 팀워크가 큰일의 기반이라는 것을 가르쳐준 정주영 회장이었다. 사업 수주의 기쁨을 자랑하려고 할 때마다 "까불지 마!" 하는 식으로 왜 채찍을 드셨는지를 그제야 알 것 같았다.

한국 경제 발전에 엄청난 획을 그었던 바로 그분이 이제는 추도식장 단상 위에서 환하게 웃는 모습으로 우리를 내려다보고 있었다. 나는 추도식에 참석한 사람들과 인사를 나누었다. 그리고 나와 함께 일했고 아직까지 중책을 맡고 있는 몇몇 분의 중후한 모습을 보면서 그들의 20년 전 젊은 모습을 회상했다.

추도식을 마치고 사무실로 향했다. 1년 전 세상을 떠나신 그분으로부터 많은 인생 교육을 받은 사람 중의 하나였음을 되새기며 그 고마운 분께 진심으로 감사하고 싶었다. 단단한 팀워크만이 사업 성공의 기반이라는 경영의 진실을 일깨워주신 정주영 회장이었다.

제5계절
나만의 시간

23

작사·작곡·지휘 하나님, 입장료 무료

한여름의 숲속에서 자연이 나를 위해 연주하는 소리를 들었다.
하나님이 작사·작곡한 자연의 연주를 들을 때면 마음이 평안해진다.
언젠가는 나도 하나님이 지휘하시는 대로 노래를 부르게 될 것이다.

한여름 숲속의 매미합창단 연주회

8월의 끝, 무더운 한여름의 숲속, 새벽 산책을 하던 중 귀에 끼고 있던 이어폰을 나도 모르게 빼냈다. 순간 주위를 둘러싸고 있던 자연이 나를 위해 연주하고 있는 것이 아닌가!

매미들이 높고 낮은 음으로 각자가 맡은 파트를 열심히 노래하고 있었다. 처음에는 불협화음처럼 들리다가 어느새 작곡가가 원하는 그 화음을 만들어내는 것 같았다. 짙푸른 잎들이 무성한 숲속의 연주회였다. 나무 위 보이지 않는 곳 어디에선가 서로서로 지휘자의 손짓에 따라 목청을 크게 작게 부드럽게 강하게 빠르게 느리게 노래하고 있는 매미합창단의 연주였다.

그것은 두 번 다시 같은 음을 되풀이하지 않는 웅장하고 화려한 대협주곡이었다. 작곡가 하나님, 지휘자 하나님. 이 연주회는 자연이라는 공연장을 찾아온 나에게 하나님이 배풀어주시는 순간의 선물이었다.

서양의 심포니 오케스트라에는 교향곡이 있고, 한국의 국악에는 판소리가 있고, 일본의 전통극에는 가부키가 있고, 오늘 흑석동 숲에는 매미합창단이 있다. 나는 여행을 떠나야 한다. 숲속을 걸으면서 내가 이 연주를 다시 들으려면 내년 여름까지 기다려야 할 거라는 생각이 들었다. 우거진 나무와 풀들로 이루어진 숲속의 심포니 홀이었다. 합창단원들은 수줍은 듯 모두 높은 나뭇가지 위 눈에 띄지 않는 곳에 숨어 열심히 노래를 부르고 있었다.

1시간쯤 연주를 듣고 나서 나는 심포니 홀을 떠나 집으로 발걸음을 옮겼다. 숲을 나서며 나는 매미합창단원들에게 작별의 손을 흔들었다. 보이지 않는 곳에서 지휘하고 계시는 지휘자 하나님께는 양손 엄지를 치켜세우면서 "고맙습니다!" 하고 큰소리로 외쳤다. 숲을 막 벗어났을 때 푸른 하늘에 흰구름으로 새겨진 광고판을 보았다.

1. 매미합창단 초청 연주 : 1년 뒤 2017년 8월 20일

1. 작사·작곡·지휘 : 하나님

1. 입장료 : 무료

초청합니다.

바쁘시더라도 당신의 건강을 위해 꼭 참석하시기 바랍니다.

매미들의 합창을 듣고 즐길 수 있는 것은 평안한 마음 덕분이다. 나는 하늘을 우러르며 매미 소리를 화음으로 들을 수 있는 것은 하나님이 이곳을 찾아온 나에게 내려주신 행복이라는 특별한 선물이

라는 생각을 했다. 가볍게 내딛는 나의 발자국은 평안과 행복이라는 마음 도장을 숲속 흙길에 남기는 일이었다.

마음의 평안과 행복은 참 가까이 있었네

매미합창단을 뒤로하고 집으로 돌아오다가 어렸을 때 어울려 노래 부르던 어린이 합창단 생각이 났다. 6·25전쟁 직전, 아마 예닐곱 살 무렵이 아니었나 싶다.

부모님은 손님을 집으로 초대한 날이면 나에게 두 분이 작사·작곡한 해군 군가 〈바다로 가자〉를 부르라고 했다. 이화여전 음악과를 나온 어머니는 초대 해군 참모총장의 아내로서 당시 군가가 없는 것을 안타깝게 여겨 그 노래를 작곡하고 해군사관학교 생도들에게 직접 가르쳤다. 어린 나도 자연스럽게 배우게 되었고, 손님들 앞에서 노래를 시키면 3절까지 다 부르고는 했다.

아버지는 당신이 작사한 노랫말 중 특히 3절 '석양의 아름다운 저 바다. 신비론 지상의 낙원일세. 사나이 한평생을 바쳐 후회 없는 영원한 맘의 고향'을 좋아하셨다. 나도 그 부분이 좋았다. 지금도 3절을 부르면 아버지 생각이 간절하다.

6·25전쟁이 터지고 우리 가족은 부산으로 피난 갔다. 연일 수많은 부상병들이 국군병원으로 들어왔다. 어머니는 그들을 간호하기 위해 몸뻬 차림으로 매일같이 영도다리 옆의 국군병원을 드나들었다. 나도 자주 따라다녔다. 한꺼번에 많은 부상병이 몰려들다보니 병상이 턱없이 부족했다. 복도에 담요를 깔고 누워 치료를 받기도 해서 병원 전체가 신음 소리로 가득했다.

어머니는 고통스러워하는 군인 아저씨들의 얼굴과 팔다리를 닦아

6·25전쟁 통의 어린이합창단. (뒷줄 왼쪽부터 〈우리의 소원〉의 작곡가 안병원, 성악가 김자경, 정달빈 군목, 위에서 둘째 줄 오른쪽 두 번째 손명원)

주고 손톱도 잘라주었다. 나는 어머니가 시키는 대로 대야에 물을 받아다 갖다드리고는 했다.

그러던 어느 날 어머니는 해군에 어린이합창단이 생겼다면서 나더러 합창단에 들어가라고 했다. 7~12세까지 입단했는데, 전쟁 전의 'KBS 어린이합창단'이라고 했다. 나는 합창단에 들었고 단원들은 합숙을 하며 연습했다.

어린이합창단의 임무는 16개국의 참전 용사들이 부상을 입고 치료 중인 병원을 찾아가 위문 음악회를 여는 일이었다. 여러 나라의 부상병들이 의자에 비스듬히 앉아 있는 모습, 목발을 겨드랑이에 끼고 서서 박수를 치는 모습…. 그때 목격한 6·25전쟁의 참혹한 모습들이 아직도 눈에 선하다.

1954년 전쟁이 끝난 직후 이 어린이합창단은 이승만 대통령과 참전 미군 장성인 제임스 밴프리트의 주선으로 미국을 방문했다. 우리는 3개월 동안 45개 주를 돌며 240회의 공연을 가졌다. 전쟁으로 폐허가 된 나라에서 온 아이들이 부르는 노래에 청중들은 눈물을 흘렸다. 이 불쌍한 아이들의 나라를 위해 모금을 해주었는데, 4000만 달러가 모였다고 했다. 당시로서는 실로 엄청난 돈이 세계에서 가장 가난한 우리나라로 들어왔던 것이다.

전쟁 중 부상병들 앞에서 노래하던 열 살 아이가 여든이 되어 다시 합창단원이 되었다. 새사람교회 성가대의 일원으로 '코로나19'가 난리치기 전 10여 년 동안 합창을 해왔다. 비록 아마추어 베이스지만, 연습할 때나 연주할 때나 어머니의 음악 사랑을 느끼면서 아름다운 화음을 즐기고 있다.

언젠가는 내가 매미합창단의 멤버가 되어 하나님이 지휘하시는 대로 여름 숲속에서 노래를 부르게 될 것이다. 하나님이 작사·작곡한 자연의 연주를 들을 때면 마음이 평안해진다. 새소리, 매미 소리, 귀뚜라미 소리, 풀벌레 소리…. 그 깨끗한 자연의 소리들을 사랑의 귀로 들으면 가슴으로 느껴지는 마음의 평화에 절로 미소가 피어오른다.

어린아이들의 맑고 청아한 음은 닫혀 있는 사랑과 행복의 문을 열어준다. 왜 어린아이들의 고운 노랫소리를 들을 때면 눈물이 스며나는 것일까? 어린아이들이 어른보다 더 자연에 가깝기 때문일까?

24

"사장님, 평택에 한번 놀러 오세요"

15년 전 붉은 머리띠를 두르고 책상을 내리치던 노조원들이 찾아왔다.
이제 머리카락도 희끗희끗해지고 앞이마가 훤한 이도 있었다.
모두가 매년 열리는 임금 협상이라는 '특별 학원'의 내 선생들이었다.

참경영에 눈뜨게 한 '특별 학원'의 수업 시간

쌍용자동차를 떠난 지 15년쯤 지난 어느 날, 옛 노조 위원장의 전화를 받았다. 당시 노조 위원장들과 노조원 몇 명이 서울에 왔는데 점심을 같이 할 수 있느냐고 물었다. 놀랍기도 하고 반갑기도 해서 얼른 그렇게 하자고 대답했다. 그날 나는 어느 때보다 맛있는 점심을 먹었다.

한국 시장은 세계시장화된 지 이미 오래다. 어느 제품이든 국내시장에서 살아남으려면 우리 시장에 들어온 외국 상품과 경쟁해서 이겨내야만 한다. 유서 깊은 서울 명동과 종로 등지에서 이름을 날리던 다방들은 '스타벅스'라는 미국의 유명 커피 전문점이 등장하자 하나둘씩 자취를 감추고 말았다. 자동차 회사는 경쟁력 있는 신차를 개발해 국내시장보다 세계시장에서 서너 배는 팔아야 생존할 수 있다.

한 회사의 존립에 큰 영향을 미치는 요소는 개발·생산·판매 등이다. 그리고 이들 분야에 깊숙이 관여하고 있는 조직이 바로 노동조합이다. 무리 없고 순조로운 개발·생산·판매의 루트를 확보하기 위해서는 노조원들의 적극적인 협조가 필요하다. 즉, 노동조합과의 협상이 회사의 성장에 큰 작용을 하는 것이다.

자동차 한 대가 고객에게 인도될 때까지의 여러 단계에서 생산은 그 모든 공정의 정점이라 할 수 있다. 좋은 설계에서부터 수많은 부품 회사가 만들어낸 작품이 하나로 모이는 곳이 생산 라인이다. 최종 완제품의 품질은 이 생산 라인에서 좌우된다. 나는 잠시였지만 CEO로서 생산 라인에 들어가 조립 일을 직접 경험하면서 품질은 바로 작업자의 마음에서 비롯된다는 것을 깨달았다. 1987년 무렵 노동운동이 본격화되면서 우리 기업들은 그때까지 겪어보지 못했던 새로운 경영 국면을 맞닥뜨려야 했다.

나는 그때 노동조합을 국가 체제에 비교하면 국회와 같다는 생각을 했다. 국가가 국회의원들을 통해 국민의 목소리를 듣듯이 작업자의 목소리는 노동조합을 통해 회사 측에 전달되므로 이를 경청하고 적절한 협상이 이루어져야 한다고 보았다. 그래서 매년 열리는 임금협상에 내가 직접 사측 대표로 참여했다. 회사 직원의 80퍼센트 이상이 노조원이라면 이들의 목소리는 중요할 수밖에 없다. 바로 이 협상에 직접 자리함으로써 참경영에 눈을 뜨게 되었다고 해도 지나친 말은 아니다.

노조 위원장의 업무는 매우 어렵다. 지혜와 전략뿐만 아니라 체력까지 겸비해야 그 일을 해낼 수 있다. 9년 동안 쌍용자동차 사장으로 있으면서 해마다 2개월간의 협상이라는 '특별 학원'의 수업이 나를 '인간 중학교'에서 '인간 대학교'로 들어가는 자격을 얻을 수 있도록 성장시켰다고나 할까? 사장은 노조 위원장의 동향을 잘 모르지만, 노조 위원장은 사장의 동향에 대해 잘 알고 있다. 그러므로 사장으로서는 회사의 생존과 성장을 위한 비밀 없는 협상에 임해야 한다.

인생 역정이 우리 모두를 달라지게 했다

점심때가 되어 15년 전 쌍용자동차 노조원들과 서울 인사동 사거리 부근에서 만났다. 푸르던 그때 그 청춘들의 모습이 아니었다. 이제 머리카락도 희끗희끗해지고 앞이마가 훤한 이도 있었다. 내가 가끔 찾는 된장국 비빔밥집으로 안내했다. 부추 무침을 넣고 쓱쓱 비벼서 한 그릇 잘 먹었다. 오랜만에 만난 얼굴들이라 반가워서 그랬는지 여느 때보다 더 맛있는 것 같았다. 그런데 밥값을 한사코 전 생산 라인 주임이 내겠다고 했다. 15년 전의 사장이 그때의 현장 주임에게 점심을 얻어먹다니 가슴 한쪽이 저릿해지는 것을 느꼈다.

우리는 기약 없는 인사를 하고 악수를 나누었다.

"사장님, 평택에 한번 놀러 오세요."

가까이 다가온 생의 종착점을 바라보고 있는 나는 미소로 대신하며 손을 흔들었다. 천천히 사무실로 돌아오며 1987년 쌍용자동차 평택 공장에서 이들과 처음 만나 임금 협상을 벌이던 때가 또렷이 떠올랐다. 빡빡머리에 붉은 띠를 두르고 주먹으로 책상을 내리치던 모습, 서로 감정의 충돌을 피할 수 없던 그때 그 장면이 주마등처럼 지나갔다.

세월이 흘러 삶이라는 인생 역정을 지나면서 우리 모두가 달라졌다. 나는 다정했던 옛 친구들을 오랜만에 만났다가 헤어진 기분으로 인사동 사거리를 건넜다.

25

강의 시간에 받은 조약돌 하나

대학 강단은 현장 경험들을 정리할 수 있는 기회가 되었다.
한 학기 강의를 마무리 짓는 날 학생으로부터 시 한 편을 받았다.
손에 드니 세월의 무게가 느껴진다는 <조약돌>이라는 시였다.

대학 강단에서 나의 전공과 경험을 학생들과 나누다

내 평생의 80퍼센트는 토목공학과 연관된 삶이라고 해도 지나친 말이 아니다. 대학 토목공학과 3학년 때 구조설계 사무실에서 파트타임으로 일하면서부터 거의 20년을 토목공학하고 관련된 프로젝트의 설계와 건설 현장에서 일했다. 귀국하기 전 미국에서 창업한 회사 '손컨설팅컴퍼니'도 토목구조 설계와 현장 감독 일을 하는 회사였다. 1980년부터 시작한 한국에서의 회사 생활도 토목공학과 관계 깊은 현대건설과 현대중공업에서 일했다. 그런 다음 자동차와 통신 장비 회사에서 보냈으니 가히 인생의 80퍼센트라 할 만하다.

회사를 떠나 잠시 쉬고 있을 때 숙명여자대학교에서 강의 요청이 왔다. 비즈니스 일선에만 있었던 내가 학생들에게 무엇을 어떻게 가르칠 수 있을까 싶어 잠시 망설였다. 글로벌서비스학과에서 주문한 강의 주제는 기업 운영의 경험을 토대로 한 '창의적인 사고와 조직 운영(Creative thinking and organization leadership)'과 '국제 투자와 국제 기업(Global investment and transnational coperation)' 두 가지였으며 수업은 영어로 진행될 거라고 했다.

대학 졸업 후 크고 작은 조직에서 직장 생활을 하고 또 CEO로서 직접 경영에 참여하면서 느낀 것을 학생들에게 강의해달라는 것이었다. 나의 경험을 젊은 사람들과 나눌 수 있는 기회가 되겠다는 데 생각이 미치자 강의를 맡겠다고 답했다. 영어로 강의하는 이유는 수강생의 절반이 외국 학생들이기 때문이었다. 중국·홍콩·독일·미국 등지에서 온 유학생이 다수인 다국적 클래스였다.

숙명여자대학교의 강의는 전에 만나지 못한 새로운 삶의 문을 열어주었다. 현장에서 체득한 경험들을 스스로 정리할 수 있는 기회가 되었던 것이다. 내가 가진 생각이나 이론만 늘어놓는 것이 아니라 학구적이면서도 실생활에 도움을 주는 강의여야 했다. 나로서는 이 새로운 도전이 생의 또 다른 활기를 느끼게 하는 시간이어서 매주 금요일의 2시간 30분을 나름대로 즐겼다. 학교 당국에다가 모든 강의를 비디오로 기록해달라고 했다. 내가 강의를 잘했는지, 잘못했다면 어떤 부분을 보완해야 하는지 살펴보고 싶었다.

4년 동안의 숙명여자대학교 강의를 마쳤을 때 중앙대학교 대학원 건축학과에서 한 학기 강의 요청을 받았다. 강의 제목은 '건설 회사의 경영 전략과 가치'였다. 나는 그 요청에 흔쾌히 응했다. 이유는 말할 것도 없이 나의 전공과 나의 경험을 엮어서 이를 학생들과 나눌 수 있는 기회라고 생각했기 때문이었다.

당시는 국내 건설 경기가 바닥이어서 그랬는지 학생 수는 6명밖에 안 되었지만, 모두가 기업의 최고 책임자들이었다. 나는 강의를 이들이 매일 일하는 사업장에서 활용 가능할 만한 내용으로 구성했다. 영업·기획·재무·인사 등 주로 CEO의 책무와 관련되는 사항들에 대해 강의했다.

중앙대학교 대학원 건축학과의 한 학기 강의를 마무리 짓는 날이었다. 나는 학생들이 바라는 그런 강의가 되었는지, 아니면 별로 도움이 안 되는 시간이었는지 솔직한 평가를 듣고 싶었다. 그래서 학생들에게 각자 자신의 수강 소감을 서슴지 말고 발표해달라고 부탁했다. 모든 충고는 다음 학기의 강의 방향을 설정하는 데 도움이 될 거라고 말했다.

발표가 시작되고 얼마 안 있어 한 학생이 손을 들었다.

"선생님, 제가 선생님에 대해 짧은 시를 하나 썼는데 낭독해도 되겠습니까?"

나는 자신의 생각을 시로 표현했다는 것이 놀라워서 어서 들려달라고 했다. 그는 일어나 〈조약돌〉이라는 제목의 자작시 한 편을 읽어 내려갔다. 학생 모두 조용히 듣고 있었다. 그의 시 낭송을 들으니 대학교수에게 이렇게 즐겁고 보람된 순간도 있구나 하는 생각이 들었다. 낭독이 끝나고 나는 학생에게 고맙다고 인사했다. 내가 정말 시에 묘사된 것같이 뜻있는 강의를 했던가? 솔직한 평가는 그 대표이사 학생만 알 터였다.

하지만 그는 시가 새로운 감사의 표시 방법이 되고, 그것이 또 삶의 새로운 장을 여는 열쇠가 될 수 있다는 것을 깨닫게 했다. 나는 학생에게 그 시를 내게 달라고 부탁했고, 그는 정서해서 메일로 보내주겠다고 약속했다. 다음날 '어제 수업 중 낭송한 손명원 교수님을 향한 시 〈조약돌〉입니다'이라는 글과 함께 시 한 편을 받았다.

조약돌

강동면 언별리 단경계곡
작은 돌멩이 예사롭지 않다

얼마나 많은 풍파 속
억겁의 세월이 지나야
이토록 모난 데 없이 둥글어진
옥석이 되는 것인가

물결 따라
제 몸 둥글게 닦아내며
반질반질 여문 조약돌
하나 손에 드니
그 돌의 세월이 묵직하다

세상 물살 속에 몸 바르게 추스른
저 조약돌 같은 사람 더러 보았다
맑은 구름 아래 가끔 찾아와 보는
우리 손명원 교수님과 같은 돌

26

건강은 자신의 노력에 정비례한다

아픈 뒤 의사를 찾으면 환자가 될 때까지 기다리는 것과 다름없다.
심장 동맥에 5개의 스텐트를 심고 나서야 나는 나와 약속했다.
매일 하루도 쉬지 않고 걷겠다는 약속을 지금도 실천 중이다.

나의 질병과 회복에 대한 책임은 나에게 있다

30대 중반부터 근 50년 동안 일주일에 서너 번씩 약간의 근육운동과 유산소운동을 해오고 있다. 33세 때 사고로 부정맥을 겪은 이래로 지금까지 건강을 유지하기 위해 나는 나와의 약속을 지키려고 노력하고 있다.

1년쯤 전, 여느 날과 다름없이 저녁 식사 후 산책을 하러 나갔다. 집 앞에 있는 언덕길을 막 오르기 시작했을 때 가슴에 약간의 통증이 느껴졌다. 조금만 더 가보면 나아지겠지 생각하며 계속 걸었다. 언덕 위에 다다랐다. 이제부터는 평평한 길이다. 나는 곧 거북스러운 통증이 사라질 것이라 여기며 천천히 걸어나갔다. 하지만 웬일인지 가슴 한복판이 더 심하게 조여왔다. 이제 겨우 10분 정도 걸었으니 조금 더 걷다보면 괜찮아질 거라 고집하면서 계속 걸었다. 그러나 통증은 사라지지 않고 점점 심해졌다. 더 이상 안 될 것 같아서 산책을 중단하고 서둘러 발길을 돌렸다.

집으로 돌아와서 그전에 병원에서 처방 받아 사두었으나 한 번도 쓴 적이 없는 나이트로글리세린 약을 찾아 혀 밑에 넣었다. 이내 통증이 조금씩 줄어들었다. 그렇게 별 이상 없이 2시간이 지났다. 가만히 앉아 있는데도 가슴이 다시 아파왔다. 약을 다시 혀 밑에 넣었다. 통증이 가라앉는 것이 느껴졌다.

새벽 5시가 되었다. 다시 통증이 시작되었다. 나는 곧바로 병원 응급실로 갔다. 검사 결과 동맥의 80퍼센트가 막혀 있다는 진단이 나왔다. 즉시 심장 혈관을 확장하는 스텐트 시술을 해야 한다고 해서 응급실에서 시술실로 옮겨졌다. 준비가 완료되고 전문 의사가 오자마자 시술을 시작했다. 동맥이 갈라지는 부위에 스텐트 3개를 삽입했다. 이제 나는 이전에 시술했던 2개를 포함해서 스텐트 5개를 동맥에 심은 심장병 환자가 되었다. 만일 내가 외국에서 등산이라도 갔다가 이런 일을 겪었다면 어떻게 되었을까? 그 답은 말하지 않아도 뻔하다.

퇴원하는 날 차 안에서 나는 건강을 지키기 위해 나 자신과 굳게 약속했다. 나의 질병과 회복에 대한 책임은 전적으로 나에게 있으므로 앞으로 운동을 계속할 것이라고.

'이전처럼 작심삼일로 끝내면 안 돼. 약속을 잊어서는 안 돼!'

하고 내 마음에다 대고 큰소리로 외쳤다. 나 자신과의 약속은 다른 사람과의 약속 못지않게 중요하며, 다른 사람과의 약속을 지키듯이 나와의 약속도 꼭 지키겠노라고 단단히 다짐했다.

내 몸의 상태를 가장 잘 아는 사람은 나

내가 나와 다짐한 첫 약속은 매일 최소 7000보 이상, 가능하면 1만 보까지 걷기였다. 무엇보다 중요한 것은 하루도 쉬지 않고 걷겠다는 결심이었다.

2020년

10월 : 31만 4219보 11월 29만 6914보 12월 33만 6871보

2021년

1월 : 37만 8028보 2월 : 29만 8676보 3월 : 37만 4258보

4월 : 35만 6325보 5월 : 34만 8350보 6월 : 33만 5001보

7월 : 34만 3832보

나의 건강은 내가 책임져야 한다. 나의 건강을 의사에게만 맡길 수 없다. 혈관이 막혔을 때 그것을 뚫어주는 것은 의사지만, 혈관이 막히지 않도록 음식 조절과 필요한 운동을 하는 것은 나 자신의 책임이라는 것을 새삼 깨달았다. 아프고 나서 의사를 찾아간다는 것은 환자가 될 때까지 기다리는 것과 다름없다. 의사는 아픈 상태를 개선해주는 역할을 할 뿐이라고 생각해야 한다. 즉, 질병을 미리 방지하는 책임은 전적으로 나에게 있는 것이다.

하루 7000보 이상 걷겠다는 나와의 약속을 지키면서 지난 290일 동안 하루도 빠짐없이 걸었고 걸음 수를 기록했다. 이제 10개월이 지났다. 운동 덕분에 언덕길을 오르내려도 다리만 조금 뻐근할 뿐 전에 있던 가슴의 무거운 압박감은 거의 느껴지지 않는다.

사실 내 몸의 상태를 가장 잘 아는 사람은 바로 나 자신이다. 어느

누구도 나의 몸 상태를 나보다 더 잘 아는 사람은 없다. 스스로 자신의 건강 상태를 날마다 체크하는 손쉬운 방법은 매일 걷기를 하는 것이다. 매일 걷다보면 어제의 몸 상태와 오늘 몸 상태의 미세한 차이를 스스로 느낄 수 있다. 내가 내 몸을 돌봐야 한다는 것을 질병을 겪고 나서야 뼈저리게 배운 셈이다.

이제는 고등학교 때 친구들 가운데 여러 명이 다른 세상으로 떠나버렸다. 어떤 친구는 병원에서, 어떤 친구는 집에서, 어떤 친구는 차를 타고 가다가 떠났다. 나 역시 언제 어디서 어떻게 떠날지 모른다. 하지만 그날 그때까지 나는 가능한 대로 나와의 약속을 지켜나갈 작정이다.

매일 최소 7000보 이상, 가능하면 1만 보, 매달 30만 보 걷기.

골프를 치면서 18홀을 적당히 걸으면 1만 4000보에 이른다. 저녁 식사 후 집 근처의 한적한 길을 1시간 반 정도 걷는다. 걸으면서 스마트폰으로 명작 및 철학 강독, 정신 및 건강관리 등에 대한 강의를 들으면 생각하지 못했던 배움의 즐거움도 새삼 경험한다.

하루도 빠지지 않고 1만 보를 걷는다는 것은 결코 쉬운 일이 아니다. 그럼에도 나는 평안한 마음으로 나와의 약속을 지키려고 노력한다. 많은 나이에도 이 약속을 실행하는 것은 '할 수 있다'라는 자신감까지 느끼게 해주기 때문이다.

한번은 골프를 치다가 긴 풀에 가려진 작은 웅덩이에 발이 빠져 발목을 다친 일이 있다. 발을 내딛기도 힘들어서 2주가량 걷기를 쉴 수밖에 없었다. 조급한 마음에 한방, 정형외과를 오가며 치료를 받았다. 붓기가 어느 정도 가라앉자마자 다시 걷기 시작했다. 걸을 수 있다는 것이 얼마나 큰 행복인지 부상을 통해 깨달았다.

하나님이 '너 숨 쉬고 있니?'라고 물으면 나는 '네, 지금 1만 보씩 걷고 있어요'라고 대답하려 한다. 멀리 떠나는 그날까지 이 땅 위에서 걷다가 가고 싶다. 나의 건강은 나의 노력에 정비례한다.

27

아름다운 삶을 위한 행복방정식

행복은 자신이 추구하는 노력의 산물이다.
행복은 건강한 몸과 평안한 마음에서 피어나는 꽃이다.
행복은 자신의 노력으로 자신에게 베푸는 고귀한 선물이다.

행복하게 산다는 것은 어떤 삶인가?

몸무게 81kg, 키 169cm, 비만 129, 혈압 130/75.
오늘 나온 병원 검사 결과이다. 1년 전 몸무게가 84킬로그램이었으니 3킬로그램이 줄었다. 20대에는 키가 172센티미터였으니 그때와 비교하면 3센티미터가 줄었다.

나는 어려서부터 운동을 좋아했고, 운동은 늘 나와 동행했다. 그런데 요즘 다른 동행자가 나타났다. 바로 질병이라는 불청객이다. 1년에 한 번 방문할까 말까 했던 병원을 이제는 한 달이 멀다 하고 찾아간다. 세월이 흐르면서 나이는 그에 정비례하고 육체의 건강은 그에 반비례한다. 젊어서는 눈앞에 있는 고갯길이 도전의 대상이었지만, 요즘은 저기를 오를 수 있을까 하는 걱정의 대상이 되었다.

젊어서는 '행복'이라는 단어에 관심을 가질 겨를도 없을 만큼 바삐 지냈다. 일에 둘러싸여 있던 나에게 '오늘'과 '내일'이라는 단어는 일을 시작하라는 '아침 해'와 같았다. 나이가 들어가면서 전에 없던 건강에 관한 관심이 부쩍 늘었다. 여든에 이르면서 몸은 나에게 이상 신호를 보내왔다. 가끔 이전에 알던 이들의 안타까운 소식을 접하면서 아마도 얼마 안 있으면 나 역시 이 세상을 떠나는 여행자가 될 거라는 생각을 하게 된다. 하늘이 정해주는 그날이 언제일지 몰라도 그 시간이 오면 내 의지와 상관없이 나의 숨은 멈추게 될 것이다. 하지만 그날까지 열심히 살아가겠다는 것이 요즘 나의 심정이다.

열심히 산다는 말의 의미는 무엇일까? 그것은 자신의 의지대로 움직이고 자신이 하고 싶은 것을 하며 사는 것을 뜻하지 않나 싶다. 즉, 다른 사람의 힘을 빌리지 않고 내가 움직이고 싶을 때 뜻대로 움직이고, 먹고 싶을 때 뜻대로 먹으며 사는 것이 곧 열심히 사는 일이 아닐까 한다.

흔히들 '혼자 왔다 혼자 간다'라는 말을 한다. 그런데 오갈 때만 혼자인 것이 아니라 따지고 보면 사는 것도 결국은 혼자일 수밖에 없다는 생각이 든다. 한 숟가락의 밥이 나의 목구멍 아래로 내려가고 나의 위장으로 가서는 나의 몸 밖으로 나온다. 남의 입으로 들어간 밥이 나의 배를 부르게 할 수 없고, 나의 입으로 들어간 밥이 남의 배를 부르게 할 수 없다. 육체적으로 볼 때 우리 모두는 혼자 살아가는 것이 틀림없다.

하지만 사람은 육체만을 가진 존재가 아니다. 눈에 보이는 육체보다 더 큰 비중을 차지하는 것이 눈에 보이지 않는 정신과 마음이다. 우리의 정신과 마음은 혼자가 아니라 이웃과 함께 살아간다. 사랑하고 미워하고 존경하고 멸시하고 기쁘고 슬프고 행복하고 불행한 많은 감정들을 매순간 느끼며 사는 것이 인간이다. 나와 가장 가까이 있는, 나와 떼려야 뗄 수 없는 또 하나의 내가 정신과 마음이다. 육체와 정신이 하나가 될 때 비로소 온전한 내가 존재하게 된다.

육체적으로 숨 쉬는 것이 삶의 정의라면 인간은 정말 혼자 살아간다고 할 수 있다. 하지만 인간의 삶이 생각 없이 그저 먹고 싸고 움직이는 것으로 끝나는 것이 아니다. 그러기에 어떻게 살아야 하는가를 고려하지 않을 수 없다. 어떻게 살아야 하는가? 거기에 대한 답은 바로 '행복'에 있는 것이 아닌가 한다.

그렇다면 행복하게 산다는 것은 어떤 삶인가? 우선적으로 육체적인 삶과 정신적인 삶이 함께할 때 행복도 느낄 수 있다. 그 두 가지가 따로 떨어져서는 안 된다. 몸이 아픈데 정신이 행복할 수 없고, 정신이 아픈데 몸이 행복할 수 없다. 행복한 삶이란 건강한 몸과 평안한 마음으로 주위 사람들과 사랑을 주고받는 일의 다름 아니다.

행복한 마음은 평안한 인간관계에서 온다. 주위의 사람과 따뜻한 말, 부드러운 손길을 주고받을 때 행복을 느낀다. 사랑한다고 말하고, 사랑한다는 말을 들을 때 행복을 느낀다. 육체와 마음을 건강하게 지키며 사는 것이 바로 우리가 바라는 행복한 삶이다. 문제는 우리가 원하는 그런 행복한 삶을 어떻게 확보할 수 있느냐 하는 데 있다. 누구든지 행복한 삶을 살기를 원한다. 하지만 그런 행복을 원하는 대로 누리다가 죽는 사람이 과연 몇이나 될까?

행복방정식과 행복지수

수학의 공식 같은 행복의 방정식은 없을까? 만일 우리가 행복의 방정식을 찾아낸다면 그 답도 구해낼 수 있지 않을까? 안타깝게도 풀기만 하면 행복한 삶이 따라오는 그런 방정식을 아직까지 아무도 찾지 못한 것 같다. 그래서 여전히 많은 이들이 이 행복방정식을 찾아내려 애쓰고 있다. 나도 그 가운데 하나인 듯한데, 요즈음 나름대로 '행복방정식'을 만들어 '행복지수'라는 답을 구해보았다.

• 손명원 행복방정식

건강+사랑+질투+미움+공부+돈+습관+○○…÷항목 수=행복지수

각 항목의 평가 단계는 1~100

• 손명원 행복지수

100~95: A+, 94~90: A, 89~80: B, 79~70: C, 69~60: D, 59 이하: F

방정식에는 이론방정식(theoretical formula)과 실험방정식(empirical formula)이 있다. 우리가 추구하는 행복방정식은 실험방정식에 해당한다. 아직 이론방정식은 갈 길이 멀다. 위와 같은 각 항목에 대해 1~100까지 평가 단계를 정하고 각 항목마다 자신이 생각하는 점수를 매긴다. 그리고 모든 점수를 더한 뒤 항목의 수를 나누면 자신의 행복지수가 나온다. A+가 나오면 행복의 우등생이 되는 셈이고 F를 받으면 향후 분발을 요하는 열등생이 되는 셈이다.

이제 행복방정식을 바탕으로 행복한 삶을 향해 가는 방법에 대해 알아보기로 하자.

위 항목에 대한 각각의 행복지수도 산출해낼 수 있다. 예를 들어 사랑에 관한 행복지수를 산출하자면, 자신이 생각하는 사랑의 조건들을 열거한 뒤 같은 방식으로 진행하면 된다. 건강·학업·직업·여행 등 관심 분야 별로 나누어 행복지수를 산출해낼 수 있다.

이들 각 항목과 최종 목표는 자신이 정한다. 자기 삶에서 가장 소

망하는 것이 하나뿐이고 그것을 얻는 것이 최고의 행복이라고 생각한다면, 그 하나만으로 방정식이 성립될 수도 있다. 이 행복방정식의 종목은 자신이 정한다는 점이 중요하다. 행복한 삶을 살겠다는 의지가 거기에 들어 있기 때문이다. 행복방정식에 따른 행복지수는 각 항목에 대해 내가 정한 평가 수치에 의해 정해진다. 좋은 점수를 받기 위해서는 항목의 수를 가급적 줄이는 것이 좋다.

행복방정식의 항목들은 시간에 따라 변할 수 있다. 따라서 오늘 행복지수가 F라고 할지라도 나중에는 A⁺가 되기도 한다. 나의 노력과 마음가짐에 따라 얼마든지 우등생이 될 수 있는 것이다. 중요한 것은 자신의 목표다. 오늘은 비록 낙제생일지라도 목표를 설정하고 노력하면 내일은 장학생이 되기도 하는 것이 삶이다.

행복지수는 자신의 사고와 습관에 따라 변하기도 하고 달라지기도 한다. 백만장자일지라도 행복지수가 F일 수 있고, 산골짝 오두막에 살아도 행복지수가 A⁺로 나올 수 있다.

백만장자의 행복지수를 가정해보자. 그에게 100억 원이 있지만 100억 원을 더 갖고 싶다. 그래서 가족을 무척 사랑하나 돈을 벌기 위해 떨어져 지내야 한다. 원하는 돈은 생각처럼 빨리 벌어지지 않아 괴롭다. 백만장자의 행복지수는 D로 나온다.

산골짝 오두막에 사는 이의 행복지수를 가정해보자. 사랑하는 사람과 함께 있어서 좋다. 내가 하고 싶은 것을 할 수 있어서 즐겁다. 하고 싶은 것을 사랑하는 사람과 함께 할 수 있어서 더 기쁘다. 그의 행복지수는 A⁺가 된다.

당신의 현재 행복지수는 얼마인가? 자신의 행복방정식을 검토하고 이를 A⁺로 만들고야 말겠다는 의지를 가진 사람은 반드시 그 목표에 다가갈 것이다.

행복은 자신에게 베푸는 위대한 선물

행복에도 계절이 있다. 봄날 인생의 행복, 여름날 인생의 행복, 가을날과 겨울날 인생의 행복이 있다. 인생의 봄철을 살고 있는 아이는 엄마 아빠가 "네가 최고야!"라는 칭찬과 함께 따뜻하게 껴안아줄 때 큰 행복을 느낄 것이다. 인생의 여름철을 살고 있는 젊은 청년은 독립한 뒤 원하는 직장에서 원하는 목표를 달성하고 회사가 자신을 칭찬하고 인정해줄 때 큰 행복을 느낄 것이다. 인생의 겨울철을 살고 있는 노인은 세상의 높고 낮은 곳을 두루 겪은 뒤 숲속에서 매미합창단의 노래를 듣고, 새벽기도를 마친 뒤 캄캄한 예배실에서 십자가를 바라보며 고요히 울려 퍼지는 찬송가를 들을 때 큰 행복을 느낄 것이다.

이처럼 행복으로 다가가는 방법은 인생의 계절에 따라 바뀌는 것이 아니던가? 행복방정식의 중요한 항목들은 스스로 정하고 거기에 따른 만족도 또한 스스로 평가한다. 자기 자신의 생각과 의지로 그 높이는 결정된다. 그러므로 행복지수는 매우 주관적이다.

행복한 삶을 살고 싶다면 우리는 행복방정식의 각 항목에 따른 목표를 점검하고, 왜 자신이 그런 항목과 목표를 정했는지를 솔직히 파악해야 한다. 행복한 삶은 우연히 주어지는 것이 아니다. 젊어서 맹렬히 내달리며 찾는 행복과 늙어서 모든 것을 내려놓은 빈 마음으로 주위를 둘러보며 찾는 행복은 다르다.

행복방정식의 많은 항목을 될 수 있는 대로 줄이고 시간을 단순화시키면, 당신이 즐기는 그 순간이 바로 당신이 원하는 그 행복의 시간이 될 수 있다.

이른 아침 이슬 맺힌 숲길을 거닐 때, 늦은 밤 조용히 좋아하는 음악을 들으며 명상에 잠길 때, 컴컴한 예배당에 홀로 앉아 은은한 찬양을 들으며 십자가를 바라보는 때가 나에게는 더없이 행복한 시간이다. 행복은 자신이 추구하는 노력의 산물이다. 행복은 건강한 몸과 평안한 마음에서 피어나는 꽃이다. 행복은 자신의 노력과 선택으로 자신에게 베푸는 위대한 선물이다.

모든 것이 떠날 때도 곁을 지켜주는 '그 무엇'

노년이 되면 매일 가벼운 운동을 하면서 육체의 건강을 유지하는 것이 중요하다. 하지만 그보다 더 중요한 것이 있음을 주저하지 않고 말하고 싶다. 건강을 지키는 것 이상으로 중요한 것은 무엇인가? 당신의 삶에 변하지 않는 진실이 있는가?

당신이 방황할 때, 당신 손을 잡아주는 '그 무엇'이 곁에 있는가? 주위의 모든 사람이 외면하고 떠날 때, 당신 곁을 떠나지 않고 지켜주는 '그 무엇'이 있는가? 당신이 실패하고 낙심할 때, 모든 사람이 "못난 놈!" 하며 돌아설 때, 당신 곁에서 "걱정하지 마. 내가 있잖아. 힘내. 너는 다시 일어설 수 있어!" 하고 말하는 '그 무엇'이 당신에게는 있는가?

다윗이 자신의 죄를 뉘우치고 잘못을 고백하려 할 때, 그 기도를 들어주시는 하나님이 있다는 것을 알고 몹시 기뻐했다고 한다. 죄인으로 낙인 찍힌 사람은 옆에 있는 이에게 잘못을 고백하고 싶어도 주위의 사람들은 그를 몹쓸 죄인이라고 손가락질하며 피한다. 아무도 상대해주는 사람이 없을 때, "얘야, 나는 네 마음 알아" 하며 누군가 다가온다면, 더구나 자신이 존경하는 사람이 다가와 자신의 고백에 귀기울여준다면, 그 자체가 큰 기쁨이 될 것이다.

당신의 손을 잡고 당신의 어려움을 들어주는 '그 무엇', 당신의 간절한 기도를 들어주는 '그 무엇'이 나는 종교라고 믿는다. 흔히들 인생은 혼자 왔다 혼자 가는 것이라고 말하지만, 혼자 돌아갈 때 당신의 손을 잡아주는 동반자가 있으니 그것이 바로 종교다.

아직 당신 마음에 당신과 항상 함께하는 동반자가 없다면, 당신이 멀리 떠나기 전에 꼭 그 동반자 '종교'를 만나 손을 잡게 되기를 바란다.

우리가 걸레정신을 품은 예술가이기를

모두가 아름다운 화음을 만들어내는 오케스트라 단원이 되어야 한다.
우리 같은 실력이라면 얼마든지 G1으로 우뚝 설 수 있다.
100년 뒤 후손들이 "우리 선조는 모두 예술가였어" 하고 말했으면 좋겠다.

두 번 다시 링 위에서 패자가 되어서는 안 된다

미국 동부에 있는 한 대학의 교수가 학생들에게 이제 세계의 중심은 동양으로 이동되고 있다는 내용의 강의를 했다. 그는 자식들에게 한국어와 중국어를 배우라고 하는 것이 현명한 일이라고 덧붙였다. 나는 그 교수의 미래 예측 강의를 들으며 전적으로 공감했다.

이 책을 마무리하려고 펜을 잡았을 때 몇 가지 생각들이 서로 자기부터 먼저 적어달라고 나서는 듯했다.

-승자 이순신 장군이 있는 나라.
-위안부 소녀들의 아픔이 있는 나라.
-70년 전 세계에서 가장 못살았던 나라.

- 우리에게 일어나는 모든 일을 '내 탓이오'라고 생각하는 나라.
- 격투기의 링 같은 국제 정세 안에서 세계 최상의 파이터들과 경쟁하고 있는 나라.
- 세계인이 우리의 노래를 부르고 우리의 드라마를 보고 있는 나라.

힘이 있는 나라와 힘이 없는 나라에게 적용되는 경기 규칙은 다르다. 링 안에서 잠시라도 빈틈을 보이면 경쟁국은 상대국이 정신을 잃을 때까지 몰아붙인다. 혹시나 하여 심판 역할을 하는 UN은 무지막지한 죽음의 펀치를 막으려고 애쓴다. 하지만 피투성이가 된 우크라이나를 속수무책으로 보고만 있는 것이 또 UN이다. 우리는 일제강점기 때 힘을 잃고 비틀거리는 패자였다. 다시는 링 위에서 패자가 되어서는 안 된다.

세계의 경쟁 방식은 분명하다. G1은 G2를 경계하고 주위에서 얼쩡거리는 G10을 자신의 종주국으로 만들어버리려고 시시각각 엿본다. 우리는 어느 쪽을 택할 것인가? 답은 확실하다. 지난 역사를 돌아보고 또 오늘의 위치를 직시하면서 미래에는 절대로 잘못된 역사가 되풀이되지 않도록 해야 한다. 지도자와 국민 모두가 어울려 아름다운 화음을 만들어내는 오케스트라 단원이 되어야 한다.

경영은 예술이다. 우리의 미래를 우리가 잘 경영해서 민족이 간절히 바라는 G1의 나라로 이끌어가도록 하자. 국민 한 사람 한 사람이 경영 예술가가 되면 G1이라는 예술 작품을 충분히 만들어낼 수 있다. 우리 모두가 대한민국이라는 오케스트라의 각 파트를 맡는 단원이 되어 악보를 보지 않고도 지휘자에 따라 청중이 원하는 그 음을 연주하게 되면 세계 최고의 예술 작품인 G1은 그리 멀지만은 않을 것이다.

우리의 인생은 예술 작품이다. 1954년 세계 140개 나라 중 139위로 가장 못사는 나라에서 대한민국은 오늘 G10이 되었다. 원조를 받던 나라에서 원조를 주는 나라가 되었다.

걸레정신을 가슴에 품은 예술가가 되기를

우리는 할 수 있다. 우리 같은 오케스트라 단원들의 실력이라면 얼마든지 세계 일등이 될 수 있다.

임진왜란의 성웅 이순신 장군, 일제강점기에 몸 바쳐 저항했던 나의 할아버지 손정도 목사, 6·25전쟁에서 풍전등화의 조국을 지켜낸 나의 아버지 손원일 제독, 그리고 IMF 외환 위기 속에서 큰 위로를 주었던 박세리 선수에서부터 음반 위의 요정 김연아, 빌보드 차트 1위의 아이돌 그룹 BTS, 세계를 감동시킨 드라마 〈기생충〉과 〈오징어 게임〉에 이르기까지, 또한 한국 경제를 세계 수준으로 이끄는 데 견인차 역할을 한 삼성·현대·SK·LG·롯데·포스코·한화 등이 있는 대한민국 오케스트라 단원의 능력과 정신이라면 G1으로 가는 데 충분하리라 생각한다.

그렇지만 우리는 아직까지 과학 부문의 노벨상 수상 '0'의 나라다. 가까운 일본의 경우 과학 부문에서 25명이 노벨상을 받았다. 상 그 자체보다 과학에 대한 열정이 그만큼 모자랐다는 사실에 주목해야 한다. 앞으로는 이 분야에도 큰 관심을 기울여야 한다. 미래의 삶은 과학의 손에 이끌려 갈 수밖에 없기 때문이다. 기술에는 국경이 없다는 진실을 상기하면 물리학, 화학, 생리학·의학 등 과학 부문의 노벨상을 가장 많이 받은 나라가 얼마든지 될 수 있을 것이다.

나와 독자 여러분 모두는 내일의 대한민국을 만들어가는 오케스트라의 단원이다. 땅이나 바다나 하늘의 크기가 문제가 아니다. 중요한 것은 거기에 사는 사람들의 마음과 의지와 능력과 꿈이다. 그것이 대한민국을 G1의 나라로 만드는 데 꼭 필요한 요소들이다. 오늘을 살아가는 우리는 스스로 걸레정신을 가슴에 품은 예술가가 되었으면 하는 바람이다. 100년쯤 뒤 후손들이 "우리 선조 한 사람 한 사람은 모두 예술가였어" 하는 말을 할 수 있으면 좋겠다.

자비도 용서도 없는 세계 경쟁의 링 안에서 쓰러져 비틀거리는 패자의 모습이 어떤 것인지 우리는 이미 경험한 바 있다. 대한민국 오케스트라 단원들이 마침내 G1의 곡을 연주할 때 전 세계에 퍼져 있는 우리 민족은 모두 일어나 환호의 박수를 보낼 것이다. 독자 여러분이 그날을 그리면서 미소 지을 수 있는 책이 되기를 바라며 마지막 장을 덮는다.

이 나라를 위해 피와 땀을 흘려주신 모든 분께 감사의 인사를 올린다. 그리고 걸레 성자 손정도를 기억하며….

걸레정신과 CEO

2022년 5월 12일 발행

지은이 | 손명원

펴낸이 | 홍영철

펴낸곳 | 홍영사

주소 | 03150 서울시 종로구 우정국로 45-11, 4층 (동산빌딩)

전화 | (02)736-1218

이메일 | hongyocu@hanmail.net

등록번호 | 제300-2004-135호

인쇄 제본 | 평화당인쇄주식회사

ISBN 978 89-92700-25-2 03300

값 16,000원